普通高等院校“十三五”规划教材
“互联网+”业财融合系列教材

U0954894

税法学习指导书

朱淑梅 孔令一／主编
李冬梅 迟甜甜／副主编

立信会计出版社
LIXIN ACCOUNTING PUBLISHING HOUSE

图书在版编目(CIP)数据

税法学习指导书 / 朱淑梅，孔令一主编. 一上海：立信会计出版社，2020.1(2022.1 重印)
ISBN 978－7－5429－6390－1

Ⅰ. ①税… Ⅱ. ①朱… ②孔… Ⅲ. ①税法—中国—高等学校—教学参考资料 Ⅳ. ①D922.22

中国版本图书馆 CIP 数据核字(2020)第 013716 号

策划编辑 郭 光
责任编辑 郭 光
封面设计 南房间

税法学习指导书
SHUIFA XUEXI ZHIDAOSHU

出版发行	立信会计出版社		
地 址	上海市中山西路 2230 号	邮政编码	200235
电 话	(021)64411389	传 真	(021)64411325
网 址	www.lixinaph.com	电子邮箱	lixinaph2019@126.com
网上书店	http://lixin.jd.com		http://lxkjcbs.tmall.com
经 销	各地新华书店		

印 刷	上海万卷印刷股份有限公司
开 本	787 毫米×1092 毫米 1/16
印 张	13.25
字 数	314 千字
版 次	2020 年 1 月第 1 版
印 次	2022 年 1 月第 2 次
印 数	2 501—3 600
书 号	ISBN 978－7－5429－6390－1/D
定 价	40.00 元

前　言

税法课程是高等学校会计学、财务管理和审计专业的核心课程之一，也是其他经济管理类专业的必修课程或选修课程。在税制改革如火如荼的当下，为了帮助读者尽快地熟悉税制改革的最新内容，更好地理解税法的基本概论、各税种的税款计算方法等，我们在《税法》教材的基础上，编写了这本《税法学习指导书》。

作为《税法》教材的配套用书，本书立足于高校应用型人才培养目标，具有以下几个特点：

1. 重视基础、强调重点。本书按照《税法》教材的章节对应编写了十八章习题，每章习题基本上分为单项选择题、多项选择题、判断题、业务题四个部分。各部分习题都是基于“重视税法基础概念理解、着重进行税款计算能力培养”的原则编写，有利于读者抓住重点内容，加深对税法基本理论和基本方法的理解。

2. 本书涉及知识全面，并与资格考试内容接轨。税法是会计专业技术资格考试经济法科目的必考内容，也是注册会计师、税务师资格考试的必考科目。本书中的习题覆盖面广，涉及知识全面，很多习题都是参考注册会计师、税务师资格的考试内容，可以为读者通过上述资格考试奠定坚实的基础。

3. 突出应用性，简明实用。习题设计侧重税法的实务应用及税款计算，突出应用性；每章习题都配有习题参考答案，给出了详细的解答过程，力求通俗易懂，简明扼要，易于读者学习。

4. 注重税收法律制度的时效性。近年来，国家的税收法律变动频繁，涉税图书的编写与修订往往是计划赶不上变化。本书的税收政策时限截至2020年1月上旬，力争将最新的政策呈现给读者。

本书由朱淑梅、孔令一、李冬梅、迟甜甜、刘璐、宿怡等几位老师编写，在编写过程中，参考和借鉴了大量相关教材成果，得到了立信会计出版社郭光编辑的大力支持，在此表示诚挚谢意！

由于作者水平有限，加之税收法律规定变化较快，教材内容难免有疏漏之处，恳请读者提出改进意见，以便我们进一步修订和完善。

编　者

2020年1月

目　录

第一章　税法基本概论

习　题

一、单项选择题

1. 有关税收的概念，下列表述中正确的是(　　)。

A. 税收是民众自愿缴纳，政府取得财政收入的形式

B. 税收是政府为了满足社会公共需要，强制、无偿地取得财政收入的一种形式

C. 税收是政府为了政权需要，强制、无偿地取得财政收入的一种形式

D. 税收是政府取得财政收入的唯一形式

2. 行为税是指为了调节某些行为，以这些行为为征税对象征收的一种税。下列属于行为税的是(　　)。

A. 消费税　　B. 增值税　　C. 印花税　　D. 房产税

3. 税法上规定的纳税人是指直接(　　)的单位和个人。

A. 负有纳税义务　　B. 最终负担税款

C. 代收代缴税款　　D. 承担纳税担保

4. 我国现行税法体系中，采用多次课征的税种是(　　)。

A. 增值税　　B. 消费税　　C. 关税　　D. 资源税

5. 某纳税人某月取得收入 1 000 元，税率为 20%，假定起征点和免征额均为 800 元，则按起征点和免征额办法计算，分别应纳税(　　)。

A. 200 元和 40 元　　B. 200 元和 160 元

C. 160 元和 40 元　　D. 40 元和 0

6. (　　)的特点是不受价格变动影响，适用于从量税。

A. 比例税率　　B. 定额税率　　C. 累进税率　　D. 边际税率

7. 减免税是对某些纳税人的鼓励或照顾措施，通过直接缩小计税依据的方式实现的减免税是(　　)。

A. 法定式减免　　B. 税基式减免　　C. 税额式减免　　D. 税率式减免

8. 税法的三个最基本的要素是(　　)。

A. 纳税义务人、税率、纳税地点　　B. 纳税义务人、税目、税率

C. 纳税义务人、征税对象、税率　　D. 征税对象、税率、纳税期限

9. 体现征税深度的税制要素是(　　)。

A. 纳税义务人　　B. 征税对象　　C. 税率　　D. 纳税环节

10. 下列有关税法和税收的表述中，不正确的是(　　)。

A. 税收的征税主体是国家，除了国家之外，任何机构和团体都无权征税

B. 税法的调整对象是税收分配中形成的权利义务关系

C. 从税收的本质来看，税收是国家与纳税人之间形成的以国家为主体的社会剩余产品分配关系

D. 从形式特征来看，税收具有强制性、无偿性和固定性的特点，其中强制性是其核心

11. 纳税人对税务机关作出的征税行为不服的，必须先缴清税款或者提供纳税担保才可以申请税务行政复议，这体现了税法适用原则中的（　　）。

A. 程序优于实体原则　　B. 特别法优于普通法原则

C. 法律优位原则　　D. 法律不溯及既往原则

12. 我国现行税制中的土地增值税采用的税率是（　　）。

A. 超额累进税率　　B. 超率累进税率

C. 全额累进税率　　D. 超倍累进税率

13. 2018 年纳税人取得的收入在 2019 年补税时，依据 2018 年有关税收实体法的规定计算应纳税额，税款缴纳程序按 2019 年税收征管法规定的程序执行，这体现了税法适用原则中的（　　）原则。

A. 实体从旧，程序从新　　B. 法律不溯及既往

C. 新法优于旧法　　D. 程序优于实体

14. 下列各项中，（　　）是构成税收实体法要素中的基础性要素，是一种税区别于另一种税的最主要标志。

A. 课税对象　　B. 税目　　C. 计税依据　　D. 税率

15. 税法是指有权的国家机关制定的有关调整税收分配过程中形成的权利义务关系的法律规范总和。从狭义角度看，我国有权的国家机关是指（　　）。

A. 全国人民代表大会及其常务委员会　　B. 国务院

C. 财政部　　D. 国家税务总局

16. 税务机关通过对企业评级，对被评为 A 级的守法企业两年内不实施检查，体现了税法基本原则中的（　　）。

A. 税收法律主义原则　　B. 税收公平主义原则

C. 税收合作信赖主义原则　　D. 实质课税原则

17. 下列各项中不属于税收法律关系特点的是（　　）。

A. 主体的一方只能是国家

B. 体现国家单方面的意志

C. 具有财产所有权多向转移的性质

D. 权利义务关系具有不对等性

18. 下列减免税中，属于税率式减免的是（　　）。

A. 起征点　　B. 免征额　　C. 抵免税额　　D. 零税率

二、多项选择题

1. 税收的基本特征包括（　　）。

A. 固定性　　B. 强制性　　C. 机动性　　D. 无偿性

2. 中国现行税制中采用的累进税率有(　　)。

A. 全额累进税率　　B. 超率累进税率

C. 超额累进税率　　D. 超倍累进税率

3. 按计税依据分类,税收分为(　　)。

A. 从价税　　B. 从量税　　C. 复合税　　D. 流转税

4. 下列税种属于流转税类的有(　　)。

A. 增值税　　B. 消费税　　C. 关税　　D. 房产税

5. 比例税率是指对同一征税对象不分数额大小规定相同的征收比例。以下有关比例税率的说法中,正确的有(　　)。

A. 计算简便,符合税收效率原则

B. 对同一征税对象的不同纳税人税负相同

C. 不分纳税人实际环境差异按同一税率征税与纳税人的实际负担能力不完全相符

D. 难以体现税收的公平原则

6. 下列关于税法要素的说法中,正确的有(　　)。

A. 纳税人就是负税人

B. 计税依据是从量的方面对征税所作的规定,是课税对象量的表现

C. 税目是课税对象的具体化,反映具体的征税范围,代表征税的广度

D. 税率是计算税额的尺度,代表课税的深度

7. 下列各项中,属于减免税基本形式中的税额式减免的有(　　)。

A. 跨期结转　　B. 减半征收

C. 核定减免率　　D. 抵免税额

8. 下列关于税法的特点的表述中,不正确的有(　　)。

A. 从立法过程来看,税法属于制定法

B. 从立法过程来看,税法属于习惯法

C. 从法律性质来看,税法属于义务性法规

D. 从内容来看,税法具有单一性

9. 下列关于法律优位原则的说法中,正确的有(　　)。

A. 法律优位原则也称行政立法不得抵触法律原则

B. 法律优位原则基本含义为法律的效力高于行政立法的效力

C. 法律优位原则在税法中的作用主要体现在处理不同等级税法的关系上

D. 法律优位原则明确了税收行政规章的效力高于税收行政法规的效力

10. 下列关于减免税的说法中,正确的有(　　)。

A. 起征点属于税基式减免

B. 零税率属于税率式减免

C. 将以前纳税年度的经营亏损在本纳税年度经营利润中扣除,直接减少了本年度应纳税款,属于税额式减免

D. 跨期结转属于税基式减免

三、判断题

1. 税收分配凭借政治权力为主，财产权力为辅。 （　　）

2. 税收的“三性”是不同社会制度下税收的共性，是税收区别于其他财政收入形式的标志。 （　　）

3. 累进税率的基本特点是税率等级与征税对象的数额等级同方向变动，所以在级距临界点附近会出现税负增加超过征税对象数额增加的不合理现象。 （　　）

4. 对同一征税对象，不论数额多少，均按同一比例征税的税率称为定额税率。 （　　）

5. 税法的调整对象是税收分配关系。 （　　）

6. 税目是征税对象在应税内容上的具体化，它体现了征税的深度。 （　　）

7. 税率是应纳税额占征税对象数额的比例，也是衡量税负轻重的重要标志。 （　　）

8. 税收法律主义的要求是单向的，即要求纳税人必须依法纳税。 （　　）

9. 起征点是指达到或超过的就其全部数额征税，达不到的不征税；而免征额是指达到和超过的，可按扣除其该数额后的余额计税。 （　　）

10. 区别一种财政收入是税还是非税，不仅要看它的名称，还要看它是否具有无偿性。 （　　）

11. 通过直接减少应纳税额的方式实现的减免税形式叫税基式减免。 （　　）

12. 税收法律关系的主体是指国家各级税务机关、海关和财政机关。 （　　）

13. 直接税是由纳税人直接负担、不易转嫁的税种，如所得税、财产税、消费税。 （　　）

14. 定额税率适用于从价计征的税种。 （　　）

15. “负担能力相等，税负相同；负担能力不等，税负不同”，这体现了实质课税原则。 （　　）

第一章　税法基本概论习题参考答案

一、单项选择题

1. **【答案】** B

【解析】 税收是政府为了满足社会公共需要，凭借政治权力，强制、无偿地取得财政收入的一种方式。税收是国家取得财政收入的一种主要方式，但不是唯一的方式。

2. **【答案】** C

【解析】 行为税主要对特定行为发挥调节作用，包括印花税、契税、船舶吨税等。选项 A 和 B 属于流转税。选项 D 属于财产税。

3. **【答案】** A

【解析】 纳税人是指税法规定的直接负有纳税义务的单位和个人。

4. **【答案】** A

【解析】 增值税实行在生产、批发、零售等多个环节征税。

5. **【答案】** A

【解析】 起征点是指征税对象达到一定数额开始征税的起点，对征税对象数额未达到起征点的不征税,达到起征点的按全部数额征税。免征额是在征税对象的全部数额中免予征税的数额,对免征额的部分不征税,仅对超过免征额的部分征税。800元如果是起征点,则应纳税额＝1 000×20％＝200(元);800元如果是免征额,则应纳税额＝(1 000－800)×20％＝40(元)。

6.【答案】B

【解析】定额税率不受价格变动影响,适用于从量税。

7.【答案】B

【解析】税基式减免是指通过直接缩小计税依据的方式来实现的减税免税。

8.【答案】C

【解析】税法的三个最基本的要素是纳税义务人、征税对象、税率。

9.【答案】C

【解析】税率是对征税对象的征收比例或征收程度,体现征税的深度。

10.【答案】D

【解析】从形式特征来看,税收具有强制性、无偿性和固定性的特点,其中无偿性是核心。

11.【答案】A

【解析】程序优于实体原则的基本含义为:在诉讼发生时税收程序法优于税收实体法适用。即纳税人通过税务行政复议或税务行政诉讼寻求法律保护的前提条件之一,是必须事先履行税务行政执法机关认定的纳税义务,而不管这项纳税义务实际上是否完全发生。

12.【答案】B

【解析】我国现行税制中的土地增值税采用的税率是超率累进税率。

13.【答案】A

【解析】实体从旧、程序从新原则的含义包括两个方面:一是实体税法不具备溯及力;二是程序性税法在特定条件下具备一定的溯及力。上述业务体现了该原则。

14.【答案】A

【解析】课税对象是构成税收实体法要素中的基础性要素,是一种税区别于另一种税的最主要标志。

15.【答案】A

【解析】税法是指有权的国家机关制定的有关调整税收分配过程中形成的权利义务关系的法律规范总和。从狭义税法角度看,我国有权的国家机关是指全国人民代表大会及其常务委员会。

16.【答案】C

【解析】税务机关通过对企业评级,对被评为A级的守法企业两年内不实施检查,体现了税收合作信赖主义原则。

17.【答案】C

【解析】具有财产所有权或支配权单向转移的性质,属于税收法律关系的特点。

18.【答案】D

【解析】税率式减免是指通过直接降低税率的方式实现的减税免税,其涉及的概念包括重新确定税率、选用其他税率、零税率。选项A和B属于税基式减免。选项C属于税额式减免。

二、多项选择题

1. 【答案】ABD

【解析】税收具有区别于其他财政收入形式独有的"三性",即无偿性、强制性和固定性。

2. 【答案】BC

【解析】累进税率按照其累进依据和累进方式不同,有全额累进税率、超额累进税率、超率累进税率三种形式。我国现行税制中采用的有超额累进税率和超率累进税率。

3. 【答案】ABC

【解析】按照计税依据,税收可分为从量税、从价税和复合税。

4. 【答案】ABC

【解析】流转税,是指以商品或劳务的流转为对象征收的一种税。此税种主要在生产、流通和服务领域中发挥调节作用,包括增值税、消费税和关税。

5. 【答案】ABCD

【解析】比例税率,是指对同一征税对象,不分数额大小,规定相同的征收比例。我国现行的增值税、企业所得税等税种均采用比例税率。采用该税率形式,计算简便,符合税收效率原则,对同一征税对象的不同纳税人税负相同,但不分纳税人实际环境差异按同一税率征税,这与纳税人的实际负担能力不完全相符,难以体现税收的公平原则。

6. 【答案】BCD

【解析】选项A,纳税人是直接向税务机关缴纳税款的单位和个人,而负税人是实际负担税款的单位和个人。纳税人如果能通过一定途径把税款转嫁或转移出去,纳税人就不是负税人。

7. 【答案】BCD

【解析】选项A属于税基式减免的形式。

8. 【答案】BD

【解析】选项B,现代国家的税法都是经过一定的立法程序制定的,所以税法属于制定法不属于习惯法;选项D,税法不是单一的法律,而是由实体法、程序法、争讼法等构成的综合法律体系。

9. 【答案】ABC

【解析】法律优位原则明确了税收法律的效力高于税收行政法规的效力,税收行政法规的效力优于税收行政规章的效力。

10. 【答案】ABD

【解析】选项C,将以前纳税年度的经营亏损在本纳税年度经营利润中扣除,直接减少了本年度应纳税款,属于税基式减免。

三、判断题

1. 【答案】×

【解析】税收是政府为了满足社会公共需要,凭借政治权力,强制、无偿地取得财政收入的一种方式。税收分配凭借的是政治权力。

2.【答案】√

3.【答案】×

【解析】累进税率按照其累进依据和累进方式不同,有全额累进税率、超额累进税率、超率累进税率三种形式。其中,全额累进税率计算简便,但累进程度急剧,特别是在两个等级的临界处,会出现应纳税额增加超过计税依据增加的不合理现象;但超额累进税率考虑了纳税人的不同负担能力,累进程度比较缓和,是一种比较理想的税率形式。

4.【答案】×

【解析】对同一征税对象,不论数额多少,均按同一比例征税的税率称为比例税率,而非定额税率。

5.【答案】×

【解析】税法的调整对象是税收分配过程中形成的权利义务关系,而不是税收分配关系。

6.【答案】×

【解析】税目是征税对象在应税内容上的具体化,它体现了征税的广度。

7.【答案】√

8.【答案】×

【解析】税收法律主义的要求是双向的,一方面要求纳税人必须依法纳税;另一方面,课税只能在法律的授权下进行,超越法律规定的课征是违法和无效的。

9.【答案】√

10.【答案】×

【解析】税收的"三性"是税收本质的具体表现,是税收区别于其他财政收入形式的标志。区别一种财政收入是税还是非税,主要看其是否同时具备税收"三性"的形式特征。

11.【答案】×

【解析】通过直接减少应纳税额的方式实现的减免税形式叫税额式减免。

12.【答案】×

【解析】税收法律关系的主体即税收法律关系中享有权利和承担义务的当事人。在我国,税收法律关系的主体包括征纳双方,一方是代表国家行使征税职责的国家行政机关,包括国家各级税务机关、海关和财政机关;另一方是履行纳税义务的人,包括法人、自然人和其他组织,在华的外国企业、组织、外籍人、无国籍人,以及在华虽然没有机构、场所但有来源于中国境内所得的外国企业或组织。

13.【答案】×

【解析】直接税,是指税负不能转嫁,只能由纳税人承担的一种税,如所得税类、财产税类等。消费税的税负能够转嫁,属于间接税。

14.【答案】×

【解析】定额税率计税简便,适用于从量计征的税种。

15.【答案】×

【解析】"负担能力相等,税负相同;负担能力不等,税负不同",体现的是税收公平主义。

第二章 增 值 税

习 题

一、单项选择题

1. 生产型增值税的特点是(　　)。

A. 将当期购入固定资产价款一次性全部扣除

B. 不允许扣除任何外购固定资产的价款

C. 只允许扣除当期应计入产品价值的折旧部分

D. 只允许扣除当期应计入产品价值的流动资产和折旧费

2. 下列关于增值税纳税人的表述中,不正确的是(　　)。

A. 单位租赁或承包给其他单位或者个人经营的,以承租人或承包人为纳税人

B. 资管产品运营过程中发生的增值税应税行为,以资管产品管理人为增值税纳税人

C. 对代理进口货物,以海关开具的完税凭证上的纳税人为增值税纳税人

D. 建筑企业与发包方签订建筑合同后,以内部授权或者三方协议等方式,授权集团内其他纳税人(以下称"第三方")为发包方提供建筑服务,并由第三方直接与发包方结算工程款的,由与发包方签订建筑合同的建筑企业缴纳增值税

3. 下列选项中,关于增值税一般纳税人的登记管理表述正确的是(　　)。

A. 个体工商户不得办理一般纳税人资格登记

B. 未按规定时限办理一般纳税人登记手续的,主管税务机关应当在规定时限结束后 5 日内制作《税务事项通知书》,告知纳税人应当在 15 日内向主管税务机关办理相关手续

C. 登记一般纳税人的经营期是指在纳税人存续期内的连续经营期间,不含未取得销售收入的月份

D. 纳税人登记为一般纳税人后,不得转为小规模纳税人,国家税务总局另有规定的除外

4. 下列各项中,不属于混合销售行为的是(　　)。

A. 某电脑制造公司在销售电脑的同时又为该客户提供运输服务

B. 某建材商店在销售建材的同时又为其他客户提供装饰服务

C. 某邮政企业销售集邮商品的同时又为该客户提供邮政服务

D. 某塑钢门窗销售商店在销售外购塑钢门窗的同时又为该客户提供安装服务

5. 下列关于增值税征收率的表述中,不正确的是(　　)。

A. 小规模纳税人提供加工、修理修配劳务,适用基本征收率 3%

B. 一般纳税人销售不动产,选择适用简易计税方法,征收率为 5%

C. 小规模纳税人销售不动产(不含个人住房),适用3%征收率
D. 个人出租住房,按照5%的征收率减按1.5%计算纳税

6. 下列货物目前允许按9%抵扣进项税额的是(　　)。
A. 购进免税农产品　　B. 购进废旧物资
C. 购进固定资产　　D. 购进原材料

7. 下列业务中免征增值税的是(　　)。
A. 残疾人福利企业销售自产产品
B. 民办职业培训机构的培训业务
C. 残疾人福利机构提供的育养服务
D. 单位销售自建自用住房

8. 下列业务不属于增值税视同销售的是(　　)。
A. 单位无偿向其他企业提供建筑服务
B. 单位无偿为公益事业提供建筑服务
C. 单位无偿为关联企业提供建筑服务
D. 单位以自产的建筑材料对外投资

9. 在增值税法规中,“出口货物零税率”具体是指(　　)。
A. 出口货物免税　　B. 该货物的增值税率为零
C. 出口货物的整体税负为零　　D. 以上都正确

10. 一般纳税人下列应税行为,适用13%的增值税税率的是(　　)。
A. 提供有形动产租赁服务　　B. 提供基础电信服务
C. 提供增值电信服务　　D. 提供不动产租赁服务

11. 以下项目中,不属于营业税改征增值税的是(　　)。
A. 餐饮服务　　B. 金融服务　　C. 运输服务　　D. 加工服务

12. 根据“营改增”的相关规定,下列单位提供的服务中,属于应税服务的是(　　)。
A. 某动漫设计公司为其他单位提供动漫设计服务
B. 某广告公司聘用广告制作人才为本公司设计广告
C. 某运输企业为洪水灾区无偿提供汽车运输服务
D. 某单位聘用的员工为本单位负责人提供专车驾驶服务

13. 以下关于小规模纳税人增值税的税务处理中,说法错误的是(　　)。
A. 小规模纳税人应纳增值税按简易办法计算确定,公式为“应纳税额=销售额×征收率”
B. 小规模纳税人增值税征收率只有3%
C. 除另有规定外,小规模纳税人一般不得抵扣进项税额
D. 非企业性单位、不经常发生应税行为的企业,可以选择按小规模纳税人纳税

14. 以下属于增值税境内销售服务行为的是(　　)。
A. 境内单位向境外单位购买的咨询服务
B. 境外单位向境内单位提供完全发生在境外的会展服务
C. 境外单位向境内销售完全在境外使用的专利和非专利服务

D. 境外单位向境内单位或者个人出租完全在境外使用的有形动产

15. 某零售企业为增值税一般纳税人，月销售收入为 28 250 元，该企业当月计税销售额为(　　)元。

A. 25 000　　B. 25 884　　C. 27 594　　D. 35 240

16. 某服装厂将自产的服装作为福利发给本厂职工，该批产品制造成本共计 10 万元，利润率为 10%，当月同类产品的平均售价为 18 万元(不含税)，计征增值税的销售额为(　　)万元。

A. 10　　B. 9　　C. 11　　D. 18

17. 汽车销售公司销售小轿车时一并向购买方收取的下列款项中，应作为价外费用计算增值税销项税额的是(　　)。

A. 收取的小轿车改装费

B. 因代办保险收取的保险费

C. 因代办牌照收取的车辆牌照费

D. 因代办缴税收取的车辆购置税税款

18. 某商场实行还本销售家具，家具现售价 16 500 元，5 年后还本，该商场增值税的计税销售额是(　　)元。

A. 16 500　　B. 3 300　　C. 1 650　　D. 不征税

19. 某商场为增值税一般纳税人，因管理不善发生火灾，上月外购的冰箱 10 台损坏，每台零售价 1 440 元，每台进价 1 000 元(不含税)，应转出的进项税额为(　　)元。

A. 1 300　　B. 1 600　　C. 12 307.69　　D. 8 547

20. 下列各项中，应作进项税额转出的是(　　)。

A. 将外购的货物用于给股东分配股利

B. 自然灾害造成一般纳税人购进应税货物的损失

C. 纳税人将外购的已抵扣进项税的货物用于发放职工福利

D. 一般纳税人发生购货退回

21. 下列项目所包含的进项税额，不得从销项税额中抵扣的是(　　)。

A. 生产过程中出现的正常报废产品

B. 用于返修产品修理的易损零配件

C. 生产企业用于经营管理的办公用品

D. 用于免税项目的购进货物

22. 一般纳税人发生的下列业务中，允许扣除进项税额的项目是(　　)。

A. 材料在运输途中合理损耗的部分

B. 因管理不善腐烂变质的原材料部分

C. 购进免税项目用货物的运输费用

D. 某生产企业购入的个人使用的小汽车

23. 下列关于以旧换新销售方式的增值税税务处理中，错误的是(　　)。

A. 电器商场以旧换新方式销售彩电业务，应按新彩电的同期销售价格计征增值税

B. 金银首饰以旧换新业务，应按可扣除金银首饰回收的价格计征增值税

C. 银楼采取以旧换新方式销售金项链业务，应按新项链同期全新价格计征增值税

D. 银楼采取以旧换新方式销售金项链业务，应按实际收取的不含税价格计征增值税

24. 下列关于纳税人出租出借包装物收取押金的税务处理中，正确的是(　　)。

A. 出租出借包装物收取的押金，凡单独记账核算又未逾期的，一律不征增值税

B. 销售除啤酒、黄酒外的其他酒类产品收取的包装物押金，一律应在收取押金当期计征增值税

C. 销售酒类产品收取的包装物押金，一律应在收取押金当期计征增值税

D. 收取押金与收取租金的税务处理相同，一律应按价外收费计征增值税

25. 某啤酒生产企业为增值税一般纳税人，某月向小规模纳税人销售啤酒，收取价税合计 93 600 元；同时收取包装物押金 2 000 元，双方约定返还期限为 3 个月。则当月此项业务的增值税销项税额为(　　)元。

A. 15 912　　B. 10 768.14　　C. 13 890.6　　D. 16 252

26. 某食品加工厂上月收购的免税农产品因管理不善腐烂变质，经查其账面成本为 81 000 元，则本月对上述农产品的税务处理正确的是(　　)。

A. 进项税额转出 81 000 元　　B. 进项税额转出 10 530 元

C. 进项税额转出 8 010.99 元　　D. 进项税额不处理

27. 某银楼为增值税一般纳税人，有一顾客拿来一条旧项链要求改成新款项链，银楼实收 4 000 元加工费，则银楼此项业务的增值税销项税额为(　　)元。

A. 520.00　　B. 680.00　　C. 581.20　　D. 460.18

28. 某图书销售中心为增值税一般纳税人，批发图书一批，每册标价 20 元(不含税价)，共计 1 000 册。由于购买数量多，按七折优惠价格成交，并将折扣额与销售额开具在同一张发票上，同时约定 10 日内付款享受 2%折扣。购买方如期付款，则销项税额为(　　)元。

A. 2 034.18　　B. 1 610.62　　C. 1 260.00　　D. 2 380.00

29. 万隆超市为增值税小规模纳税人，某月购进货物取得普通发票，共计支付货款 90 000 元；当月销售货物取得含税收入 167 800 元；销售废旧物品取得含税收入 80 元。则该商店 6 月份应缴纳增值税税额为(　　)元。

A. 4 889.71　　B. 4 887.38　　C. 5 036.40　　D. 5 034.00

30. 某生活服务企业为增值税一般纳税人，2019 年 5 月销项税额为 86 万元，进项税额为 32 万元，全部属于允许抵扣的进项税额，上期末加计抵减额余额 5 万元。该企业当月实际缴纳的增值税税额为(　　)万元。

A. 50.80　　B. 45.80　　C. 54.00　　D. 49.00

31. 下列关于增值税期末留抵税额退税制度的表述，错误的是(　　)。

A. 自 2019 年 4 月 1 日起，试行增值税期末留抵税额退税制度

B. 所称增量留抵税额，是指与 2019 年 3 月底相比新增加的期末留抵税额

C. 纳税人当期允许退还的增量留抵税额，按照公式计算：允许退还的增量留抵税额＝增量留抵税额×进项构成比例×50%

D. 纳税人应在增值税纳税申报期内，向主管税务机关申请退还留抵税额

32. 下列关于增值税纳税义务发生时间和纳税地点的表述，不正确的是(　　)。

A. 纳税人从事金融商品转让的，纳税义务发生时间为金融商品所有权转移的当天
B. 纳税人提供不动产租赁服务采取预收款方式的，纳税义务发生时间为出租不动产的当天
C. 其他个人销售不动产，应向不动产所在地主管税务机关申报纳税
D. 按照现行规定应在建筑服务发生地预缴增值税的项目，纳税人收到预收款时在建筑服务发生地预缴增值税

33. 进口货物的增值税由(　　)征收。
A. 进口地税务机关　　B. 海关
C. 交货地税务机关　　D. 进口方所在地税务机关

34. 下列各项中，适用增值税出口"免退税"办法的是(　　)。
A. 受托代理出口货物的外贸企业
B. 收购货物出口的外贸企业
C. 自营出口自产货物的生产企业
D. 委托出口自产货物的生产企业

35. 关于转让金融商品征收增值税的规定，下列说法中正确的是(　　)。
A. 可以开具增值税专用发票
B. 按照卖出价扣除买入价后的余额为计税销售额
C. 转让金融商品出现的负差可结转到下一个会计年度的金融商品销售中抵扣
D. 以卖出价为计税销售额

36. 2019 年 5 月，某设计公司为增值税小规模纳税人，为客户提供设计服务，取得含税收入 3 万元，销售自己使用过的固定资产，取得含税收入 1 万元。该公司当月上述业务应纳增值税(　　)万元。
A. 0.09　　B. 0.12　　C. 0.20　　D. 0

37. 2019 年 6 月，天津户籍的梅长苏销售其拥有的位于北京的一处别墅，含税售价 1 500万，已知此房产购置于 4 年前，关于其纳税的说法正确的是(　　)。
A. 应免税　　B. 应就全额按 5%计税
C. 应就全额按 9%计税　　D. 应就买卖差额按 5%计税

38. 关于增值税退(免)税的计税依据，下列表述中不正确的是(　　)。
A. 生产企业出口货物劳务(包括进料加工复出口货物)增值税退(免)税的计税依据，为出口货物劳务的实际离岸价
B. 以铁路运输方式载运旅客的，增值税退(免)税的计税依据为按照铁路合作组织清算规则清算后的实际运输收入
C. 实行免退税办法的退(免)税计税依据为购进应税服务的增值税专用发票或解缴税款的《中华人民共和国税收缴款凭证》上注明的金额
D. 以航空运输方式载运货物或旅客的，如果国际运输或港澳台运输各航段由多个承运人承运的，为中国航空结算有限责任公司清算后的实际收入

二、多项选择题

1. 我国增值税的征收范围包括(　　)。

A. 在中国境内销售货物　　B. 在中国境内提供应税劳务

C. 进口货物　　D. 过境货物

2. 下列纳税人中，年应税销售额超过规定标准但可以选择按照小规模纳税人纳税的有（　　）。

A. 会计核算健全的单位　　B. 非企业性单位

C. 不经常发生应税行为的企业　　D. 不经常发生应税行为的个体工商户

3. 划分一般纳税人和小规模纳税人的标准有（　　）。

A. 销售额达到规定标准　　B. 经营效益好

C. 会计核算健全　　D. 有上级主管部门

4. 下列应税行为中，应该按照6%的税率征收增值税的有（　　）。

A. 会议展览服务　　B. 餐饮服务

C. 水路运输的光租业务　　D. 转让土地使用权

5. 关于2019年4月1日后增值税进项税额抵扣的规定，下列表述中不正确的有（　　）。

A. 纳税人购进国内旅客运输服务，取得注明旅客身份信息的航空运输电子客票行程单的，航空旅客运输进项税额＝(票价＋燃油附加费＋机场建设费)÷(1＋9%)×9%

B. 纳税人购进国内旅客运输服务，取得注明旅客身份信息的铁路车票的，铁路旅客运输进项税额＝票面金额÷(1＋9%)×9%

C. 纳税人购进国内旅客运输服务，取得注明旅客身份信息的公路、水路等其他客票的，公路、水路等其他旅客运输进项税额＝票面金额÷(1＋3%)×3%

D. 纳税人购进用于生产或者委托加工13%税率货物的农产品，按照9%的扣除率计算进项税额

6. 下列关于增值税特殊销售方式的说法中，表述正确的有（　　）。

A. 纳税人采取折扣方式销售货物，如果销售额和折扣额在同一张发票上的“金额”栏分别注明，可以按折扣后的销售额征收增值税

B. 直销企业通过直销员向消费者销售货物，直接向消费者收取货款，直销企业的销售额为其向消费者收取的全部价款和价外费用

C. 纳税人为销售货物而出租出借包装物收取的押金，单独记账的、时间在1年内又未过期的，不并入销售额征税

D. 包装物租金不并入销售额征税

7. 下列进口货物，需缴纳增值税的有（　　）。

A. 国外企业捐赠的货物　　B. 进口购进后自用的办公设备

C. 国内出口转内销货物　　D. 直接用于教学、科研的进口设备、仪器

8. 下列行为属于视同销售货物，应征收增值税的有（　　）。

A. 某商店为服装厂代销儿童服装

B. 某批发部门将外购的部分饮料用于职工福利

C. 某企业将自产的卷烟用于个人消费

D. 某企业将自产的办公桌用于财务部门办公使用

9. 下列项目中，属于免征增值税的有（　　）。

A. 农业生产者销售自产的粮食　　B. 药厂销售避孕药品
C. 个人销售自己使用过的物品　　D. 机械厂销售农业机具

10. 下列应按照"有形动产租赁服务"缴纳增值税的有(　　)。
A. 航空运输的干租业务　　B. 有形动产经营性租赁
C. 航空运输的湿租业务　　D. 水路运输的程租业务

11. 某单位外购如下货物,按增值税有关规定不能作为进项税额抵扣的有(　　)。
A. 外购的生产性固定资产　　B. 外购货物用于免税项目
C. 外购货物用于集体福利　　D. 外购货物用于无偿赠送他人

12. 下列情况中,应当征收增值税的有(　　)。
A. 某企业委托一酒厂加工白酒,收回后直接对外销售
B. 某钟表眼镜店为顾客修理眼镜
C. 某企业变卖厂房一栋
D. 饮食业对外销售非现场消费的食品

13. 增值税一般纳税人销售货物或提供应税劳务向购买方收取的价款和价外费用都应并入销售额纳税,但税法规定价外费用不包括(　　)。
A. 销售货物的同时代办保险等而向购买方收取的保险费
B. 向购买方收取的销项税额
C. 受托加工应征消费税的消费品所代收代缴的消费税
D. 承运部门将运费发票开给购买方并由销售方将该发票转交给购买方的代垫运费

14. 按现行增值税制度规定,下列行为应按"提供加工和修理修配劳务"征收增值税的有(　　)。
A. 商店服务部为顾客修理手表　　B. 企业受托为另一企业加工服装
C. 企业为另一企业修理锅炉　　D. 汽车修配厂员工为本厂修理汽车

15. 增值税法规定,对销售除(　　)以外的其他酒类产品而收取的包装押金,无论是否返还、会计上如何核算,均应并入当期销售额计征增值税。
A. 啤酒　　B. 黄酒　　C. 白酒　　D. 药酒

16. 纳税人视同销售的销售额按下列方法顺序确定(　　)。
A. 当月同类货物的最高销售价格　　B. 当月同类货物的平均销售价格
C. 最近时期同类货物的平均销售价格　　D. 组成计税价格

17. 甲企业销售给乙企业一批货物,乙企业因资金紧张无法支付货币资金,经双方协商,乙企业用自产的产品抵顶货款,则下列表述中不正确的有(　　)。
A. 甲企业收到乙企业的抵顶货物不应作购货处理
B. 乙企业发出抵顶货款的货物不应作销售处理,不应计算销项税额
C. 甲、乙双方发出货物都应作销售处理,但收到货物所含增值税额一律不能计入进项税额
D. 甲、乙双方都应作购销处理,以各自发出和收到的货物,分别核算销售额和购进额,并按有关规定计算销项税额和进项税额

18. 对纳税人为销售货物而出租出借包装物收取的押金,其增值税错误的计税方法

有(　　)。

A. 酒类包装物押金，一律并入销售额计税

B. 除酒类之外的其他货物押金，单独记账核算的，不并入销售额征税

C. 无论会计如何核算，均应并入销售额计算缴纳增值税

D. 对销售除啤酒、黄酒外的其他酒类产品收取的包装物押金，均应并入当期销售额征税，其他货物押金，单独记账且未逾期(1 年为限)者，不计算缴纳增值税

19. 关于增值税计税销售额，下列说法中正确的有(　　)。

A. 航空运输服务，代收的机场建设费不计入计税销售额

B. 以物易物方式下销售货物，双方以各自发出的货物核算销售额

C. 客运场站服务，以其取得的全部价款和价外费用为计税销售额

D. 贷款服务以实收利息和应收未收利息之和为计税销售额

20. 下列货物的出口，适用增值税免税不退税政策的有(　　)。

A. 增值税小规模纳税人出口的货物

B. 国家计划内出口的卷烟

C. 来料加工复出口的货物

D. 进料加工复出口的货物

三、判断题

1. "生产型增值税"与"消费型增值税"的区别在于是否允许企业将购入固定资产所含增值税税额进行抵扣。(　　)

2. 纳税人出口货物，税率为零，因此增值税一般纳税人的税率有两档，即基本税率和零税率。(　　)

3. 年不含税销售额在 500 万元以下，从事货物生产的纳税人，只能被认定为小规模纳税人。(　　)

4. 凡是在我国境内销售货物或者提供加工、修理修配劳务，以及进口货物的单位和个人，都是增值税的纳税义务人。(　　)

5. 增值税小规模纳税人实行简易方法征收增值税，即使取得增值税专用发票，也不能作进项税额抵扣，特殊规定除外。(　　)

6. 个体工商户不得办理增值税一般纳税人资格认定。(　　)

7. 商业企业的增值税小规模纳税人如果其财务核算健全，仍然有被认定为增值税一般纳税人的可能。(　　)

8. 增值税一般纳税人购进免税农产品，全部按照买价的 9%计算进项税额，准予抵扣。(　　)

9. 增值税小规模纳税人一律按照销售额 3%的征收率计算应纳税款，不得抵扣进项税额。(　　)

10. 增值税一般纳税人与增值税小规模纳税人的计税依据相同，都是不含税的销售额。(　　)

11. 增值税的计税依据是不含增值税的价格，它的最终承担者是经营者。(　　)

12. 混合销售是指销售多种产品或提供多种劳务的行为。 （ ）

13. 销项税额＝不含税销售额×税率，税款由销售方自己承担。 （ ）

14. 增值税一般纳税人应纳税额等于当期销项税额减当期进项税额，因此，所有的进项税额都可以抵扣，不足部分可以结转下期继续抵扣。 （ ）

15. 进口货物按组成计税价格和规定的税率计税，不得抵扣任何税额。 （ ）

16. 纳税人代收的运费，应视为价外收费征收增值税。 （ ）

17. 商业企业采取分期付款方式购进货物的，凡是发生销售方先全额开具专用发票，购货方再按规定分期付款情况的，应在每次支付款项以后申报抵扣进项税额。 （ ）

18. 纳税人采取折扣方式销售货物，销售额和折扣额不在同一张发票上分别注明的，可按折扣后的销售额征收增值税。 （ ）

19. 凡随同销售货物或提供应税劳务向购买方收取的价外费用，无论其会计制度如何核算，均应并入销售额计算应纳税额。 （ ）

20. 销售汽车的同时向购买方收取的代购买方缴纳的车辆购置税、车辆牌照费，属于价外费用，应并入销售额计算应纳税额。 （ ）

21. 增值税条例规定，纳税人采取现金折扣方式销售货物，在计算销项税额时可以扣除折扣额部分。 （ ）

22. 纳税人采取以旧换新方式销售货物（金银首饰除外），应按新货物不含税售价，全额计征增值税。 （ ）

23. 甲未按规定向乙支付货款，乙企业按合同规定向甲收取违约金，由于违约金是在销售实现后收取的，故不应征增值税。 （ ）

24. 对收取1年以上的出租出借包装物押金，无论是否退还均并入销售额征税。

（ ）

25. 采取还本销售方式销售货物，其销售额就是货物的销售价格，不得从销售额中减除还本支出。 （ ）

26. 在以物易物活动中，应分别开具合法的票据，如收到的货物不能取得相应的增值税专用发票或其他合法凭证，不能抵扣进项税额。 （ ）

27. 出租车公司向使用本公司自有出租车的出租车司机收取的管理费用，按照有形动产租赁服务征收增值税。 （ ）

28. 增值税一般纳税人提供贷款服务，以其取得的全部利息及利息性质的收入为销售额；增值税一般纳税人接受贷款服务，凭增值税专用发票上注明的税额作进项税额抵扣。

（ ）

29. 货物销售后，由于其品种、质量等原因，销货方给予购货方销售折让，销售折让可以按折让后的货款为销售额。 （ ）

30. 销货方将自产、委托加工和购买的货物用于实物折扣的（如买二赠一），则该实物款额不能从原销售额中减除，且该实物应按“视同销售货物”中的“无偿赠送”计算征收增值税。

（ ）

31. 增值税小规模纳税人购进货物取得增值税专用发票可抵扣进项税额，取得普通发票不允许扣除进项税额。 （ ）

32. 进口货物纳税义务发生的时间为报关进口后 15 天。（ ）

33. 增值税纳税人以 15 日、1 个月或者 1 个季度为一个纳税期的，自期满之日起 15 日内申报纳税。（ ）

34. 总机构和分支机构不在同一县（市）的，应当分别向各自所在地主管税务机关申报纳税。（ ）

35. 委托其他纳税人代销货物，为收到代销单位的代销清单或者收到全部或者部分货款的当天。未收到代销清单及货款的，为发出代销货物满 180 天的当天。（ ）

四、业务题

1. 某商贸企业为增值税一般纳税人，进口机器一台，关税完税价格为 2 000 000 元，假设进口关税为 400 000 元，进口环节取得海关开具的增值税专用缴款书；支付国内运输企业的运输费用取得增值税专用发票，注明运费 2 000 元，税款 180 元；本月将机器售出，取得不含税销售额 3 500 000 元。

要求：请计算本月应纳增值税税额。

2. 某化妆品生产厂为增值税一般纳税人，本月销售化妆品取得不含税销售额600 000 元；另将自产的化妆品一批赠送给某协作企业，生产成本总计为 100 000 元，无市场售价可供参考，该化妆品适用消费税税率为 15%，成本利润率 5%。

要求：请计算本月的计税销售额。

3. 甲企业是增值税一般纳税人，销售给乙公司 5 000 套服装，每套不含税价格为 80 元，由于乙公司购买数量多，甲企业按原价的 8 折优惠销售（与销售业务开具了一张发票），并提供 1/10，n/20 的销售折扣。乙公司于 10 日内付款。

要求：请计算甲企业此项业务的计税销售额。

4. 某家电生产企业为增值税一般纳税人，本月向市职工活动中心赠送自产液晶电视 10 台，每台电视的成本价 3 000 元，市场销售价格 5 000 元（不含税）；赠送新研制的新型节能空调 5 台，每台成本价 8 000 元，市场上尚无同类产品销售。家电产品的成本利润率为 10%。

要求：请计算该家电企业本月的计税销售额。

5. 某商场为增值税一般纳税人，为促销某品牌套装洗发水，对团购客户一次性购买 100 套以上者，折扣 10%；购 300 套以上者，折扣 15%。对零售客户实行“买一赠一”，买一套洗发水送一瓶护手霜，所送护手霜的正常零售价格为 3 元/瓶。该套装洗发水的正常零售价格为 50 元/套。该商场本月向团购客户售出一笔，为某单位购入用以向职工发放福利，共 150 套，商场开具普通发票，销售额与折扣额均在该发票上注明；向零售客户售出 580 套，开具普通发票。

要求：请计算该商场本月销售该品牌套装洗发水的计税销售额。

6. 某经贸公司为增值税一般纳税人，本月销售白酒一批给增值税小规模纳税人，开具普通发票注明的价款为 50 000 元，同时收取包装物押金 3 000 元，约定 6 个月后返还包装物；销售啤酒一批给某商场，开具增值税专用发票注明的价款为 20 000 元，同时收取包装物押金 1 000 元，约定 3 个月后返还包装物。

要求:请计算该经贸公司本月的计税销售额。

7. 某企业是增值税一般纳税人,2019 年 6 月有关生产经营业务如下:

(1) 销售机器一批,开出增值税专用发票中注明销售额为 10 000 元,税额为 1 300 元,另开出一张普通发票,收取包装费 226 元。

(2) 销售三批同一规格、质量的货物,每批各 2 000 件,不含增值税销售价分别为每件 200 元、180 元和 60 元。经税务机关认定,第三批销售价格每件 60 元明显偏低且无正当理由。

(3) 将自产的一批新产品 3A 牌外套 300 件作为福利发给本企业的职工。已知 3A 牌外套尚未投放市场,没有同类外套销售价格;每件外套成本 600 元。

要求:请计算该企业当月的增值税销项税额。

8. 某企业是增值税一般纳税人,适用一般税率 13%,2019 年 6 月有关生产经营业务如下:

(1) 月初外购货物一批,支付增值税进项税额 24 万元,下旬因管理不善,造成该批货物一部分发生霉烂变质,经核实造成 1/4 损失。

(2) 外购的动力燃料支付的增值税进项税额 20 万元,一部分用于应税项目,另一部分用于免税项目,无法分开核算。

(3) 销售应税货物取得不含增值税销售额 700 万元,销售免税货物取得销售额 300 万元。

要求:请计算该企业当月可以抵扣的进项税额。

9. 某电子企业为增值税一般纳税人,2019 年 7 月发生下列经济业务:

(1) 销售 A 产品 50 台,不含税单价 8 000 元。货款收到后,向购买方开具了增值税专用发票,并将提货单交给了购买方。截至月底,购买方尚未提货。

(2) 将 20 台新试制的 B 产品分配给投资者,单位成本为 6 000 元。该产品尚未投放市场。

(3) 单位内部职工集体福利领用甲材料 1 000 千克,每千克单位成本为 50 元。

(4) 企业某项免征增值税项目领用甲材料 200 千克,每千克单位成本为 50 元,同时领用 A 产品 5 台。

(5) 当月丢失库存乙材料 800 千克,每千克单位成本为 20 元,作待处理财产损溢处理。

(6) 当月发生购进货物的全部进项税额为 70 000 元。

其他相关资料:上月进项税额已全部抵扣完毕,本月取得的进项税额抵扣凭证均已申报抵扣。购销货物增值税税率均为 13%,税务局核定的 B 产品成本利润率为 10%。

要求:

(1) 请计算当月销项税额。

(2) 请计算当月可抵扣进项税额。

(3) 请计算当月应缴增值税税额。

10. 某工业企业是增值税一般纳税人,某年 9 月购销业务情况如下:

(1) 购进生产原料一批,取得的增值税专用发票上注明的价、税款分别是 23 万元、2.99 万元,专用发票当月通过认证并申报抵扣。另支付运费取得增值税专用发票,注明运费3万元,税款0.27万元。

(2) 购进钢材20吨,已验收入库;取得的增值税专用发票上注明的价、税款分别是8万元、1.04万元,专用发票当月通过认证并申报抵扣。

(3) 直接向农民收购用于生产加工的农产品一批,经税务机关批准的收购凭证上注明的价款为42万元。

(4) 以托收承付方式销售产品一批,货物已发出并办妥银行托收手续,但货款未到,向买方开具的增值税专用发票注明销售额42万元。

(5) 期初留抵进项税额0.5万元。

要求:请计算该企业当期应纳增值税额。

11. 某商业企业是增值税一般纳税人,2019年12月初留抵税额2 000元,12月发生下列业务:

(1) 购入商品一批,取得认证税控发票,价款10 000元,税款1 300元。

(2) 3个月前从农民手中收购的一批粮食毁损,账面成本5 220元。

(3) 从农民手中收购大豆1吨,税务机关规定的收购凭证上注明收购款1 500元。

(4) 从小规模纳税人处购买商品一批,取得税务机关代开的发票,价款30 000元,税款900元,款已付,货物未入库,发票已认证。

(5) 购买建材一批用于修缮仓库,取得增值税专用发票,价款20 000元,税款2 600元。

(6) 零售日用商品,取得含税收入150 000元。

(7) 将2个月前购入的一批布料捐赠受灾地区,账面成本20 000元,同类不含税销售价格30 000元。

(8) 外购电脑20台,取得增值税专用发票,每台不含税单价6 000元,购入后5台办公使用,5台捐赠希望小学,另10台全部零售,零售价每台8 000元。

假定相关可抵扣进项税的发票均经过认证并申报抵扣。

要求:

(1) 请计算当期全部可从销项税中抵扣的增值税进项税合计数(考虑转出的进项税)。

(2) 请计算当期增值税销项税额。

(3) 请计算当期应纳增值税税额。

12. 晶都百货商场为增值税一般纳税人,2020年1月份发生下列增值税相关业务:

(1) 从小规模生产企业购进商品一批,取得税务机关代开的增值税专用发票,注明销售额为800 000元;商场超市从某农场购进新鲜水果,开具收购凭证上注明价款45 600元;从增值税一般纳税人企业购进商品取得增值税专用发票,注明价款180 000元。

(2) 直接收款方式销售货物取得不含税销售收入1 750 000元,其中大米95 000元,鸭蛋102 000元,食用植物油120 200元,新鲜水果90 000元,图书资料90 500元,化妆品130 000元,其余为其他商品。(提示:大米属于粮食,鸭蛋、新鲜水果属于农产品)

(3) 庆祝"五一"国际劳动节,将经销的小家电免费发给员工,购进成本共计120 000元,零售价共计150 000元;向某福利院赠送童装一批,购进成本10 000元,零售价15 000元。

(4) 商场品牌区受托代销(符合税法规定条件)服装,实现本月代销零售收入900 000元。

(5) 有10台上月销售的彩电,因质量问题顾客要求退货,商场已将彩电退回厂家,并取得厂家开具的红字专用发票。经查彩电原不含税售价每台 3 000 元,原购进不含税价每台 2 500 元。

要求:

(1) 根据资料(1)计算该商场购进所有商品和新鲜水果可抵扣的进项税额。

(2) 根据资料(2)计算该商场直接收款方式销售货物的销项税额。

(3) 根据资料(3)计算该商场将经销的小家电发给职工的行为应处理的进项税额转出。

(4) 根据资料(3)计算该商场赠送福利院童装业务的销项税额。

(5) 根据资料(4)计算该商场受托代销服装实现销售收入的销项税额。

(6) 根据资料(5)计算该商场应扣减当期的进项税额和应扣减当期的销项税额。

13. 滨湖市永江木业有限责任公司为增值税一般纳税人,从事木制品加工销售,增值税纳税期限为 1 个月,会计核算遵循企业会计准则。2020 年 1 月与增值税有关的经济业务如下:

(1) 向某林场购进原木一批,取得普通发票注明价款 116 万元;委托运输部门将原木从林场运至厂部共支付运费 6.8 万元,取得增值税专用发票。

(2) 以购进原木为原料加工高档桌椅一批,销售给某商场,取得不含税收入 188 万元;另外收取地区独家代理费用 11.3 万元。

(3) 以购进原木为原料加工高档木床一批,销售取得不含税收入 65 万元。

(4) 以废弃边角料加工儿童木床一批,销售取得不含税收入 36 万。

(5) 购进集成材料一批验收入库,取得增值税专用发票注明价款 21 万元。

(6) 月末盘存发现上月自农场购进木材短缺 32.79 万元(其中包含运费成本 2.79 万元),经认定短缺的木材属于非正常损失。

(7) 当月购进电锯一台,取得增值税专用发票注明价款 22 万元;支付运费 1 万元,取得增值税专用发票。

(8) 购进管理部门办公用小汽车一辆,取得增值税专用发票注明价款 32 万元。

其他资料:本月取得的增值税专用发票均在当月通过认证,6 月份无留抵税额,应支付的款项全部以银行存款付讫。

要求:请计算当期应纳的增值税税额。

第二章 增值税习题参考答案

一、单项选择题

1. **【答案】** B

【解析】 增值税按对外购固定资产处理方式的不同,可划分为生产型增值税、收入型增值税和消费型增值税。生产型增值税是指计算增值税时,不允许扣除任何外购固定资产的价款;收入型增值税是指计算增值税时,对外购固定资产价款只允许扣除当期计入产品价值的折旧费部分;消费型增值税是指计算增值税时,允许将当期购入的固定资产价款一次性全部扣除。

2.【答案】D

【解析】选项D,建筑企业与发包方签订建筑合同后,以内部授权或者三方协议等方式,授权集团内其他纳税人(以下简称第三方)为发包方提供建筑服务,并由第三方直接与发包方结算工程款的,由第三方缴纳增值税,与发包方签订建筑合同的建筑企业不缴纳增值税。

3.【答案】D

【解析】选项A,个体工商户如果会计核算不健全,能按规定报送有关税务资料,可以办理一般纳税人资格登记;选项B,纳税人在年应税销售额超过规定标准的月份(或季度)的所属申报期结束后15日内按规定办理相关手续;未按规定时限办理的,主管税务机关应当在规定时限结束后5日内制作《税务事项通知书》,告知纳税人应当在5日内向主管税务机关办理相关手续;选项C,登记一般纳税人的经营期是指在纳税人存续期内的连续经营期间,含未取得销售收入的月份。

4.【答案】B

【解析】选项B,属于兼营行为,应区分货物和服务按照不同税率缴纳增值税。

5.【答案】C

【解析】小规模纳税人销售不动产(不含个人住房),适用5%征收率。

6.【答案】A

【解析】选项BCD,均按13%抵扣进项税额。

7.【答案】C

【解析】选项ABD不属于免征增值税项目。

8.【答案】B

【解析】单位或者个体工商户向其他单位或者个人无偿提供服务、转让无形资产或者不动产,视同销售,但用于公益事业或者以社会公众为对象的除外。

9.【答案】C

【解析】“出口货物零税率”是指对规定的出口货物,在出口环节不征税,并且对该货物在出口前已缴纳的增值税进行退税,使出口货物的整体税负为零。

10.【答案】A

【解析】选项B和D适用9%的税率;选项C适用6%的税率。

11.【答案】D

【解析】选项D属于传统增值税征税范围,应缴纳增值税。

12.【答案】A

【解析】根据规定,单位或者个体工商户聘用的员工为本单位或者雇主提供交通运输业和部分现代服务业服务,属于非营业活动,不属于应税服务,因此选项B、D不属于应税服务;单位和个体工商户向其他单位或者个人无偿提供交通运输业和部分现代服务业服务,视同提供应税服务,但以公益活动为目的或者以社会公众为对象的除外,选项C属于以公益活动为目的的无偿提供,因此不属于应税服务;选项A属于现代服务业应税范围中的文化创意服务。

13.【答案】B

【解析】小规模纳税人增值税征收率除了3%，还有5%，3%减按2%等。

14.【答案】A

【解析】境外单位或者个人向境内单位或者个人销售完全在境外发生的服务；向境内单位或者个人销售完全在境外使用的无形资产；向境内单位或者个人出租完全在境外使用的有形动产，都不属于增值税境内销售服务行为。

15.【答案】A

【解析】计税销售额=28 250÷(1+13%)=25 000(元)。

16.【答案】D

【解析】纳税人发生视同销售行为的情形，由主管税务机关按照下列顺序核定销售额：①按照纳税人最近时期发生同类应税销售行为的平均价格确定；②按照其他纳税人最近时期发生同类应税销售行为的平均价格确定；③按照组成计税价格确定。服装厂将自产的服装作为福利发给本厂职工属于视同销售，根据上述顺序，计税销售额应为当月同类产品的平均售价18万元。

17.【答案】A

【解析】销售货物的同时代办保险等而向购买方收取的保险费，以及向购买方收取的代购买方缴纳的车辆购置税、车辆牌照费，不属于价外费用，不计征增值税。

18.【答案】A

【解析】采取还本销售方式销售货物，其销售额就是货物的销售价格，不得从销售额中扣除还本支出。

19.【答案】A

【解析】非正常损失的购进货物，进项税额不得抵扣，原已抵扣的进项税额应作转出，原已抵扣的进项税额无法确定的，按照当期实际成本计算应转出的进项税额。应转出的进项税额=1 000×10×13%=1 300(元)。

20.【答案】C

【解析】选项A，属于增值税视同销售行为；选项B，自然灾害造成的损失不属于非正常损失，无需作进项税额转出；选项D，一般纳税人发生购货退回，如果取得红字增值税专用发票，应冲减原进项税额，不作转出处理。

21.【答案】D

【解析】用于免税项目的购进货物，进项税额不得抵扣。选项ABC如果符合抵扣条件都可以抵扣。

22.【答案】A

【解析】用于免征增值税项目、个人消费的购进货物、服务；非正常损失的购进货物，进项税额不得抵扣。选项BCD的进项税额均不得抵扣。选项B，属于非正常损失的购进货物；选项C，属于用于免征增值税项目的购进货物；选项D，属于用于个人消费的购进货物。

23.【答案】C

【解析】除金银首饰外的货物以旧换新销售，应按新货物的同期销售价格确定销售额，不得扣减旧货物的收购价格；金银首饰以旧换新业务，按销售方实际收取的不含增值税的价款确认计税销售额。

24.【答案】B

【解析】纳税人为销售货物而出租出借包装物收取的押金，单独记账核算，时间在1年内又未逾期的，不并入销售额征税；但对逾期未收回不再退还的包装物押金，应按所包装货物的适用税率计算增值税。“逾期”是指按合同约定实际逾期或以1年为期限，对收取1年以上的押金，无论是否退还均并入销售额征税。对销售除啤酒、黄酒外的其他酒类产品收取的包装物押金，无论是否返还以及会计上如何核算，均应并入当期销售额征税。

25.【答案】B

【解析】收取的啤酒包装物押金，未逾期，不计征增值税。销项税额=93 600÷(1+13%)×13%=10 768.14(元)。

26.【答案】C

【解析】上月收购的免税农产品因管理不善腐烂变质属于非正常损失的购进货物，上月购入时已作进项税额计算抵扣，本月发生非正常损失需要作进项税额转出，转出金额=81 000÷(1−9%)×9%=8 010.99(元)。

27.【答案】D

【解析】实收消费者的加工费应属于含税收入，则销项税额=4 000÷(1+13%)×13%=460.18(元)。

28.【答案】C

【解析】税法规定，折扣销售方式下，如果销售额和折扣额在同一张发票上的“金额”栏中分别注明，可按折扣后的销售额征收增值税；而现金折扣不得从销售额中扣除。销项税额=20×1 000×70%×9%=1 260.00(元)。

29.【答案】A

【解析】小规模纳税人基本征收率为3%，则应缴纳增值税税额=(167 800+80)÷(1+3%)×3%=4 889.71(元)。

30.【答案】B

【解析】自2019年4月1日至2021年12月31日，允许生产、生活性服务业纳税人按照当期可抵扣进项税额加计10%，抵减应纳税额。当期计提加计抵减额=32×10%=3.2(万元)，当期应纳税额=86−(32+3.2+5)=45.8(万元)。

31.【答案】C

【解析】选项C，纳税人当期允许退还的增量留抵税额，按照以下公式计算，允许退还的增量留抵税额=增量留抵税额×进项构成比例×60%。

32.【答案】B

【解析】选项B，纳税人提供不动产租赁服务采取预收款方式的，纳税义务发生时间为收到预收款的当天。

33.【答案】B

【解析】进口货物的增值税由海关征收。

34.【答案】B

【解析】选项A,要看委托方是谁,如果委托方是生产企业,则适用免抵退税办法;如果委托方是外贸企业,则适用免退税办法。选项C、D,适用增值税免抵退税办法。

35.【答案】B

【解析】转让金融商品出现的正负差,按盈亏相抵后的余额为销售额。若相抵后出现负差,可结转下一纳税期与下期转让金融商品销售额相抵,但年末时仍出现负差的不得转入下一个会计年度。金融商品转让不得开具增值税专用发票。

36.【答案】D

【解析】对月销售额10万元(含)以下的增值税小规模纳税人,免征增值税。

37.【答案】D

【解析】个人将北京、上海、广州、深圳的住房销售,满2年的普通住房免税,非普通住房差额(销售收入减去购买住房价款)按5%计征增值税。

38.【答案】A

【解析】生产企业出口货物劳务(进料加工复出口货物除外)增值税退(免)税的计税依据,为出口货物劳务的实际离岸价。生产企业进料加工复出口货物增值税退(免)税的计税依据,按出口货物的离岸价扣除出口货物所含的海关保税进口料件的金额后确定。

二、多项选择题

1.【答案】ABC

【解析】增值税的征税范围包括在中国境内销售货物,提供加工修理修配劳务,销售服务、无形资产和不动产,以及进口货物。选项D不属于增值税征税范围。

2.【答案】BCD

【解析】年应税销售额超过增值税小规模纳税人规定标准但不经常发生应税行为的单位和个体工商户,以及非企业性单位、不经常发生应税行为的企业,可选择按照增值税小规模纳税人纳税。选项A应当按照增值税一般纳税人纳税。

3.【答案】AC

【解析】增值税纳税人分类的基本依据是纳税人的会计核算是否健全,以及企业规模的大小,衡量企业规模的大小一般以年销售额为依据。

4.【答案】AB

【解析】选项C,水路运输的光租业务属于有形动产租赁,税率为13%;选项D:转让土地使用权,税率为9%。

5.【答案】AD

【解析】选项A,纳税人购进国内旅客运输服务,取得注明旅客身份信息的航空运输电子客票行程单的,航空旅客运输进项税额=(票价+燃油附加费)÷(1+9%)×9%;选项D,纳税人购进用于生产或者委托加工13%税率货物的农产品,按照10%的扣除率计算进项税额。

6.【答案】ABC

【解析】选项D,包装物租金应并入销售额征税。

7.【答案】ABC

【解析】选项D,属于法定免税项目,不征收增值税。

8.【答案】AC

【解析】选项 B,批发部门将外购的部分饮料用于职工福利,属于进项税额不得抵扣情形;选项 D,不属于增值税征税范围。

9.【答案】ABC

【解析】选项 D 不属于免税项目,应征收增值税。

10.【答案】AB

【解析】选项 C,航空运输的湿租业务,属于航空运输服务;选项 D,水路运输的程租业务,属于水路运输服务。

11.【答案】BC

【解析】选项 A,外购的生产性固定资产,可作进项税额抵扣;选项 D,外购货物用于无偿赠送他人,属于增值税视同销售行为。

12.【答案】ABCD

【解析】选项 A、D,委托加工白酒收回后直接销售,饮食业对外销售非现场消费的食品,都属于销售货物,应征收增值税;选项 B,钟表眼镜店为顾客修理眼镜,属于提供加工修理修配劳务,征收增值税;选项 C,企业变卖厂房,属于转让不动产,应征收增值税。

13.【答案】ABCD

【解析】下列项目不属于价外费用:(1)收取的增值税税额。(2)受托加工应征消费税的消费品所代收代缴的消费税。(3)同时符合以下条件代为收取的政府性基金或者行政事业性收费:①由国务院或财政部批准设立的政府性基金,由国务院或者省级人民政府及其财政、价格主管部门批准设立的行政事业性收费;②收取时开具省级以上财政部门印制的财政票据;③所收款项全额上缴财政。(4)以委托方名义开具发票代委托方收取的款项。(5)销售货物的同时代办保险等而向购买方收取的保险费,以及向购买方收取的代购买方缴纳的车辆购置税、车辆牌照费。

14.【答案】ABC

【解析】选项 D,单位或个体工商户聘用的员工为本单位或雇主提供加工、修理修配劳务不征增值税。

15.【答案】AB

【解析】增值税法规定,对销售除啤酒、黄酒以外的其他酒类产品而收取的包装押金,无论是否返还、会计上如何核算,均应并入当期销售额计征增值税。

16.【答案】BCD

【解析】纳税人视同销售的销售额,由主管税务机关按照下列顺序核定销售额:①按照纳税人最近时期发生同类应税销售行为的平均价格确定;②按照其他纳税人最近时期发生同类应税销售行为的平均价格确定;③按照组成计税价格确定。

17.【答案】ABC

【解析】乙企业用自产的产品抵顶甲企业货款,甲企业应作购货处理,并按规定计算进项税额;乙企业应作销售处理,并按规定计算销项税额。

18.【答案】ABC

【解析】纳税人为销售货物而出租出借包装物收取的押金,单独记账核算,时间在 1 年内又未逾期的，不并入销售额征税；但对逾期未收回不再退还的包装物押金，应按所包装货物的适用税率计算增值税。“逾期”是指按合同约定实际逾期或以1年为期限，对收取1年以上的押金，无论是否退还均并入销售额征税。对销售除啤酒、黄酒外的其他酒类产品收取的包装物押金，无论是否返还以及会计上如何核算，均应并入当期销售额征税。

19. **【答案】**AB

【解析】选项C，一般纳税人提供客运场站服务，以其取得的全部价款和价外费用，扣除支付给承运方运费后的余额为销售额；选项D，贷款服务，以提供贷款服务取得的全部利息及利息性质的收入为销售额。证券公司、保险公司、金融租赁公司、证券基金管理公司、证券投资基金以及其他经人民银行、银监会、证监会、保监会批准成立且经营金融保险业务的机构发放贷款后，自结息日起90天内发生的应收未收利息按现行规定缴纳增值税，自结息日起90天后发生的应收未收利息暂不缴纳增值税，待实际收到利息时按规定缴纳增值税。

20. **【答案】**ABC

【解析】选项D，进料加工复出口的货物，适用增值税免税并退税的政策。

三、判断题

1. **【答案】**√

【解析】消费型增值税允许企业凭固定资产的外购发票，将购入固定资产所含增值税税额进行抵扣；而生产型增值税不允许抵扣。

2. **【答案】**×

【解析】增值税一般纳税人的税率除了基本税率13%和零税率以外，还有低税率9%，较低税率6%，一共为四档税率。

3. **【答案】**×

【解析】增值税纳税人分类的基本依据是纳税人的会计核算是否健全，以及企业规模的大小，而衡量企业规模的大小一般以年销售额为依据。年不含税销售额在500万元以下，从事货物生产的纳税人，如果会计核算健全，也可以被认定为增值税一般纳税人。

4. **【答案】**√

【解析】根据《增值税暂行条例》的规定，在中华人民共和国境内(以下简称境内)销售货物或者提供加工、修理修配劳务(以下简称劳务)，销售服务、无形资产或者不动产，以及进口货物的单位和个人，为增值税的纳税人。

5. **【答案】**√

6. **【答案】**×

【解析】办理一般纳税人资格认定主要依据年应税销售额以及会计核算水平，如果个体工商户满足办理条件，也可以办理。

7. **【答案】**√

8. **【答案】**×

【解析】一般纳税人购进免税农产品，税率按以下情形予以核定：①取得一般纳税人开具的增值税专用发票或者海关进口增值税专用缴款书的，以增值税专用发票或海关进口增值税专用缴款书上注明的增值税额为进项税额;②从按照简易计税方法依照3%征收率计算缴纳增值税的小规模纳税人取得增值税专用发票的,以增值税专用发票上注明的金额和9%的扣除率计算进项税额;③从农业生产者取得(开具)农产品销售发票或收购发票的,以农产品销售发票或收购发票上注明的农产品买价和9%的扣除率计算进项税额。若纳税人购进用于生产销售或委托加工13%税率货物的农产品,按照10%的扣除率计算进项税额。

9.【答案】×

【解析】小规模纳税人的征收率除了3%以外,还有5%、3%减按2%等。

10.【答案】√

【解析】增值税是价外税,增值税一般纳税人与小规模纳税人的计税依据都是不含增值税的销售额。

11.【答案】×

【解析】增值税虽然是向纳税人征收,但是纳税人在销售商品的过程中会通过价格杠杆将税收负担转嫁给其他人,只要商品实现销售,该税收负担最后会由最终消费者承担。

12.【答案】×

【解析】混合销售行为是指一项销售行为如果既涉及货物又涉及服务,货物和服务之间具有直接紧密的连带从属关系。

13.【答案】×

【解析】增值税是间接税,具有税款转嫁特点,税款由购买方承担。

14.【答案】×

【解析】并非所有的进项税额都可以从销项税额中抵扣,税法规定了可以抵扣和不可抵扣的情形,进项税额抵扣一般分凭票抵扣和计算抵扣两种情况,符合税法规定的抵扣情形才可以抵扣。

15.【答案】√

16.【答案】×

【解析】纳税人代收的运费,如果以委托方名义开具发票不视为价外费用。

17.【答案】×

【解析】商业企业采取分期付款方式购进货物的,销售方先全额开具专用发票,以发票全额报抵扣进项税额。

18.【答案】×

【解析】税法规定,折扣销售方式下,如果销售额和折扣额在同一张发票上的“金额”栏中分别注明,可按折扣后的销售额征收增值税;仅在发票“备注”栏中注明折扣额的,折扣额不得从销售额中扣除。如果对折扣额另开发票,不论其在财务上如何处理,均不得从销售额中减除折扣额。

19.【答案】√

20.【答案】×

【解析】销售汽车的同时向购买方收取的代购买方缴纳的车辆购置税、车辆牌照费,不属于价外费用,不应并入销售额计算应纳税额

21.【答案】×

【解析】现金折扣是指销售方在发生应税销售行为后，为鼓励购买方及早偿还货款而给予的价格优惠。由于现金折扣发生在应税销售行为之后，是一种融资性质的理财费用，因此现金折扣不得从销售额中扣除。

22.【答案】√

【解析】除金银首饰外的货物以旧换新销售，应按新货物的同期销售价格确定销售额，不得扣减旧货的收购价格。

23.【答案】×

【解析】乙企业按合同规定向甲收取违约金属于价外费用，应按规定计征增值税。

24.【答案】√

25.【答案】√

【解析】还本销售是指销售方将货物出售后，按约定时间一次或分次将购货款部分或全部退还给购买方的一种销售方式。这种方式实际上是一种筹资行为，是以货物换取资金的使用价值。采取还本销售方式销售货物，其销售额就是货物的销售价格，不得从销售额中扣除还本支出。

26.【答案】√

【解析】以物易物双方均应作购销处理，以各自发出的应税销售行为核算销售额并计算销项税额，以各自收到的货物、劳务、服务、无形资产、不动产按规定核算购进金额并计算进项税额。在以物易物活动中，应分别开具合法的票据，如果未取得增值税专用发票或其他合法票据，不得抵扣相应的进项税额。

27.【答案】×

【解析】出租车公司向使用本公司自有出租车的出租车司机收取的管理费用，按陆路运输服务征收增值税。

28.【答案】×

【解析】增值税一般纳税人购进的贷款服务、餐饮服务、居民日常服务和娱乐服务，不得抵扣进项税额。

29.【答案】√

30.【答案】√

【解析】实物折扣不得从应税销售行为的销售额中减除，应按增值税暂行条例和“营改增”通知“视同销售货物”中的“赠送他人”计征增值税。

31.【答案】×

【解析】按照税法的规定，增值税小规模纳税人购进货物（除购进税控收款机外）不论是否取得增值税专用发票，都不能抵扣进项税额。

32.【答案】×

【解析】进口货物纳税义务发生的时间为报关进口的当天。

33.【答案】×

【解析】纳税人以1个月或1个季度为纳税期的，自期满之日起15日内申报纳税，不包括15日的纳税期。

34.【答案】√
35.【答案】√
四、业务题
1.【答案】
(1) 进口环节向海关缴纳的增值税=(2 000 000+400 000)×13%=312 000(元)
(2) 国内销售环节,凭海关开具的增值税专用缴款书和运输企业的增值税专用发票作进项税额抵扣:
当月进项税额=312 000+180=312 180(元)
(3) 当月销项税额=3 500 000×13%=455 000(元)
(4) 当月应纳增值税税额=455 000−312 180=142 820(元)
2.【答案】
销售额=600 000+100 000×(1+5%)÷(1−15%)
=600 000+123 529.41=723 529.41(元)
3.【答案】
甲企业此项业务的计税销售额=5 000×80%×80=320 000(元)
4.【答案】
赠送液晶电视的销售额=10×5 000=50 000(元)
赠送新型空调的销售额=5×8 000×(1+10%)=44 000(元)
合计销售额=50 000+44 000=94 000(元)
5.【答案】
向团购客户销售的销售额=150×50÷(1+13%)×90%=5 973.45(元)
向零售客户销售的销售额=580×(50+3)÷(1+13%)=27 203.54(元)
合计销售额=5 973.45+27 203.54=33 176.99(元)
6.【答案】
销售白酒的销售额=(50 000+3 000)÷(1+13%)=46 902.65(元)
销售啤酒的销售额=20 000(元)
合计销售额=46 902.65+20 000=66 902.65(元)
7.【答案】
(1) 销售机器增值税销项税额=1 300+226÷(1+13%)×13%=1 326(元)
(2) 销售货物增值税销项税额=[200+180+(200+180)÷2]×2 000×13%
=148 200(元)
(3) 该批外套增值税销项税额=300×600×(1+10%)×13%=25 740(元)
(4) 当月的增值税销项税额=1 326+148 200+25 740=175 266(元)
8.【答案】
(1) 外购货物可以抵扣的进项税额=24−24×1/4=24−6=18(万元)
(2) 销售货物可以抵扣的进项税额=20−20×300÷(700+300)=14(万元)
(3) 当月可以抵扣的进项税额=18+14=32(万元)
9.【答案】
(1) 销售 A 产品的销项税额=50×8 000×13%=52 000(元)

(2) B产品视同销售的销项税额＝20×6 000×(1＋10％)×13％＝17 160(元)
(3) 内部职工福利领用甲材料转出进项税额＝50×1 000×13％＝6 500(元)
(4) 免征增值税项目领用甲材料转出进项税额＝50×200×13％＝1 300(元)
领用A产品视同销售的销项税额＝5×8 000×13％＝5 200(元)
(5) 丢失乙材料转出进项税额＝20×800×13％＝2 080(元)
当月销项税额＝52 000＋17 160＋5 200＝74 360(元)
当月可抵扣进项税额＝70 000－(6 500＋1 300＋2 080)＝60 120(元)
当月应纳增值税税额＝74 360－60 120＝14 240(元)

10. **【答案】**
(1) 进项税额＝2.99＋0.27＝3.26(万元)
(2) 进项税额＝1.04(万元)
(3) 进项税额＝42×9％＝3.78(万元)
(4) 销项税额＝42×13％＝5.46(万元)
当期销项税额＝5.46(万元)
当期进项税额＝3.26＋1.04＋3.78＝8.08(万元)
当期应纳增值税税额＝5.46－8.08－0.5＝－3.12(万元)
期末留抵的进项税额是3.12万元。

11. **【答案】**
(1) 进项税额＝1 300(元)
(2) 进项税额转出＝5 220÷(1－9％)×9％＝516.26(元)
(3) 进项税额＝1 500×9％＝135(元)
(4) 进项税额＝900(元)
(5) 进项税额＝2 600(元)
(6) 销项税额＝150 000÷(1＋13％)×13％＝17 256.64(元)
(7) 视同销售的销项税额＝30 000×13％＝3 900(元)
(8) 进项税额＝6 000×20×13％＝15 600(元)
销项税额＝[8 000×(10＋5)÷(1＋13％)]×13％＝13 805.31(元)
当期进项税额＝1 300＋135＋900＋2 600＋15 600－516.26＝20 018.74(元)
当期销项税额＝17 256.64＋3 900＋13 805.31＝34 961.95(元)
当期应纳税额＝34 961.95－20 018.74－2 000＝12 943.21(元)

12. **【答案】**
(1) 购进商品可抵扣的进项税额＝800 000×3％＋45 600×9％＋180 000×13％
＝24 000＋4 104＋23 400＝51 504(元)
(2) 直接销售货物的销项税额＝497 700×9％＋(1 750 000－497 700)×13％
＝44 793＋162 799＝207 592(元)
(3) 购进的货物用于集体福利不属于增值税视同销售行为，因此已经抵扣的进项税额要做进项税额转出处理
进项税额转出＝120 000×13％＝15 600(元)

(4) 将购进的货物用于捐赠属于增值税视同销售行为,有售价按售价计算销项税额。

销项税额=15 000÷(1+13%)×13%=1 725.66(元)

(5) 销项税额= 900 000÷(1+13%)×13%=103 539.82(元)

(6) 应扣减当期的进项税额=2 500×10×13%=3 250(元)

应扣减当期的销项税额=3 000×10×13%=3 900(元)

13.【答案】

(1) 进项税额=116×10%+6.8×9%=11.6+0.612=12.21(万元)

(2) 销项税额=188×13%+11.3÷(1+13%)×13%=25.74(万元)

(3) 销项税额=65×13%=8.45(万元)

(4) 销项税额=36×13%=4.68(万元)

(5) 进项税额=21×13%=2.73(万元)

(6) 进项税额转出=30÷(1−10%)×10%+2.79×9%=3.33+0.25=3.58(万元)

(7) 进项税额=22×13%+1×9%=2.95(万元)

(8) 进项税额=32×13%=4.16(万元)

当期销项税额=25.74+8.45+4.68=38.87(万元)

当期进项税额=12.21+2.73+2.95+4.16= 22.05(万元)

进项税额转出=3.58(万元)

应纳增值税税额=38.87−(22.05−3.58)=20.40(万元)

第三章　消　费　税

习　题

一、单项选择题

1. 下列单位中不属于消费税纳税人的是（　　）。

A. 生产销售应税消费品（金银首饰除外）的单位

B. 委托加工应税消费品的单位

C. 进口应税消费品的单位

D. 受托加工应税消费品（非金银首饰）的单位

2. 下列关于消费税纳税人的说法中，正确的是（　　）。

A. 委托加工卷烟的纳税人是委托方

B. 零售金银首饰的纳税人为消费者

C. 受托加工白酒的李某为消费税的纳税人

D. 进口小汽车的进口企业不缴纳消费税

3. 依据消费税法律制度的规定，下列行为中应缴纳消费税的是（　　）。

A. 进口卷烟　　B. 进口服装

C. 零售实木地板　　D. 零售白酒

4. 关于消费税征税范围，下列说法中正确的是（　　）。

A. 对饮食业、娱乐业举办的啤酒屋生产的啤酒，只征收消费税，不征收增值税

B. 宝石坯属于珠宝玉石半成品，所以不征收消费税

C. 以柴油、柴油组分调和生产的生物柴油属于成品油征收范围

D. 调味料酒按照“其他酒”的税率征收消费税

5. 依据消费税的有关规定，下列消费品中属于消费税征税范围的是（　　）。

A. 高尔夫球包　　B. 竹制筷子

C. 普通护肤护发品　　D. 电动汽车

6. 下列项目中，应征收消费税的是（　　）。

A. 影视演员用的上妆油

B. 成品油生产企业在生产成品油过程中作为燃料、动力及原料消耗掉的自产成品油

C. 以发酵酒为酒基，酒精度低于 20 度（含）的配制酒

D. 汽车轮胎

7. 根据消费税法律制度规定，下列各项中，既要缴纳增值税又要缴纳消费税的是（　　）。

A. 商场销售卷烟　　B. 商场销售白酒

C. 商场销售金银首饰　　D. 商场销售高档化妆品

8. 下列关于消费税税率的说法，不正确的是(　　)。

A. 黄酒、啤酒采用定额税率形式

B. 纳税人将应税消费品与非应税消费品组成套装消费品销售的，应分别核算其销售额和销售量，分别计征消费税

C. 自2015年5月10日起，将卷烟批发环节从价税税率由5%提高至11%，并按0.005元/支加征从量税

D. 非标准条包装卷烟应当折算成标准条包装卷烟的数量，以其实际销售收入计算确定其折算成标准条包装后的实际销售价格，并确定适用的比例税率

9. 下列各项中，进口时从量计征消费税的是(　　)。

A. 葡萄酒　　B. 啤酒　　C. 小汽车　　D. 摄像机

10. 下列行为中，既不缴纳增值税也不缴纳消费税的是(　　)。

A. 卷烟厂将自产的卷烟赠送给协作单位

B. 酒厂将自产的酒精移送用于继续生产白酒

C. 地板厂将生产的新型实木地板奖励给有突出贡献的职工

D. 汽车厂将自产的应税小汽车赞助给某艺术节组委会

11. 某化妆品厂将其生产的口红与普通洗发水组成成套礼盒出售，口红不含税售价为160元，洗发水不含税售价为40元；成套礼盒不含税售价为每套200元，当期化妆品厂总共销售该成套礼盒1 000套，已知化妆品消费税税率为15%。则该业务应缴纳消费税税额为(　　)元。

A. 48　　B. 60　　C. 48 000　　D. 30 000

12. 某卷烟厂2020年1月销售自产甲类卷烟100标准箱，每箱不含税售价为20 000元；销售自产乙类卷烟60标准箱，每箱不含税售价为12 000元；销售雪茄烟、烟丝取得不含税销售额合计18 000元，未分别核算销售额。则该卷烟厂当月应缴纳消费税税额为(　　)元。

A. 1 385 680　　B. 1 409 680　　C. 1 533 280　　D. 1 553 680

13. 某烟草公司2020年2月份进口400标准箱卷烟，关税完税价格合计为600万元，进口关税180万元，则进口卷烟消费税适用的比例税率为(　　)。

A. 5%　　B. 30%　　C. 36%　　D. 56%

14. 某啤酒厂为增值税一般纳税人，2020年2月份销售其生产的啤酒200吨，每吨啤酒价税合计销售额为3 100元，另每吨啤酒收取包装物押金234元，当月包装物押金未逾期。则该业务应缴纳消费税税额为(　　)元。

A. 44 000　　B. 50 000　　C. 88 000　　D. 100 000

15. 某高尔夫球具厂为增值税一般纳税人，下设一非独立核算的门市部，2020年1月该厂将生产的一批成本价70万元的高尔夫球具移送至门市部，门市部将其中的80%对外销售，取得含税销售额74.58万元。高尔夫球具的消费税税率为10%，成本利润率为10%，该项业务应缴纳的消费税税额为(　　)万元。

A. 5.13　　B. 6　　C. 6.6　　D. 7.72

16. 某酒厂为增值税一般纳税人，2020年2月生产白酒共300千克，当月共销售200千克，每千克售价为400元(不含增值税)；销售白酒的同时向购货方价外收取了品牌使用费

1 100 元、包装物押金 260 元。则该酒厂当月应缴纳消费税税额(　　)元。

A. 16 240　　B. 16 440.71　　C. 16 480.8　　D. 24 540

17. 某百货公司是增值税一般纳税人，黄金饰品部 2020 年 2 月直接零售金首饰 3 000 克，每克零售价 200 元；采取以旧换新方式销售金首饰 600 克，收回旧首饰 200 克，收取差价 80 000 元，并收取旧首饰折价补偿 20 元/克。该黄金饰品部当月应缴纳消费税税额为(　　)元。

A. 29 059.82　　B. 29 230.77　　C. 30 265.49　　D. 30 940.17

18. 某啤酒厂既生产甲类啤酒又生产乙类啤酒，2019 年五一节促销期间，直接销售甲类啤酒 200 吨，取得收入 80 万元，直接销售乙类啤酒 300 吨，取得收入 75 万元，销售甲类啤酒和乙类啤酒礼品盒取得收入 12 万元(内含甲类啤酒和乙类啤酒各 18 吨)，上述收入均不含增值税。该企业应纳的消费税税额为(　　)万元。

A. 12.45　　B. 12.5　　C. 12.6　　D. 12.65

19. 下列关于委托加工应税消费品的表述中，错误的是(　　)。

A. 委托个体经营者加工应税消费品，于委托方收回后在委托方所在地缴纳消费税

B. 委托加工的应税消费品，按照委托方的同类消费品的销售价格计算纳税

C. 受托方应代收代缴委托方应纳的消费税，但不代收代缴委托方应缴纳的增值税

D. 委托加工收回的已税消费品直接销售的，不再缴纳消费税

20. 某企业将生产的 100 套成套化妆品作为奖励发给本厂职工，该成套化妆品无同类产品销售价格，其生产成本为每套 350 元。国家税务总局核定的该产品的成本利润率为 5%，则该业务应缴纳消费税税额为(　　)元。

A. 10 500　　B. 6 025　　C. 5 000　　D. 6 485.29

21. 甲企业委托乙企业加工一批实木地板，甲企业提供原材料的实际成本为 7 000 元，另支付乙企业加工费 2 500 元(不含税)，其中包括乙企业代垫的辅助材料价款 500 元(不含税)。已知实木地板消费税税率为 5%，乙企业无同类实木地板的销售价格。则该业务中，乙企业应代收代缴消费税税额为(　　)元。

A. 473.68　　B. 475　　C. 500　　D. 550

22. 甲企业为增值税小规模纳税人，2020 年 1 月接受乙卷烟厂委托加工烟丝，乙卷烟厂提供烟叶的成本为 49 000 元(不含税)，另支付甲企业代垫辅助材料费以及加工费，取得普通发票注明价款 7 210 元(含税)。已知甲企业无同类烟丝销售价格，成本利润率为 5%，烟丝消费税税率为 30%。根据上述业务，下列说法中正确的是(　　)。

A. 甲企业应缴纳消费税税额为 25 200 元，应代收代缴增值税税额为 210 元

B. 甲企业应缴纳消费税税额为 24 000 元，应缴纳增值税税额为 216.3 元

C. 甲企业应代收代缴消费税税额为 24 000 元，应缴纳增值税税额为 210 元

D. 甲企业应代收代缴消费税税额为 24 090 元，应缴纳增值税税额为 2 400 元

23. 根据消费税法律制度规定，下列说法中不正确的是(　　)。

A. 凡是征收消费税的消费品都征收增值税

B. 凡是征收增值税的货物都征收消费税

C. 应税消费品征收增值税的，其税基含有消费税

D. 应税消费品征收消费税的，其税基不含有增值税

24. 某商贸企业从国外进口一辆中轻型商务用车，作为企业班车，海关审定的关税完税价格为18万元，关税税率为30%，消费税税率为5%。该商贸企业进口商务用车应纳进口环节税额为(　　)万元。

A. 9.36　　B. 9.38　　C. 9.83　　D. 13.28

25. 纳税人采取以旧换新方式销售金银首饰，应按照(　　)确定销售额。

A. 旧金银首饰的同期销售价格　　B. 新金银首饰的同期销售价格

C. 新金银首饰与旧金银首饰价格的差额　　D. 组成计税价格

26. 根据现行消费税相关政策的规定，下列说法中正确的是(　　)。

A. 纳税人将自产的应税消费品用于赠送，按同类消费品的最高价格计算应纳消费税

B. 纳税人用外购的已税珠宝玉石生产的金银镶嵌首饰，在计税时，可以扣除外购珠宝玉石的已纳税款

C. 委托加工的应税消费品，按照受托方的同类消费品的销售价格计算纳税；没有同类消费品销售价格的，按照组成计税价格计算纳税

D. 纳税人通过自设非独立核算门市部销售的自产应税消费品，应当按照移送数量计算征收消费税

27. 下列业务中，可以抵扣已纳消费税的是(　　)。

A. 外购已税烟丝生产的卷烟　　B. 外购已税珠宝玉石生产的金银首饰

C. 委托加工收回的高档化妆品直接出售　　D. 委托加工收回的白酒生产的药酒

28. 企业生产的下列消费品，无需缴纳消费税的是(　　)。

A. 地板企业生产用于装修本企业办公室的实木地板

B. 汽车企业生产用于本企业管理部门的轿车

C. 化妆品企业生产用于交易会样品的高档化妆品

D. 卷烟企业生产用于连续生产卷烟的烟丝

29. 纳税人销售应税消费品向购买方收取的下列各项费用，不应计入销售额征收消费税的是(　　)。

A. 返还利润

B. 违约金

C. 品牌使用费

D. 承运部门的运费发票开给购买方且由销售方转交给购买方的运输费用

30. 纳税人委托个体经营者加工应税消费品，消费税应(　　)。

A. 由受托方代收代缴

B. 由委托方在受托方所在地缴纳

C. 由委托方收回后在委托方所在地缴纳

D. 由委托方在受托方或委托方所在地缴纳

31. 关于现行消费税的纳税地点，下列说法中不正确的是(　　)。

A. 纳税人销售应税消费品，一般应当向纳税人机构所在地的主管税务机关申报纳税

B. 卷烟批发企业，总分机构不在同一地区的，应在各分支机构所在地申报纳税

C. 纳税人到外县(市)销售应税消费品的，于应税消费品销售后，向机构所在地或者居住地主管税务机关申报纳税

D. 委托加工的应税消费品，受托方为企业等单位的，由受托方向所在地主管税务机关申报缴纳消费税

32. 根据消费税纳税义务发生时间的规定，以发出应税消费品当天为纳税义务发生时间的是(　　)。

A. 预收货款结算方式销售应税消费品　　B. 分期收款方式销售应税消费品

C. 采取赊销结算方式销售应税消费品　　D. 纳税人采取其他结算方式的

33. 下列各项中，符合消费税纳税义务发生时间规定的是(　　)。

A. 进口的应税消费品，为取得进口货物的当天

B. 自产自用的应税消费品，为移送使用的当天

C. 委托加工的应税消费品，为支付加工费的当天

D. 采取预收货款结算方式的，为收到预收款的当天

34. 某外贸公司从境外进口一吨白酒，支付买价100万元，运输费1万元，保险费0.3万元。假设关税税率为40%，则该公司应缴纳消费税税额为(　　)万元。

A. 34.76　　B. 35.58　　C. 37.58　　D. 42.38

二、多项选择题

1. 下列关于消费税纳税人的说法中，正确的有(　　)。

A. 批发卷烟的纳税人是批发企业

B. 委托加工黄酒的纳税人是受托加工企业

C. 携带卷烟入境的纳税人是携带者

D. 零售金银首饰的纳税人是消费者

2. 根据消费税法律制度规定，下列业务中应当征收消费税的有(　　)。

A. 卷烟厂将自产卷烟用于馈赠

B. 日化厂将自产的高档化妆品用于分配利润

C. 汽车厂将自产的小汽车用于赞助

D. 珠宝店进口钻石饰品

3. 下列关于现行消费税的陈述，正确的有(　　)。

A. 计算啤酒出厂价格时，包装物押金中不包括重复使用的塑料周转箱的押金

B. 两种消费品组合形成套装销售的，从高税率征收消费税

C. 粮食白酒定额税率为每千克1元，比例税率为20%

D. 未经国务院批准纳入计划的企业和个人生产的卷烟属于非法生产，暂不征收消费税

4. 纳税人销售应税消费品收取的下列款项，应计入消费税计税依据的有(　　)。

A. 集资款　　B. 增值税销项税额

C. 未逾期的啤酒包装物押金　　D. 白酒品牌使用费

5. 纳税人销售应税消费品向购买方收取的下列各项费用，应计入销售额征收消费税的有(　　)。

A. 手续费　　B. 优质费　　C. 储备费　　D. 违约金

6. 下列行为中，既缴纳增值税又缴纳消费税的有(　　)。

A. 酒厂将自产的白酒赠送给协作单位

B. 卷烟厂将自产的烟丝移送用于生产卷烟

C. 日化厂将自产的香水精(属高档化妆品)移送用于生产护肤品

D. 汽车厂将自产的应税小汽车赞助给某艺术节组委会

7. 下列消费品移送使用时应缴纳消费税的有(　　)。

A. 将自产烟丝移送用于生产卷烟

B. 自产卷烟用于职工福利

C. 自产高档化妆品用作广告样品

D. 将自产的木制一次性筷子用于生产高档筷子

8. 某汽车制造厂生产的小汽车用于以下方面，应缴纳消费税的有(　　)。

A. 用于本厂研究做碰撞试验　　B. 投资给某企业

C. 移送改装分厂改装加长型豪华小轿车　　D. 赠送当地公安机关办案用

9. 纳税人自产自用的应税消费品用于下列方面，应视同销售计算消费税的有(　　)。

A. 用于生产非应税消费品　　B. 用于连续生产其他应税消费品

C. 用于在建工程　　D. 用于馈赠

10. 依据消费税相关规定，下列应税消费品中，准予扣除外购已纳消费税的有(　　)。

A. 以已税烟丝为原料生产的卷烟

B. 以已税珠宝玉石为原料生产的钻石首饰

C. 以已税粮食白酒连续生产的药酒

D. 以已税润滑油为原料生产的应税成品油

11. 下列选项中，不可以抵扣外购应税消费品的已纳消费税税额的有(　　)。

A. 为生产高档化妆品而领用的外购已税高档化妆品

B. 为生产金银镶嵌首饰而领用的外购已税珠宝玉石

C. 为生产实木地板而领用的外购已税实木地板

D. 领用外购已税白酒勾兑白酒

12. 根据消费税法律制度规定，下列行为中不征收消费税的有(　　)。

A. 某企业外购大包装润滑油不经加工只贴商标后销售的

B. 某卷烟厂自产烟丝用于生产卷烟的

C. 某化妆品生产企业将外购高档化妆品大包装加工成小包装后销售的

D. 某企业收回委托加工的已税高档化妆品直接销售的

13. 根据现行政策，下列各项中符合委托加工应税消费品消费税处理规定的有(　　)。

A. 受托方未代扣代缴的，由受托方补缴

B. 受托方无同类消费品销售价格的，应按“(材料成本＋加工费)÷(1＋比例税率)”计算

C. 委托方收回后以不高于受托方计税价格出售的应税消费品，受托方在交货时已代扣代缴消费税的，不再征收消费税

D. 实行复合计税办法计算纳税的组成计税价格计算公式为:组成计税价格=(材料成本+加工费+委托加工数量×定额税率)÷(1-比例税率)

14. 根据现行消费税的规定,下列说法中正确的有(　　)。

A. 纳税人将自产的应税消费品用于换取生产资料,应当按同类消费品的最高售价计算

B. 纳税人用外购的已税珠宝玉石生产的改在零售环节征收消费税的金银首饰(镶嵌首饰)、钻石首饰,在计税时,一律不得扣除外购珠宝玉石的已纳税款

C. 委托加工的应税消费品,按照受托方的同类消费品的销售价格计算纳税;没有同类消费品销售价格的,按照组成计税价格计算纳税

D. 委托加工的应税消费品,按照委托方的同类消费品的销售价格计算纳税;没有同类消费品销售价格的,按照组成计税价格计算纳税

15. 下列各项中属于委托加工应税消费品消费税组成计税价格中的项目的有(　　)。

A. 委托方提供加工材料的实际成本　　B. 代垫辅助材料的实际成本

C. 受托方代收代缴的消费税　　D. 加工费

16. 某酒厂进口一批药酒,海关应征进口关税 20 万元(关税税率假定为 30%),消费税税率为 10%,则下列表述中正确的有(　　)。

A. 进口时应缴纳消费税税额为 9.63 万元　B. 进口时应缴纳消费税税额为 8.67 万元

C. 进口时应缴纳增值税税额为 12.519 万元D. 进口时完税价格为 66.67 万元

17. 下列关于消费税纳税义务发生时间的说法中,正确的有(　　)。

A. 某酒厂销售葡萄酒 20 箱并收取价款 4 800 元,其纳税义务发生时间为收款的当天

B. 某汽车厂自产自用 3 台小汽车,其纳税义务发生时间为移送使用的当天

C. 某烟花厂采用托收承付结算方式销售焰火,其纳税义务发生时间为发出焰火并办妥托收手续的当天

D. 某手表厂采取预收货款方式销售高档手表,其纳税义务发生时间为销售合同约定的收款日期

18. 下列关于消费税纳税地点的表述中,正确的有(　　)。

A. 纳税人销售应税消费品应向机构所在地或居住地的主管税务机关申报纳税

B. 纳税人到外县(市)销售或者委托外县(市)代销自产应税消费品,于应税消费品销售后,向机构所在地或居住地主管税务机关申报纳税

C. 纳税人的总机构与分支机构不在同一县(市)的,应当分别向各自机构所在地主管税务机关申报纳税

D. 委托加工应税消应税费品,一般由受托方和委托方本着方便缴纳的原则就近向税务机关缴纳税款

19. 某汽车制造企业下列经济业务应按最高售价计算消费税的有(　　)。

A. 将自产轿车对外投资　　B. 将自产轿车用于办公

C. 将自产轿车交换钢材　　D. 将进口汽车配件对外偿债

三、判断题

1. 甲日化厂将自产的高档保湿精华移送生产普通的日用护肤品,移送时应当缴纳消费

税。（ ）

2. 委托加工的应税消费品，受托方为个人的，由委托方向其机构所在地的税务机关申报缴纳消费税。（ ）

3. 我国的消费税在生产销售、委托加工和进口环节计征，并实行单一环节征税，批发、零售环节一律不征收消费税。（ ）

4. 甲酒厂本年7月销售自产红酒，取得含增值税价款90.4万元，另收取包装物押金4.52万元、手续费2.26万元。已知红酒增值税税率为13%，消费税税率为10%。甲酒厂该笔业务应缴纳消费税税额=(90.4+4.52+2.26)÷(1+13%)×10%=8.6(万元)。（ ）

5. 某卷烟厂通过自设独立核算门市部销售自产卷烟，应当按照门市部对外销售额或销售数量计算征收消费税。（ ）

6. 纳税人销售的应税消费品，如因质量等原因由购买者退回，经机构所在地或者居住地主管税务机关审核批准后，可退还已缴纳的消费税税款。（ ）

7. 甲企业本年7月受托加工一批烟丝，已收到由委托方提供的材料及加工费，该烟丝计划于本年8月10日加工完成并交付。甲企业应于本年8月15日前向税务机关缴纳代收代缴的委托加工环节消费税。（ ）

8. 纳税人将外购的已税珠宝、玉石原料生产的改在零售环节征收消费税的金银镶嵌首饰，在计税时一律不得扣除外购珠宝、玉石的已纳税款。（ ）

9. 根据现行消费税政策，采取比例税率和定额税率双重征收的税目只有卷烟和啤酒。（ ）

10. 包装物的押金属于价外费用，应一并计入销售额计算缴纳消费税。（ ）

11. 卷烟批发企业在计算缴纳消费税时，准予扣除该批卷烟在生产环节已纳的消费税税款。（ ）

四、业务题

1. 2020年1月，国内一家手表生产企业进口手表机芯3 000个，海关审定的完税价格为每个0.5万元，关税税率为30%，完税后海关放行；当月生产、销售高档手表4 000块，单价为1.25万元(不含税)。高档手表消费税税率为20%。

要求：请计算2020年1月该手表厂企业国内销售环节应纳增值税和消费税税额。

2. 远成公司为高尔夫球及球具生产厂家，是增值税一般纳税人。2019年7月发生以下业务：

(1) 购进一批原材料A，取得的增值税专用发票上注明的价款为5 000元、增值税税款为650元，委托庆隆公司将其加工成20个高尔夫球包，支付加工费10 000元、增值税税款1 300元，取得庆隆公司开具的增值税专用发票；庆隆公司同类高尔夫球包不含税销售价格为450元/个。远成公司收回时，庆隆公司代收代缴了消费税。

(2) 从生产企业购进高尔夫球杆的杆头，取得增值税专用发票，注明货款17 200元、增值税2 236元；购进高尔夫球杆的杆身，取得增值税专用发票，注明货款23 600元、增值税3 068元；购进高尔夫球握把，取得增值税专用发票，注明货款1 040元、增值税135.2元；当月领用外购的杆头、握把、杆身各90%，加工成A、B两种型号的高尔夫球杆，共20根。

(3) 当月将自产的A型高尔夫球杆2根对外销售,取得不含税销售收入10 000元;另将自产的A型高尔夫球杆5根赞助给高尔夫球大赛。

(4) 将自产的3根B型高尔夫球杆移送至非独立核算门市部销售,当月门市部对外销售了2根,取得价税合计金额22 148元。

高尔夫球及球具消费税税率为10%,成本利润率为10%。

要求:

(1) 请计算庆隆公司应代收代缴的消费税税额。

(2) 请计算远成公司应自行向税务机关缴纳的消费税税额。

3. 某化妆品厂2020年1月发生下列经济业务:

(1) 销售一批高档化妆品,适用的消费税税率为15%,开出增值税专用发票,收取价款200万元、增值税税额26万元,款项已存入银行。

(2) 没收逾期未退的高档化妆品包装物押金22 600元。

(3) 将自产的高档护肤类化妆品一批以福利形式发给职工,按照同类产品不含税价计算,价款为80 000元,成本价为50 000元。

(4) 受托加工高档化妆品一批,委托方提供原材料25万元,本企业收取加工费9万元,本企业无同类化妆品销售价格。

(5) 将化妆品、护肤品装入盒内作为礼品送给关系户,成本价为18 000元,不含税价格为30 000元。

要求:请计算该化妆品厂本月应纳消费税税额(含代收代缴消费税,以万元为单位)

4. 甲卷烟厂(增值税一般纳税人)委托乙烟丝加工厂(增值税小规模纳税人)加工一批烟丝,卷烟厂提供的烟叶在委托加工合同上注明成本为8万元。烟丝加工完,卷烟厂提货时,加工厂收取加工费,开具的增值税普通发票上注明的加工费金额为1万元,并代收代缴了烟丝的消费税。卷烟厂将这批加工收回的烟丝50%对外直接销售,收入为6.5万元,低于受托方同类货物价;另50%当月全部用于生产卷烟。本月销售卷烟40标准箱,取得不含税收入60万元。烟丝消费税税率为30%,定额税率为每标准箱150元。

要求:请计算甲卷烟厂应纳的消费税税额。

5. 某汽车制造企业为增值税一般纳税人,生产小轿车(消费税税率为5%),每辆不含税价格为10万元,其2019年7月发生以下业务:

(1) 与某特约经销商签订了40辆小轿车的代销协议,代销手续费为5%,当月收到经销商返回的30辆小轿车的代销清单及销货款(已扣除手续费)和税款,考虑到与其长期的业务关系,汽车厂开具了40辆小轿车的增值税专用发票。

(2) 赠送给某协作单位小轿车3辆,并开具了增值税专用发票,同时请运输企业向协作单位开具了0.6万元的运费发票并转交给了协作单位。

(3) 用一辆小轿车与空调厂家交换了30台空调,用于改善办公条件,考虑双方换入的货物均作固定资产管理,故均未开具增值税专用发票,也不再进行货币结算。

(4) 提供汽车修理服务,开具的普通发票上注明的销售额为5.65万元。

(5) 本月购进生产材料,取得的增值税专用发票上注明的增值税为14万元,货已到达,尚未验收入库,货款只支付70%,其余30%下月一次付清,并支付不含税购货运输费3万元，取得增值税专用发票。

该企业财务人员月末计算缴纳的流转税如下：

应纳增值税税额＝[30×10×(1－5%)＋3×10]×13%－(14×70%＋3×79%＋0.6×79%＋10)＝20.90(万元)

应纳消费税税额＝[30×10×(1－5%)＋3×10]×59%－6×50%＝12.75(万元)

要求：请分析该企业当月纳税计算是否正确。如有错误(包括开具专用发票错误)，请指出错在何处，并正确计算当月应纳的消费税与增值税。

第三章 消费税习题参考答案

一、单项选择题

1.【答案】D

【解析】选项D，委托加工应税消费品消费税的纳税义务人为委托方(金银首饰除外)。

2.【答案】A

【解析】选项B，零售金银首饰的纳税人为零售企业；选项C，受托方为个人的，不代收代缴消费税，由委托方自行缴纳消费税；选项D，进口小汽车的进口企业需要缴纳消费税。

3.【答案】A

【解析】服装不属于消费税应税商品；实木地板、白酒在生产环节、委托加工或进口环节征收消费税，零售环节不重复征税。

4.【答案】C

【解析】选项A，对于饮食业和娱乐业举办的啤酒屋利用啤酒生产设备生产的啤酒，应当征收消费税和增值税；选项B，宝石坯是经采掘、打磨、初级加工的珠宝玉石半成品，因此，对宝石坯应按规定征收消费税；选项D，调味料酒不征收消费税。

5.【答案】A

【解析】普通护肤护发品、竹制筷子、电动汽车均不在消费税的征收范围内。

6.【答案】C

【解析】选项A，舞台、戏剧、影视演员用的上妆油、卸妆油、油彩，不征消费税；选项B，对成品油生产企业在生产成品油过程中作为燃料、动力及原料消耗掉的自产成品油，免征消费税；选项C，以发酵酒为酒基，酒精度低于20度(含)的配制酒，按“其他酒”适用税率10%征收消费税；选项D，汽车轮胎不征消费税。

7.【答案】C

【解析】选项A、B、D，商场应缴纳增值税，但不需要缴纳消费税。

8.【答案】B

【解析】纳税人兼营不同税率应税消费品的，应分别核算其销售额和销售量；未分别核算的，从高适用税率。纳税人将应税消费品与非应税消费品以及适用不同税率的应税消费品组成套装消费品销售的，应根据成套消费品的销售金额按应税消费品中适用税率最高的消费品税率征收消费税。

9. 【答案】B

【解析】选项A、C,从价定率计征消费税;选项D,不属于消费税征税范围,不征消费税。

10. 【答案】B

【解析】选项A、C、D,均视同销售缴纳增值税和消费税;只有选项B的行为不缴纳增值税,也不缴纳消费税。

11. 【答案】D

【解析】纳税人将应税消费品与非应税消费品以及适用税率不同的应税消费品组成成套消费品销售的,应根据组合产制品的销售金额按应税消费品中适用最高税率的消费品税率征税;则该业务应缴纳消费税=200×1 000×15%=30 000(元)。

12. 【答案】B

【解析】纳税人兼营不同税率的应税消费品,应当分别核算不同税率应税消费品的销售额或销售数量,未分别核算的,按最高税率征收消费税;则该卷烟厂当月应缴纳消费税税额=(20 000×100×56%+100×150)+(12 000×60×36%+60×150)+18 000×36%=1 409 680(元)。

13. 【答案】D

【解析】"每标准条"进口卷烟关税完税价格=600×10 000÷400(箱)÷250(条)=60(元),"每标准条"卷烟进口关税税额=180×10 000÷400÷250=18(元),"每标准条"进口卷烟确定消费税适用比例税率的价格=(关税完税价格+关税+消费税定额税率)÷(1−消费税税率)=(60+18+0.6)÷(1−36%)=122.81(元)>70(元),适用比例税率为56%。

14. 【答案】A

【解析】啤酒消费税单位税额按照出厂价格(含包装物押金)划分档次,每吨出厂价格(含包装物及包装物押金)在3 000元(含3 000元,不含增值税)以上的,适用税额为250元/吨;每吨在3 000元以下的,适用税额为220元/吨。本题中,每吨啤酒出厂价格=(3 100+234)÷(1+13%)=2 950.44(元)<3 000(元),则适用单位税额为220元。该业务应缴纳消费税税额=200×220=44 000(元)。

15. 【答案】C

【解析】纳税人通过自设非独立核算门市部销售的自产应税消费品,应当按照门市部对外销售额或者销售数量计算消费税。

应纳消费税税额=74.58÷(1+13%)×10%=6.6(万元)

16. 【答案】B

【解析】消费税税额=[400×200+(1 100+260)/(1+13%)]×20%+200×2×0.5=16 240.71+200=16 440.71(元)

17. 【答案】C

【解析】不含税销售额=(30 00×200+80 000+200×20)÷(1+13%)=605 309.73(元)

应缴消费税=605 309.73×5%=30 265.49(元)

18.【答案】B

【解析】应纳消费税税额=(200+18×2)×250+300×220=59 000+66 000=12.5(万元)

19.【答案】B

【解析】委托加工的应税消费品,按照受托方的同类消费品的销售价格计算纳税。

20.【答案】D

【解析】组成计税价格=[成本×(1+成本利润率)]/(1-消费税税率)=[350×100×(1+5%)]/(1-15%)=43 235.29(元),应缴纳消费税=43 235.29×15%=6 485.29(元)。

21.【答案】C

【解析】没有同类消费品销售价格的,按组成计税价格计税。组成计税价格=(材料成本+加工费)/(1-消费税比例税率)=(7 000+2 500)/(1-5%)=10 000(元),乙企业应代收代缴消费税=10 000×5%=500(元)。

22.【答案】C

【解析】甲企业应代收代缴消费税税额=[49 000+7 210/(1+3%)]/(1-30%)×30%=24 000(元)。

甲企业上述业务应缴纳增值税税额=7 210/(1+3%)×3%=210(元)。

23.【答案】B

【解析】消费税只针对列举的消费品征收,并不是征收增值税的货物都征收消费税。

24.【答案】C

【解析】进口关税税额=18×30%=5.4(万元)

进口消费税税额=[(18+5.4)/(1-5%)]×5%=1.23(万元)

进口增值税税额=[(18+5.4)/(1-5%)]×13%=3.2(万元)

25.【答案】C

【解析】纳税人采用以旧换新(含翻新改制)方式销售的金银首饰,应按实际收取的不含增值税的全部价款确定计税依据征收消费税。

26.【答案】C

【解析】选项A,纳税将自产的应税消费品用于赠送,按同类消费品的平均价格计算应纳消费税;选项B,在计税时,不可以扣除外购珠宝玉石的已纳税款;选项D,应当按照门市部对外销售数量或销售额计算征收消费税。

27.【答案】A

【解析】外购已税烟丝生产卷烟,准予按照生产领用量抵扣外购应税消费品的已纳消费税。

28.【答案】D

【解析】用于连续生产卷烟的烟丝,属于应税消费品用于连续生产应税消费品,移送环节不缴纳消费税。

29.【答案】D

【解析】同时符合以下条件的代垫运输费用,不属于价外费用,不计入销售额征收消费税:①承运部门的运输费用发票开具给购买方的;②纳税人将该项发票转交给购买方的。

30. 【答案】C

【解析】除委托个体经营者加工应税消费品由委托方收回后在委托方所在地缴纳消费税外,其余委托加工应税消费品的,均应由受托方向受托方所在地税务机关代收代缴消费税。

31. 【答案】B

【解析】卷烟批发企业一般在机构所在地申报缴纳消费税,总机构和分支机构不在同一地区的,由总机构申报纳税。

32. 【答案】A

【解析】纳税人采取其他结算方式的,其纳税义务发生时间,为收讫销售款或者取得索取销售款凭据的当天;纳税人采取赊销和分期收款结算方式的,其纳税义务发生时间,为销售合同规定的收款日期的当天。

33. 【答案】B

【解析】选项A,进口应税消费品,纳税义务发生时间为报关进口的当天;选项C,委托加工应税消费品,纳税义务发生时间为纳税人提货的当天;选项D,采取预收货款结算方式的,纳税义务发生时间为发出应税消费品的当天。

34. 【答案】B

【解析】进口白酒消费税复合计税。关税完税价格=100+1+0.3=101.3(万元)。组成计税价格=(关税完税价格+关税+进口数量×消费税定额税率)÷(1-消费税适用比例税率)=(101.3+101.3×40%+1 000×2×0.5÷10 000)÷(1-20%)=177.4(万元)

应缴纳消费税税额=177.4×20%+1 000×2×0.5÷10 000=35.58(万元)

二、多项选择题

1. 【答案】AC

【解析】选项B,委托加工黄酒的纳税人是委托方;选项D,零售金银首饰的纳税人是零售单位和个人。

2. 【答案】ABC

【解析】选项D,钻石及钻石饰品在零售环节征收消费税,进口环节不征消费税。

3. 【答案】ABC

【解析】选项D,未经国务院批准纳入计划的企业和个人生产的卷烟不分征税类别一律按照56%卷烟税率征税,并按照每标准箱150元计征定额税率。

4. 【答案】AD

【解析】集资款、白酒品牌使用费属于价外费用,要并入计税依据计算消费税。选项B,增值税销项税额不需要并入消费税的计税依据。选项C,啤酒从量计征消费税,包装物押金不计算消费税。

5. 【答案】ABCD

【解析】应税消费品的销售额中不包括向购买方收取的增值税税额。手续费、优质费、储备费、违约金均属于价外费用，应计入销售额中一并计征消费税。

6.【答案】AD

【解析】选项B用于连续生产应税消费品，不缴纳消费税及增值税；选项C移送环节不缴纳增值税。

7.【答案】BCD

【解析】纳税人自产自用的应税消费品，用于连续生产应税消费品的，不纳税，所以选项A移送使用时不需要缴纳消费税。纳税人自产自用应税消费品，不是用于连续生产应税消费品，而是用于其他方面的(如用于生产非应税消费品、在建工程、职工福利、广告等)，于移送使用时纳税，所以选项B、C、D是正确的。

8.【答案】BD

【解析】选项A，用于本厂研究所做碰撞试验属于生产检测过程，不征消费税；选项C，移送改装分厂改装加长型豪华小轿车，属于连续生产应税消费品，自产小汽车在移送环节不征收消费税。

9.【答案】ACD

【解析】纳税人自产自用的应税消费品，用于生产非应税消费品和在建工程、管理部门、非生产机构、提供劳务以及用于馈赠、赞助、广告、样品、职工福利、奖励等，均视同对外销售。

10.【答案】AD

【解析】以已税珠宝玉石为原料生产的金银首饰和钻石首饰，不得扣除已纳消费税；以已税粮食白酒连续生产的药酒不得扣除外购已纳消费税。

11.【答案】BD

【解析】酒类产品一般不允许抵扣以前环节已纳的消费税税额；在零售环节缴纳消费税的金银镶嵌首饰不得抵扣外购珠宝玉石的已纳消费税税款。

12.【答案】BD

【解析】酒类产品一般不允许抵扣以前环节已纳的消费税税额；在零售环节缴纳消费税的金银镶嵌首饰不得抵扣外购珠宝玉石的已纳消费税税款。

13.【答案】CD

【解析】选项A，受托方未代扣代缴的，由委托方补缴；选项B，受托方无同类消费品销售价格的，应按“(材料成本＋加工费)÷(1－比例税率)”计算。

14.【答案】ABC

【解析】选项D，委托加工的应税消费品，按照受托方的同类消费品的销售价格计算纳税；没有同类消费品销售价格的，按照组成计税价格计算纳税。

15.【答案】ABCD

【解析】委托加工应税消费品计征消费税的组成计税价格＝(材料成本＋加工费)÷(1－消费税税率)，选项A属于材料成本，选项B、D属于加工费，选项C属于消费税。

16.【答案】ACD

【解析】关税完税价格＝20÷30%＝66.67(万元)；进口消费税＝(66.67＋20)÷(1－10%)×10%＝9.63(万元)；进口增值税＝(66.67＋20)÷(1－10%)×13%＝12.519

(万元)。

17.【答案】ABCD

【解析】纳税人自产自用的应税消费品,其纳税义务发生的时间为移送使用的当天;纳税人采取预收货款结算方式的,其纳税义务发生的时间为发出应税消费品的当天。

18.【答案】ABC

【解析】委托加工消费品,受托方为个人的,由委托方向其机构所在地或居住地主管税务机关申报纳税;受托方为企业等单位的,由受托方向机构所在地或者居住地主管税务机关申报纳税。

19.【答案】AC

【解析】按照最高售价计算消费税必须同时符合两个条件:一是属于应税消费品,二是用于换取生产资料和消费资料、投资入股和抵偿债务等方面,因此选项 A、C 符合题意。选项 B,自产轿车用于内部办公使用,按平均售价计算消费税;选项 D,汽车配件不是应税消费品,不缴纳消费税。

三、判断题

1.【答案】√

【解析】将自产的应税消费品,用于连续生产非应税消费品的,移送时征收消费税,终端产品出厂销售时不征收消费税。

2.【答案】√

3.【答案】×

【解析】卷烟在批发环节加征一道消费税;金银铂钻在零售环节征收消费税。

4.【答案】√

【解析】①对酒类生产企业销售酒类产品(啤酒、黄酒除外)收取的包装物押金,不论押金是否返还也不管会计上如何核算,均应并入酒类产品销售额,征收消费税;②2.26 万元的手续费应作为价外费用;③价外费用与并入销售额的包装物押金均为含增值税收入。

5.【答案】×

【解析】纳税人通过自设非独立核算门市部销售自产应税消费品,应当按照门市部对外销售额或销售数量计算征收消费税。

6.【答案】√

7.【答案】×

【解析】纳税人委托加工应税消费品的,消费税纳税义务发生时间为纳税人提货的当天。消费税的纳税期限分别为 1 日、3 日、5 日、10 日、15 日、1 个月或者 1 个季度。纳税人的具体纳税期限,由主管税务机关根据纳税人应纳税额的大小分别核定;不能按照固定期限纳税的,可以按次纳税。纳税人以 1 个月或者 1 个季度为一期纳税的,自期满之日起 15 日内申报纳税;以 1 日、3 日、5 日、10 日或者 15 日为一期纳税的,自期满之日起 5 日内预缴税款,于次月 1 日至 15 日内申报纳税并结清上月应纳税款。

8.【答案】√

【解析】外购已税珠宝、玉石原材料生产的贵重首饰及珠宝、玉石,已纳消费税准予扣除。

9.【答案】×

【解析】采取比例税率和定额税率双重征收的税目只有卷烟和白酒;啤酒适用从量定额征收消费税。

10.【答案】×

【解析】包装物租金属于价外费用,在计算增值税和消费税时直接将包装物的租金换算为不含税的数额后作为计税依据计算消费税。

11.【答案】×

【解析】卷烟批发企业在计算缴纳消费税时,不得扣除该批卷烟在生产环节已纳的消费税税款。

四、业务题

1.【答案】

该企业国内销售环节应缴纳的增值税税额

$=4\ 000\times1.25\times13\%-3\ 000\times0.5\times(1+30\%)\times13\%=396.5$(万元)

该企业国内销售环节应缴纳的消费税$=4\ 000\times1.25\times20\%=1\ 000$(万元)

2.【答案】

(1) 庆隆企业应代收代缴的消费税税额$=450\times20\times10\%=900$(元)

(2) 准予抵扣的高尔夫球杆的杆头、杆身和握把的已纳消费税税额

$=(17\ 200+23\ 600+1\ 040)\times90\%\times10\%=3\ 765.6$ (元)

远成企业应自行向税务机关缴纳的消费税税额

$=\dfrac{10\ 000}{2}\times(2+5)\times10\%+\dfrac{22\ 148}{1+13\%}\times10\%-3\ 765.6=1\ 694.4$ (元)

3.【答案】

应纳消费税税额$=200\times15\%+\dfrac{2.26}{1+13\%}\times15\%+8\times15\%+\dfrac{25+9}{1-15\%}\times15\%+3\times15\%$

$=37.95$(万元)

4.【答案】

受托方代收代缴消费税税额$=\dfrac{8+1}{1-30\%}\times30\%=3.86$(万元)

每标准条价格$=600\ 000\div40\div250=60$(元),因此,该卷烟为乙类卷烟。

应纳消费税税额$=60\times36\%+\dfrac{40\times150}{10\ 000}-3.86\times50\%=20.22$(万元)

5.【答案】

不正确。

该企业当月应纳增值税税额$=(40+3+1)\times10\times13\%+\dfrac{5.65}{1+13\%}\times13\%$

$-(14+3\times9\%)=43.58$(万元)

该企业当月应纳消费税税额$=(40+3+1)\times10\times5\%=22$(万元)

第四章　企业所得税

习　题

一、单项选择题

1. 根据企业所得税法律的相关规定，下列属于居民企业的是（　　）。

A. 依法在天津成立的个体工商户

B. 依照美国法律成立，但实际管理机构在我国境内的企业

C. 境外企业在北京设立的办事机构

D. 依照香港法律成立，且实际管理机构在香港的企业

2. 根据企业所得税法律相关规定，企业转让动产的所得来源地是（　　）。

A. 交易活动发生地

B. 负担支付所得的企业所在地

C. 受让动产的企业所在地

D. 转让动产的企业所在地

3. 下列选项中，不属于企业所得税纳税义务人的是（　　）。

A. 有限责任公司　　B. 商贸企业

C. 国有企业　　D. 个人投资企业

4. 下列所得，可以减按10%的税率征收企业所得税的是（　　）。

A. 符合条件的小型微利企业取得的所得

B. 当年未享受税收优惠的国家规划布局内的重点软件企业取得的所得

C. 国家需要重点扶持的高新技术企业取得的所得

D. 在中国境内设立机构、场所的非居民企业，取得与该机构、场所有实际联系的所得

5. 企业所得税法中所称的小型微利企业，必须符合年度应纳税所得额不超过（　　）万元，从业人数不超过（　　）人，资产总额不超过（　　）万元。

A. 30，80，3 000　　B. 300，80，1 000

C. 20，100，3 000　　D. 300，300，5 000

6. 在一个纳税年度内，居民企业技术转让所得不超过（　　）万元的部分，免征企业所得税，超过部分，减半征收企业所得税。

A. 5　　B. 10　　C. 20　　D. 500

7. 符合固定资产加速折旧条件，采取缩短折旧年限方法的，最低折旧年限不得低于规定折旧年限的（　　）。

A. 40%　　B. 50%　　C. 60%　　D. 80%

8. 下列关于小型微利企业普惠性所得税减免政策，表述不正确的是（　　）。

A. 对小型微利企业年应纳税所得额不超过 100 万元的部分，减按 25%计入应纳税所得额

B. 对小型微利企业年应纳税所得额超过 100 万元但不超过 300 万元的部分，减按 50%计入应纳税所得额

C. 小型微利企业无论按查账征收方式或核定征收方式缴纳企业所得税，均可享受优惠政策

D. 小型微利企业所得税统一实行按年度预缴

9. 根据企业所得税法律的规定，下列说法不正确的是(　　)。

A. 国债利息收入免征企业所得税

B. 非居民企业从居民企业取得的股息红利免征企业所得税

C. 工业企业销售货物收入征收企业所得税

D. 对企业取得的 2009 年以后年度发行的地方政府债券利息所得，免征企业所得税

10. 下列选项中，属于减半征收企业所得税的是(　　)。

A. 海水养殖

B. 远洋捕捞

C. 牲畜、家禽的饲养

D. 企业综合利用资源，生产符合规定的产品所取得的收入

11. 依据企业所得税法律的相关规定，下列资产中，不可以采用加速折旧方法的是(　　)。

A. 常年处于强震动状态的固定资产

B. 常年处于高腐蚀状态的固定资产

C. 单独估价作为固定资产入账的土地

D. 由于技术进步原因产品更新换代较快的固定资产

12. 某工业企业，资产总额为 2 000 万元，从业人数 80 人，2019 年取得营业收入 25 万元，发生成本费用支出 10 万元，其中营业外支出中包含了税务机关的罚款 1 万元，未作纳税调整。该企业应缴纳的企业所得税为(　　)万元。

A. 6.25　　B. 4　　C. 1.6　　D. 0.8

13. 企业缴纳的下列税种，在计算企业所得税应纳税所得额时，不准扣除的是(　　)。

A. 增值税　　B. 消费税

C. 印花税　　D. 城市维护建设税

14. 依据企业所得税法的规定，下列关于三项经费扣除限额计算基数工资、薪金总额的说法中，正确的是(　　)。

A. 工资、薪金总额是指实际发放的工资、薪金总和

B. 工资、薪金总额是指应发放的工资、薪金总和

C. 工、资、薪金总额包括职工教育经费

D. 工资、薪金总额包括职工福利费

15. 某企业 2018 年支付如下费用：合同工工资 105 万元，实习生工资 20 万元，返聘离退休人员工资 30 万元，支付劳务派遣人员用工费 40 万元。2018 年企业计算企业所得税时允

许扣除的职工工会经费限额是(　　)万元。

A. 3.90　　B. 3.10　　C. 2.50　　D. 2.10

16. 纳税人通过国内非营利的社会团体、国家机关的公益、救济性捐赠，在年度(　　)12%以内的部分准予扣除。

A. 收入总额　　B. 利润总额

C. 纳税调整后所得　　D. 应纳税所得额

17. 下列利息收入中，不计入企业所得税应纳税所得额的是(　　)。

A. 企业债券利息　　B. 外单位欠款付给的利息收入

C. 购买国库券的利息收入　　D. 银行存款利息收入

18. 某外商投资企业某年实现利润总额为200万元，通过境内民政局向灾区捐赠20万元，若无其他调整项目，该企业的应税所得额为(　　)万元。

A. 180　　B. 176　　C. 200　　D. 220

19. 某一般企业2018年销售收入1 000万元，广告费支出160万元，2019年销售收入2 000万元，广告费支出130万元，则2019年准予税前扣除的广告费为(　　)万元。

A. 100　　B. 200　　C. 140　　D. 130

20. 某企业全年营业收入5 000万元，全年实际发生业务招待费30万元，按规定可在税前费用中列支的业务招待费应为(　　)万元。

A. 20　　B. 18　　C. 19　　D. 25

21. 下列收入项目中不需征收企业所得税的是(　　)。

A. 财政拨款收入　　B. 特许权使用费收入

C. 财产租赁收入　　D. 股息收入

22. 根据企业所得税法的规定，下列各项中，在计算应纳税所得额时准予按一定比例扣除的公益性捐赠是(　　)。

A. 纳税人直接向某学校的捐赠

B. 纳税人通过企业向自然灾害地区的捐赠

C. 纳税人通过电视台向灾区的捐赠

D. 纳税人通过民政部门向贫困地区的捐赠

23. 某国有企业2019年实现主营业务收入1 600万元，本年度发生广告费144万元，业务宣传费36万元，下列选项中，关于广告费和业务宣传费在税前扣除的说法，正确的是(　　)。

A. 广告费可在税前扣除128万元

B. 业务宣传费可在税前扣除36万元

C. 广告、业务宣传费合计可在税前扣除180万元

D. 广告、业务宣传费合计可在税前扣除240万元

24. 在计算企业所得税应纳税所得额时，企业发生的下列项目不准扣除的是(　　)。

A. 企业自行开发无形资产未形成资产的部分

B. 非公益性捐赠

C. 纳税人为其他独立纳税人提供与本身应税收入有关的贷款担保，因被担保方不能还

清贷款而由担保人承担的本息

D. 发生自然灾害或意外事故损失无赔偿的部分

25. 企业支付的下列保险费，不得在企业所得税税前扣除的是(　　)。

A. 企业为投资者购买的商业保险

B. 企业按规定为职工购买的工伤保险

C. 企业为特殊工种职工购买的法定人身安全保险

D. 企业为本单位车辆购买的交通事故责任强制保险

26. 根据《企业所得税法》的相关规定，企业支付的广告宣传费，所得税前扣除的一般办法是(　　)。

A. 据实扣除　　B. 不得扣除

C. 按销售(营业)收入的15%限额扣除　　D. 按销售(营业)收入的12%限额扣除

27. 某国有企业2014年度发生亏损，根据企业所得税法的相关规定，该亏损额可以用以后纳税年度的所得逐年弥补，但延续弥补的期限最长不得超过(　　)年。

A. 2016　　B. 2017　　C. 2018　　D. 2019

28. 根据企业所得税法的相关规定，下列各项中，符合企业所得税弥补亏损的是(　　)。

A. 被投资企业发生经营亏损，可用投资方所得弥补

B. 企业境外分支机构的亏损，可用境内总机构的所得弥补

C. 境内总机构发生的亏损，可用境外分支机构的所得弥补

D. 企业境外分支机构的亏损，不可以用境外另一家分支机构的所得弥补

29. 下列关于亏损弥补的表述中，正确的是(　　)。

A. 企业筹办期间，发生亏损，应该计算为亏损年度

B. 企业以前年度发生的资产损失，当年没有扣除的，一律不再扣除

C. 企业因以前年度资产损失未扣除，造成多交税金，只能申请退税

D. 筹办期间发生的筹办费，可以在开始生产经营之日的当年，一次性扣除

30. 运输货物的大卡车，最低折旧年限是(　　)年。

A. 2　　B. 4　　C. 5　　D. 10

31. 某非居民企业在境内设立机构、场所，因会计账簿不健全，不能正确核算收入总额，但成本费用总额120万元能够准确核算。税务机关决定按照核定的方法征收企业所得税，税务机关核定的利润率为20%，该企业应缴纳的企业所得税额为(　　)万元。

A. 8　　B. 10　　C. 7.5　　D. 20

32. 下列情形中不应该核定征收企业所得税的是(　　)。

A. 依照法律、行政法规的规定可以不设置账簿的

B. 擅自销毁账簿或者拒不提供纳税资料的

C. 发生纳税义务，未按照规定的期限办理纳税申报，经税务机关责令限期申报，逾期申报的

D. 虽设置账簿，但账目混乱或者成本资料、收入凭证、费用凭证残缺不全，难以查账的

33. 下列无形资产不得计算摊销在企业所得税前扣除的是(　　)。

A. 外购的无形资产

B. 自创商誉

C. 自行研发符合资本化的无形资产

D. 受赠获取的无形资产

34. 企业来源于境外所得，已在境外实际缴纳的所得税税款，在汇总纳税并按规定计算扣除限额时，如果境外实际缴纳的税款超过扣除限额，对超过部分的处理方法是（　　）。

A. 列为当年费用支出

B. 从本年的应纳所得税额中扣除

C. 用以后年度税额扣除的余额补扣，补扣期限最长不得超过 5 年

D. 从以后年度境外所得中扣除

35. 某美国企业实际管理机构不在中国境内，但在中国境内设立了分支机构。2018 年该分支机构在中国境内取得咨询不含税所得 500 万元；在美国取得与该分支机构无实际联系的所得 80 万元。2018 年度该境内机构在中国应缴纳企业所得税（　　）万元。

A. 125　　B. 50　　C. 100　　D. 145

36. 境内居民企业登记注册地与实际经营管理地不一致时，其纳税地点按税法规定应该是（　　）。

A. 登记注册地　　B. 实际经营管理地

C. 由税务机关决定　　D. 由纳税人自行决定

37. 非居民企业在中国境内未设立机构、场所的，以（　　）为企业所得税纳税地点。

A. 收入发生地　　B. 业务发生地

C. 扣缴义务人所在地　　D. 机构、场所所在地

38. 缴纳企业所得税，月份或季度终了后要在规定的期限内预缴，年度终了后要在规定的期限内汇算清缴，其预缴、汇算清缴的规定期限分别是（　　）。

A. 7 日、45 日　　B. 15 日、45 日

C. 15 日、5 个月　　D. 15 日、4 个月

39. 纳税人进行破产清算时，应当以（　　）作为一个企业所得税的纳税年度计算清算所得。

A. 当年 1 月 1 日至清算开始日期　　B. 当年 1 月 1 日至清算结束日期

C. 当年 1 月 1 日至 12 月 31 日　　D. 清算期间

40. 下列关于企业所得税纳税地点的表述中，错误的是（　　）。

A. 居民企业在中国境内设立不具有法人资格的营业机构的，应当汇总计算缴纳企业所得税

B. 非居民企业在中国境内设立两个或两个以上机构、场所的，经税务机关审核批准，可以选择由其主要机构、场所汇总缴纳企业所得税

C. 非居民企业在中国境内未设立机构、场所的，以扣缴义务人所在地为纳税地点

D. 非居民企业在中国境内设立机构、场所，但发生在境外与所设机构、场所有实际联系的所得，以扣缴义务人所在地为纳税地点

41. 根据企业所得税法的规定，下列说法正确的是（　　）。

A. 对在中国境内未设立机构、场所的非居民企业应缴纳的所得税，由纳税人自行申报缴纳
B. 对非居民企业在中国境内设立机构、场所但取得的所得与其所设立机构、场所没有实际联系的应缴纳的所得税，以支付人为扣缴义务人
C. 扣缴义务人每次代扣的税款，应当自代扣之日起 15 日内缴入国库
D. 应当扣缴的所得税，扣缴义务人未依法扣缴或者无法履行扣缴义务的，由扣缴义务人在所得发生地缴纳

二、多项选择题

1. 下列属于企业所得税征税范围的有（　　）。
A. 在中国境内未设立机构、场所的非居民企业来源于中国境内的所得
B. 在中国境内设立机构、场所的非居民企业，其机构、场所有来源于中国境内的所得
C. 在中国境内未设立机构、场所的非居民企业来源于中国境外的所得
D. 在中国境内设立机构、场所的非居民企业，从境外取得的与机构、场所没有实际联系所得

2. 以下属于非居民企业的有（　　）。
A. 依中国法律在中国境内成立的企业
B. 依照外国（地区）法律成立但实际管理机构在中国境内的企业
C. 依照外国（地区）法律成立且实际管理机构不在中国境内，但在中国境内设立机构、场所的企业
D. 在中国境内未设立机构、场所，但有来源于中国境内所得的企业

3. 企业从事下列项目的所得，免征企业所得税的有（　　）。
A. 农技推广　　B. 农产品初加工
C. 远洋捕捞　　D. 海水养殖

4. 依据企业所得税法的规定，判定居民企业的标准有（　　）。
A. 登记注册地标准
B. 所得来源地标准
C. 经营行为实际发生地标准
D. 实际管理机构所在地标准

5. 依据企业所得税法的有关规定，下列行为中应视同销售确认收入的有（　　）。
A. 将自产货物用于职工奖励
B. 将自建商品房转为固定资产
C. 将自产货物用于职工宿舍建设
D. 将外购货物用于交际应酬

6. 下列关于企业所得税收入确认的表述中，不正确的有（　　）。
A. 宣传媒介的收费，应在相关的广告或商业行为出现于公众面前时确认收入
B. 采用售后回购方式销售商品，以销售商品方式进行融资的，销售的商品按售价确认收入

C. 销售商品涉及现金折扣的，应当按照扣除现金折扣后的金额确认收入
D. 销售商品涉及商业折扣的，应当按照扣除折扣前的金额确认收入，折扣额作为财务费用扣除

7. 下列项目可以享有加计扣除的有(　　)。
A. 企业安置残疾人员所支付的工资
B. 企业购置节水专用设备的投资
C. 开发新技术、新产品、新工艺发生的研究开发费用
D. 购进的环境保护专用设备的投资

8. 根据企业所得税法的规定，下列属于不征税收入的有(　　)。
A. 企业转让资产所得
B. 国债利息收入
C. 依法收取并纳入财政管理的行政事业性收费
D. 财政拨款

9. 下列选项中，符合企业所得税减计收入和税额抵免优惠政策的有(　　)。
A. 企业综合利用资源生产符合国家产业政策规定的产品所取得的收入，可以在计算应纳税所得额时减计收入
B. 企业购置并实际使用规定的环境保护专用设备的，该专用设备的投资额的10%可以从企业当年的应纳税额中抵免
C. 企业购置规定的专用设备在5年内转让、出租的，应当停止享受企业所得税优惠，并补缴已经抵免的企业所得税税款
D. 综合利用资源指企业以规定的资源作为主要原材料，生产国家非限制和禁止并符合国家和行业相关标准的产品取得的收入，减按80%计入收入总额

10. 企业取得的下列收入，属于企业所得税免税收入的有(　　)。
A. 国债利息收入
B. 企业债券利息收入
C. 符合条件的居民企业之间的红利、股息等权益性投资收益
D. 居民企业从在中国境内设立机构、场所的非居民企业取得的股息等权益性投资收益

11. 下列项目中，属于纳税调整增加额的项目有(　　)。
A. 职工教育经费支出超标准
B. 利息费用支出超标准
C. 公益救济性捐赠超标准
D. 查补的增值税

12. 下列项目中，属于纳税调整减少额的项目有(　　)。
A. 查补的消费税
B. 多提的职工福利费
C. 国债利息收入
D. 多列的无形资产摊销费

13. 根据企业所得税法的规定，下列各项中，准予从收入总额中扣除的项目有(　　)。
A. 烟草企业的广告费
B. 化工厂为职工向保险公司购买商业保险
C. 房地产企业支付的银行罚息
D. 商业企业发生的资产盘亏扣除赔偿部分后的净损失

14. 根据企业所得税法的规定，下列各项中，属于计算企业应纳税所得额时不得扣除的项目有(　　)。

A. 缴纳的消费税　　B. 缴纳的税收滞纳金

C. 存货跌价准备金　　D. 非公益性捐赠支出

15. 根据企业所得税法的规定，下列收入中，应计入应纳税所得额的有(　　)。

A. 财产转让收入

B. 因债权人缘故确实无法支付的应付款项

C. 现金溢余收入

D. 事业单位财政拨款

16. 根据企业所得税法的规定，企业取得的下列收入中可以作为广告费和业务宣传费税前扣除限额计算基数的有(　　)。

A. 转让无形资产所有权取得的收入

B. 接受捐赠取得的收入

C. 出租房屋使用权取得的收入

D. 销售原材料取得的收入

17. 下列关于利息费用扣除的表述中，正确的有(　　)。

A. 非金融企业向金融企业借款的利息支出可据实扣除

B. 非金融企业向非金融企业借款的利息支出，不超过按照金融企业同期同类贷款利率计算的数额的部分可据实扣除，超过部分不允许扣除

C. 企业实际支付给关联方的利息支出，除另有规定外，其接受关联方债权性投资与其权益性投资比例，金融企业的是 2∶1

D. 企业从其关联方接受的债权性投资与权益性投资的比例超过规定标准而发生的利息支出，不得在计算应纳税所得额时扣除

18. 企业缴纳的下列保险金可以在税前直接扣除的有(　　)。

A. 为特殊工种的职工支付的人身安全保险费

B. 为没有工作的董事长夫人缴纳的社会保险费用

C. 为投资者或者职工支付的商业保险费

D. 按照国家规定标准和范围为董事长缴纳的补充养老保险金

19. 依据企业所得税法的相关规定，企业发生的广告费和业务宣传费可按当年销售(营业)收入的 30%的比例扣除的有(　　)。

A. 白酒制造企业　　B. 化妆品销售企业

C. 医药制造企业　　D. 化妆品制造企业

20. 根据企业所得税法相关规定，下列固定资产不得计算折旧在税前扣除的有(　　)。

A. 未投入使用的机器设备

B. 以经营租赁方式租入的生产线

C. 以融资租赁方式租入的机床

D. 与经营活动无关的小汽车

21. 下列关于长期待摊费用的表述，正确的有(　　)。

A. 大修理支出,按照固定资产尚可使用年限分期摊销

B. 已足额提取折旧的固定资产的改建支出,按照固定资产预计尚可使用年限分期摊销

C. 租入固定资产的改建支出,按照合同约定的剩余租赁期限分期摊销

D. 其他应当作为长期待摊费用的支出,自支出发生月份的次月起,分期摊销,摊销年限不得低于5年

22. 企业提供下列劳务中,按照完工进度确认企业所得税应税收入的有(　　)。

A. 广告的制作

B. 提供宴会招待

C. 作为商品销售附带条件的安装

D. 为特定客户开发软件

23. 根据企业所得税法的相关规定,在中国境内未设立机构、场所的非居民企业从中国境内取得的下列所得,应按收入全额计算征收企业所得税的有(　　)。

A. 股息、红利所得

B. 利息所得

C. 租金所得

D. 转让财产所得

24. 关于企业所得税的纳税地点,下列表述正确的有(　　)。

A. 非居民企业在中国未设立机构、场所的,以扣缴义务人所在地为纳税地点

B. 非居民企业在中国境内设立两个机构、场所的,应分别申报缴纳企业所得税

C. 居民企业登记注册地在境外的,以实际管理机构所在地为纳税地点。

D. 居民企业一般以企业登记注册地为纳税地点

25. 关于企业所得税纳税申报正确说法的有(　　)。

A. 企业应当自月份或者季度终了之日起15日内,向税务机关报送预缴企业所得税纳税申报表,预缴税款

B. 企业应当自年度终了之日起4个月内,向税务机关报送年度企业所得税纳税申报表,并汇算清缴,结清应缴应退税款

C. 年度中间终止经营活动的,应当自实际经营终止之日起30日内,向税务机关办理当期企业所得税汇算清缴

D. 在办理注销登记前,就其清算所得向税务机关申报并依法缴纳企业所得税

26. 下列关于居民企业所得税征收管理表述正确的有(　　)。

A. 除税收法律、行政法规另有规定外,居民企业以企业登记注册地为纳税地点

B. 登记注册地在境外的,以实际管理机构所在地为纳税地点

C. 居民企业,应当汇总计算并缴纳企业所得税

D. 企业在纳税年度内无论盈利或者亏损,无需进行纳税申报。

三、判断题

1. 企业所得税的纳税人仅指企业,不包括社会团体。(　　)

2.《企业所得税法》也适用于个人独资企业、合伙企业。(　　)

3. 在中国境内设立的外商投资企业,应就来源于我国境内、境外的所得缴纳所得税。(　　)

4. 外国企业在中国境内未设有机构、场所，但有来源于中国境内的所得时，应按我国税法规定缴纳所得税。（　）

5.《企业所得税法》中的居民企业纳税义务人负有全面纳税义务，应就其来源于境内、境外所得申报缴纳企业所得税。（　）

6. 综合利用资源，生产国家非限制和禁止并符合国家和行业相关标准的产品取得的收入，减按 90%计入收入总额。（　）

7. 在中国境内设有机构、场所且所得与机构、场所有关联的非居民企业适用 20%的企业所得税税率。（　）

8. 捐赠支出可以在计算企业所得税前予以扣除。（　）

9. 企业从事蔬菜种植的所得免征企业所得税。（　）

10. 一个纳税年度内，居民企业取得 800 万元的技术转让所得，免征企业所得税。（　）

11. 企业为开发新技术、新产品、新工艺发生的研究开发费用，未形成无形资产的，计入当期损益据实扣除。（　）

12.《企业所得税法》规定，企业安置残疾人员所支付的工资，在据实扣除的基础上，按照支付给残疾职工工资 100%加计扣除。（　）

13. 利息收入和股息收入一样都表现为全额增加企业所得税的应纳税所得额。（　）

14. 纳税人缴纳的增值税不得在企业所得税前扣除，但按照当期实际缴纳的增值税计算的城市维护建设税和教育费附加，准予在所得税前扣除。（　）

15. 纳税人在生产、经营期间的借款利息支出作为费用，在计算应纳税所得时，可以按实际发生数扣除。（　）

16. 企业发生的年度亏损，可用以后五个盈利年度的所得弥补。（　）

17. 某一般居民企业当年应纳税所得额为 50 万元，但上一年度利润表上亏损 48 万元，则当年应缴纳企业所得税 5 000 元。（　）

18. 确定应纳税所得额时，对企业生产、经营期间，向经人民银行批准从事金融业务的非银行金融机构的借款利息支出，可按照实际发生额从税前扣除。（　）

19. 企业持有的单位价值不超过 1 000 元的固定资产，允许一次性计入当期成本费用在计算应纳税所得额时扣除，不再分年度计算折旧。（　）

20. 在计征企业所得税时，非广告性质的赞助费不允许税前扣除，广告宣传费可以在税前正常列支。（　）

21. 提取坏账准备金的企业，在计算企业所得税应纳税所得额时，实际发生的坏账损失大于已提取的坏账准备金的部分，不能在发生当期直接扣除。（　）

22. 企业在计算应税所得额时，如出现会计制度与税收法规相抵触的情况，应由税务机关根据企业情况核定应税所得额。（　）

23. 企业计算应纳所得税时，收到客户支付的违约金，应计入收入总额，一并计算缴纳企业所得税。（　）

24. 纳税人在一个纳税年度的中间开业，或由于合并、关闭等原因使该纳税年度的实际经营期不足 12 个月的，经其实际经营期为一个纳税年度。（　）

25. 非居民企业在中国境内设立机构、场所的，取得的所得以及发生在中国境外但与其所设立机构、场所有实际联系的所得，应当以机构、场所所在地为纳税地点。（ ）

26. 企业的成本费用核算和收入总额核算两项中，凡其中一项不合格者，就要采用定额征收企业所得税。（ ）

四、业务题

1. 某国有企业2019年度取得营业收入总额4 000万元，成本、费用和损失共3 800万元，其中列支业务招待费20万元，广告宣传费支出10万元。全年缴纳增值税50万元、消费税80万元、城市维护建设税和教育费附加13万元，企业所得税税率为25%。

要求：请计算该企业当年应缴纳的企业所得税。

2. 某运输企业2019年资产总额为700万元，从业人员为260人，年度营业收入为100万元，各项成本支出为95万元，全年发生亏损9万元。经主管税务机关核查，该企业支出项目不能准确核算，需要采用核定应税所得率征收方式计算所得税。主管税务机关核定该企业的应税所得率为10%。

要求：请计算该企业年度应纳所得税税额。

3. 某企业2019年度境内总机构的应纳税所得额为440万元。其设在A国分支机构应税所得240万元，该国规定的税率为40%。设在B国分支机构应税所得120万元，该国税率为30%。假设境外应税所得与我国税法规定计算的应纳税所得额相一致；境外所得均已分别按该国规定的税率缴纳了所得税96万元、36万元。

要求：请计算该企业本年度应纳企业所得税税额。

4. 某中型工业企业2019年企业会计报表利润为85万元，未作任何调整，依25%的税率缴纳了企业所得税。该企业2019年度的有关账簿资料如下：

(1) 企业"长期借款"账户中记载：年初向工行借款10万元，年利率10%；向其他企业借款20万元，年利率20%，上述借款均用于生产经营，利息支出均已列入财务费用。

(2) 全年销售收入5 000万元，企业在管理费用中列支业务招待费25万元。

(3) 8月份缴纳税收滞纳金1万元，10月份通过民政部门向灾区捐赠10万元，均在营业外支出中列支。

(4) 企业投资收益中有国债利息收入2万元。

要求：请指出存在的问题并计算应补缴企业所得税税额。

5. 假如某生产企业适用25%的企业所得税税率，2019年度生产经营情况如下：产品销售收入500万元，产品销售成本300万元，产品销售费用40万元，发生管理费用35万元(其中业务招待费5万元)，当年出租固定资产取得收入40万元，购买国债取得利息收入10万元，准许税前扣除的有关税费30万元，经批准向企业职工集资100万元，支付年息15万元，同期银行贷款利率为10%，通过县级人民政府向南方遭受雪灾地区捐款20万元。

要求：请计算该企业2019年度应缴纳的企业所得税税额。

6. 某内资企业2019年度会计账面利润8万元，自行向其主管税务机关申报的应纳税所得额8万元，申报缴纳所得税2万元(企业所得税税率为25%)。经某注册会计师年终审查，发现与应纳税所得额有关的业务内容如下：

(1) 企业全年实发工资总额 211.64 万元，并按规定的 2%、14%和 8%的比例分别计算提取了职工工会经费、职工福利费、职工教育经费。

(2) 自行申报应纳税所得额中含本年度的国债利息收入 1.2 万元。

(3) 营业外支出账户列支有税收滞纳金 0.1 万元，向其关联企业赞助支出 3 万元。

(4) 管理费用账户中实际列支了全年的与生产经营有关的业务招待费 26.5 万元，经核定企业全年的主营业务收入总额为 6 500 万元。

要求：请计算该企业本年度应缴纳的企业所得税税额及应补缴的企业所得税税额。

7. 某公司 2019 年资产总额 3 800 万元，从业人员 235 人，所得税实行按年计算，分季预缴，各季所得额如下：

第一季度累计计税所得额为 2 万元；第二季度累计计税所得额为 7 万元；第三季度累计计税所得额为 12 万元；第四季度累计计税所得额为 18 万元。

年终汇算清缴时，需调整事项如下：

(1) 按实付工资额 60 万元拨付了三项经费 14.4 万元，但其中工会经费未取得工会组织开具的专用收据；职工教育经费已经实际支付使用。

(2) 逾期包装物押金收入 1 万元不再退还，未计入收入。

(3) 因排污不当，被环保部门罚款 2 万元，已计入营业外支出。

要求：请根据上述资料计算该企业 2019 年各季度预缴和全年应纳的企业所得税额，以及年终汇算清缴应补(退)的企业所得税税额。

8. 某外资持股 25%的重型机械生产企业，2019 年全年主营业务收入 7 500 万元，其他业务收入 2 300 万元，营业外收入 1 200 万元，主营业务成本 6 000 万元，其他业务成本 1 300万元，营业外支出 800 万元，税金及附加 420 万元，销售费用 1 800 万元，管理费用 1 200 万元，财务费用 180 万元，投资收益 1 700 万元。当年发生的部分具体业务如下：

(1) 向 95%持股的境内子公司转让一项账面余值(计税基础)为 500 万元的专利技术，取得转让收入 700 万元，该项转让已经省科技部门认定登记。

(2) 发生广告费支出 1 542 万元，发生业务招待费支出 90 万元，其中有 20 万元未取得合法票据。

(3) 从事《国家重点支持的高新技术领域》规定项目的研究开发活动，对研发费用实行专账管理，发生研发费用支出 200 万元(未形成无形资产)。

(4) 就 2018 年税后利润向全体股东分配股息 1 000 万元。

其它相关资料：除非特别说明，各扣除项目均已取得有效凭证，相关优惠已办理必要手续。

要求：

(1) 请计算该公司 2019 年度的会计利润总额。

(2) 请计算该公司技术转让的纳税调整金额。

(3) 请计算该公司广告费的纳税调整金额。

(4) 请计算该公司业务招待费的纳税调整金额。

(5) 请计算该公司研发费用支出的纳税调整金额。

(6) 请计算该企业 2019 年应纳企业所得税税额。

9. 永江木业有限责任公司为增值税一般纳税人，从事木制品加工销售，增值税纳税期限为1个月，会计核算遵循企业会计准则。2019年度的利润表(简表)见表4-1。

表4-1 利润表(简表)

编制单位:永江木业有限责任公司 2019年度 单位:元

项目	金额
一、营业收入	48 870 000
减:营业成本	31 800 000
税金及附加	260 000
销售费用	4 500 000
管理费用	3 500 000
财务费用	1 200 000
信用减值损失	90 000
加:公允价值变动收益	0
投资收益	250 000
二、营业利润	7 770 000
加:营业外收入	154 500
减:营业外支出	1 325 520
三、利润总额	6 598 980

2020年1月份，经聘请的会计师事务所审计，该公司的账务处理符合会计制度的规定，利润总额计算正确，获取的其他信息如下：

(1) 发生企业所得税法规定的视同销售行为，应确认的视同销售收入为1 130 000元，视同销售成本为1 000 000元。

(2) 全年实际发放工资总额为5 000 000元，其中当年雇佣的15名残疾职工工资为320 000元，经审查属于合理的工资、薪金正常列支。实际支付的工会经费、职工教育经费、职工福利费均符合税法规定的扣除比例。

(3) 销售费用中列支的广告费和业务宣传费为2 250 000元，以前年度尚未扣除的广告费为1 200 000元。

(4) 管理费用中列支业务招待费600 000元，新产品研发费用300 000元。

(5) 有一笔从其他企业借入的资金1 000 000元，本年度支付该项借款利息120 000元，已在财务费用中列支，同期同类银行贷款年利率8%。

(6) 营业外支出中列支税收滞纳金和行政性罚款共50 000元。

(7) 投资收益250 000元，全部是从其投资的高科技企业分得的税后利润。

(8) 该公司2018年度亏损2 000 000元。

要求：

(1) 请计算该公司视同销售的纳税调整金额。

（2）请计算该公司发放工资的纳税调整金额。
（3）请计算该公司广告费和业务宣传费的纳税调整金额。
（4）请计算该公司业务招待费和研究开发费用的纳税调整金额。
（5）请计算该公司利息支出的纳税调整金额。
（6）请计算该公司税收滞纳金和行政性罚款的纳税调整金额。
（7）请计算该公司投资收益的纳税调整金额。
（8）请计算该公司 2019 年度应纳企业所得税税额。

第四章　企业所得税习题参考答案

一、单项选择题

1. **【答案】**B

【解析】选项 A，企业所得税的纳税人分为居民企业和非居民企业，个体工商户不属于企业所得税纳税人，因此不属于居民企业；选项 C 和 D，居民企业是指依法在中国境内成立，或者依照外国（地区）法律成立但实际管理机构在中国境内的企业。

2. **【答案】**D

【解析】转让财产所得：①不动产转让所得按照不动产所在地确定；②动产转让所得按照转让动产的企业或者机构、场所所在地确定；③权益性投资资产转让所得按照被投资企业所在地确定。

3. **【答案】**D

【解析】除个人独资企业、合伙企业不适用企业所得税法外，在我国境内，企业和其他取得收入的组织为企业所得税的纳税人，依照法律规定缴纳企业所得税。

4. **【答案】**B

【解析】选项 A，符合条件的小型微利企业取得所得，适用的税率为 20%；选项 C，国家需要重点扶持的高新技术企业减按 15% 的税率征收企业所得税；选项 D，适用的税率为 25%。

5. **【答案】**D

【解析】小型微利企业是指从事国家非限制和禁止行业，且同时符合年度应纳税所得额不超过 300 万元、从业人数不超过 300 人、资产总额不超过 5 000 万元等三个条件的企业。

6. **【答案】**D

【解析】一个纳税年度内，居民企业转让技术所有权所得不超过 500 万元的部分，免征企业所得税；超过 500 万元的部分，减半征收企业所得税。

7. **【答案】**C

【解析】符合固定资产加速折旧条件，采取缩短折旧年限方法的，最低折旧年限不得低于规定折旧年限的 60%。

8. **【答案】**D

【解析】小型微利企业所得税统一实行按季度预缴。

9.【答案】B

【解析】在中国境内设立机构、场所的非居民企业从居民企业取得与该机构、场所有实际联系的股息、红利等权益性投资收益免征企业所得税。

10.【答案】A

【解析】选项BC是免征企业所得税的;选项D适用减计收入优惠。

11.【答案】C

【解析】可以采取加速折旧方法的固定资产,包括:①由于技术进步,产品更新换代较快的固定资产;②常年处于强震动、高腐蚀状态的固定资产。

12.【答案】D

【解析】应纳税所得额=25−10+1=16(万元),符合小型微利企业的条件。根据税法规定,自2019年1月1日至2021年12月31日,对小型微利企业年应纳税所得额不超过100万元的部分,减按25%计入应纳税所得额,按20%的税率缴纳企业所得税;对年应纳税所得额超过100万元但不超过300万元的部分,减按50%计入应纳税所得额,按20%的税率缴纳企业所得税。因此,该企业应缴纳的企业所得税税额=16×25%×20%=0.8(万元)。

13.【答案】A

【解析】增值税是价外税,不得在税前扣除。

14.【答案】A

【解析】作为三项经费扣除限额计算基数的工资、薪金总额是指实际发放的工资、薪金总和,不包括企业的职工福利费、职工教育经费、工会经费以及养老保险费、医疗保险费、失业保险费、工伤保险费、生育保险费的等社会保险费和住房公积金。

15.【答案】A

【解析】企业所得税税前实际发生的合理的工资薪金支出=105+20+30+40=195(万元),允许扣除的工会经费限额=195×2%=3.9(万元)。

16.【答案】B

【解析】纳税人通过国内非营利的社会团体、国家机关的公益、救济性捐赠,在年度利润总额的12%以内的部分准予扣除。

17.【答案】C

【解析】国债的利息收入属于免税收入,不计入企业所得税应纳税所得额。

18.【答案】C

【解析】外商投资企业通过境内民政局向灾区捐赠属于公益性捐赠,企业发生的公益性捐赠支出,不超过年度利润总额12%的部分,准予扣除;超过年度利润总额12%的部分,准予以后3年内在计算应纳税所得额时结转扣除。

公益性捐赠的扣除限额=200×12%=24(万元)。

实际发生的捐赠额20万元未超过税法扣除限额,准予全额扣除,无需进行纳税调整,企业的应纳税所得额=利润总额=200(万元)。

19.【答案】C

【解析】企业发生的符合条件的广告费和业务宣传费支出，除国务院财政、税务主管部门另有规定外，不超过当年销售(营业)收入15%的部分，准予扣除；超过部分，准予结转以后纳税年度扣除。

2018年度扣除限额=1 000×15%=150(万元)，小于当年实际发生的金额160万元，当年只能税前扣除150万元，未扣除的10万元结转以后年度扣除。

2019年度扣除限额=2 000×15%=300(万元)，大于当年实际发生130万元，可全额扣除，上一年度未扣完的10万元本年度可以继续扣除，所以2019年度可税前扣除的广告宣传费=130+10=140(万元)。

20.【答案】B

【解析】企业发生的与生产经营活动有关的业务招待费支出，按照发生额的60%扣除，但最高不得超过当年销售(营业)收入的5‰。

实际发生额的60%=30×60%=18(万元)。

当年销售(营业)收入的5‰=5 000×5‰=25(万元)。

两个金额取金额低的，所以可在税前费用中列支的业务招待费为18万元。

21.【答案】A

【解析】财政拨款属于不征税收入，不需征收企业所得税。

22.【答案】D

【解析】企业发生的公益性捐赠支出，不超过年度利润总额12%的部分，准予扣除。公益性捐赠，是指企业通过公益性社会团体或者县级以上人民政府及其部门，用于符合法律规定的慈善活动、公益事业的捐赠。用于公益事业的捐赠支出，是指《中华人民共和国公益事业捐赠法》规定的向公益事业的捐赠支出，具体范围包括：①救助灾害、救济贫困、扶助残疾人等困难的社会群体和个人的活动；②教育、科学、文化、卫生、体育事业；③环境保护、社会公共设施建设；④促进社会发展和进步的其他社会公共和福利事业。选项ABC都不属于公益性捐赠。

23.【答案】C

【解析】企业发生的符合条件的广告费和业务宣传费支出，除国务院财政、税务主管部门另有规定外，不超过当年销售(营业)收入15%的部分，准予扣除；超过部分，准予结转以后纳税年度扣除。

广告宣传费扣除限额=1 600×15%=240(万元)，大于2019年实际发生广告宣传费180万元(144+36)，因此广告、业务宣传费合计可在税前扣除180万元。

24.【答案】B

【解析】非公益性捐赠，不得在企业所得税前扣除。

25.【答案】A

【解析】除企业依照国家有关规定为特殊工种职工支付的人身安全保险费和国务院财政、税务主管部门规定可以扣除的其他商业保险费外，企业为投资者或者职工支付的商业保险费，不得扣除。

26.【答案】C

【解析】企业发生的符合条件的广告费和业务宣传费支出，除国务院财政、税务主管部门另有规定外,不超过当年销售(营业)收入15%的部分,准予扣除;超过部分,准予结转以后纳税年度扣除。

27.【答案】D

【解析】税法规定,企业某一纳税年度发生的亏损可以用下一年度的所得弥补,下一年度的所得不足以弥补的,可以逐年延续弥补,但最长不得超过5年。国有企业2014年度发生亏损,延续弥补的期限最长不得超过2019年。

28.【答案】C

【解析】选项B和D,企业在汇总计算缴纳企业所得税时,其境外营业机构的亏损不得抵减境内营业机构的盈利,但境外同一国家的亏损可以相互弥补;选项A,被投资企业发生经营亏损,不可用投资方所得弥补。

29.【答案】D

【解析】选项A,企业筹办期间不计算亏损年度;选项B,企业以前年度发生的资产损失,因各种原因,当年没有扣除的,不能结转以后年度扣除,但是可以按规定追补确认损失发生的年度扣除,不能改变损失发生的年度;选项C,企业因以前年度资产损失未扣除,造成多交税金,可以在审批确认年度的企业所得税税金中抵缴,抵缴不足的,可以在以后年度递延抵缴;选项D,筹办费可以在开始经营之日的当年一次性扣除,也可以按照长期待摊费用在不低于3年的时间内进行摊销。

30.【答案】B

【解析】除国务院财政、税务主管部门另有规定外,固定资产计算折旧的最低年限如下:①房屋、建筑物,为20年;②飞机、火车、轮船、机器、机械和其他生产设备,为10年;③与生产经营活动有关的器具、工具、家具等,为5年;④飞机、火车、轮船以外的运输工具,为4年;⑤电子设备,为3年。运输货物的大卡车,最低折旧年限应该是4年。

31.【答案】C

【解析】应纳税所得额=成本费用总额÷(1-应税所得率)×应税所得率=120÷(1-20%)×20%=30(万元),应缴纳企业所得税税额=30×25%=7.5(万元)。

32.【答案】C

【解析】选项C,发生纳税义务,未按照规定的期限办理纳税申报,经税务机关责令限期申报,逾期仍不申报的,应该核定征收企业所得税。

33.【答案】B

【解析】下列无形资产不得计算摊销费用扣除:①自行开发的支出已经在计算应纳税所得额时扣除的无形资产;②自创商誉;③与经营活动无关的无形资产;④其他不得计算摊销费用扣除的无形资产。

34.【答案】C

【解析】企业已在境外缴纳的所得税税额未超过抵免限额的,按照实际已缴纳税额抵免;超过抵免限额的部分,不得在本年度的应纳税额中扣除,但可以在以后5个年度内,用每年度抵免限额抵免当年应抵税额后的余额进行抵补。

35.【答案】A

【解析】该美国企业实际管理机构不在中国境内,但是在中国境内设立分支机构,属于在中国境内设立机构、场所的非居民企业，应当就其所设机构、场所取得的来源于中国境内的所得，以及发生在中国境外但与其所设机构、场所有实际联系的所得，在中国缴纳企业所得税。在美国取得80万元的所得与境内分支机构无实际联系，所以不在中国纳税。在中国境内设有机构、场所且取得的所得与所设机构、场所有关联的非居民企业，适用25%的基本税率。2018年度该境内机构在中国应缴纳企业所得税=500×25%=125(万元)。

36. **【答案】** A

【解析】 除税收法律、行政法规另有规定外，居民企业以企业登记注册地为纳税地点；但登记注册地在境外的，以实际管理机构所在地为纳税地点；居民企业在中国境内设立不具有法人资格的营业机构的，应当汇总计算并缴纳企业所得税。

37. **【答案】** C

【解析】 非居民企业在中国境内未设立机构、场所的，或者虽设立机构、场所但取得的所得与其所设机构、场所没有实际联系的非居民企业，以扣缴义务人所在地为纳税地点。

38. **【答案】** C

【解析】 按月或按季预缴的，应当自月份或者季度终了之日起15日内，向税务机关报送预缴企业所得税纳税申报表，预缴税款。企业应当自年度终了之日起5个月内，向税务机关报送年度企业所得税纳税申报表，并汇算清缴，结清应缴应退税款。

39. **【答案】** D

【解析】 企业依法清算时，应当以清算期间作为一个纳税年度。

40. **【答案】** D

【解析】 选项D，非居民企业在中国境内设立机构、场所，但发生在境外与所设机构、场所有实际联系的所得，以机构、场所所在地为纳税地点。

41. **【答案】** B

【解析】 选项A，对非居民企业在中国境内未设立机构、场所的，或者虽设立机构、场所但取得的所得与其所设机构、场所没有实际联系的所得应缴纳的所得税，实行源泉扣缴，以支付人为扣缴义务人；选项C，扣缴义务人每次代扣的税款，应当自代扣之日起7日内缴入国库；选项D，应当扣缴的所得税，扣缴义务人未依法扣缴或者无法履行扣缴义务的，由纳税义务人在所得发生地缴纳。

二、多项选择题

1. **【答案】** AB

【解析】 居民企业承担全面纳税义务，就其来源于我国境内外的全部所得纳税；非居民企业承担有限纳税义务，一般只就其来源于我国境内的所得纳税。选项D，设立机构、场所的非居民企业，从境外取得的所得，如果与所设机构、场所没有实际联系，则不是企业所得税的征税范围。

2. **【答案】** CD

【解析】 非居民企业，是指依照外国(地区)法律成立且实际管理机构不在中国境内，但在中国境内设立机构、场所，或者在中国境内未设立机构、场所，但有来源于中国境内所得的企业。选项A和B属于居民企业。

3.【答案】ABC

【解析】选项D,企业从事海水养殖取得的所得,减半征收企业所得税。

4.【答案】AD

【解析】依据企业所得税法的规定,判定居民企业的标准为登记注册地标准和实际管理机构所在地标准。

5.【答案】AD

【解析】选项B和C,均属于内部处置资产,不属于视同销售。

6.【答案】BCD

【解析】选项B,采用售后回购方式销售商品的,销售的商品按售价确认收入,回购的商品作为购进商品处理。有证据表明不符合销售收入确认条件的,如以销售商品方式进行融资,收到的款项应确认为负债,回购价格大于原售价的,差额应在回购期间确认为利息费用。选项C,销售商品涉及现金折扣的,应当按扣除现金折扣前的金额确定销售商品收入金额,现金折扣在实际发生时作为财务费用扣除。选项D,商品销售涉及商业折扣的,应当按照扣除商业折扣后的金额确定销售商品收入金额。

7.【答案】AC

【解析】选项B和D属于税额抵免优惠,即企业购置并实际使用《环境保护专用设备企业所得税优惠目录》《节能节水专用设备企业所得税优惠目录》和《安全生产专用设备企业所得税优惠目录》规定的环境保护、节能节水、安全生产等专用设备的,该专用设备的投资额的10%可以从企业当年的应纳税额中抵免;当年不足抵免的,可以在以后5个纳税年度结转抵免。

8.【答案】CD

【解析】企业所得税中不征税收入包括:财政拨款;依法收取并纳入财政管理的行政事业性收费、政府性基金;国务院规定的其他不征税收入。

9.【答案】ABC

【解析】选项D,综合利用资源指企业以规定的资源作为主要原材料,生产国家非限制和禁止并符合国家和行业相关标准的产品取得的收入,减按90%计入收入总额。

10.【答案】AC

【解析】选项B,企业债券的利息属于应税收入;选项D,在中国境内设立机构、场所的非居民企业从居民企业取得的与该机构、场所有实际联系的股息、红利等权益性投资收益为免税收入,该收益不包括连续持有居民企业公开发行并上市流通的股票不足12个月取得的投资收益。

11.【答案】ABC

【解析】选项D,查补的增值税,不作纳税调整。

12.【答案】AC

【解析】选项B和D属于纳税调整增加额项目。

13.【答案】CD

【解析】选项A,烟草企业的烟草广告费和业务宣传费支出,一律不得在计算应纳税所得额时扣除;选项B,企业为职工支付的商业保险费,不得扣除。

14.【答案】BCD

【解析】选项A,缴纳的消费税,属于价内税,可以税前扣除。

15.【答案】ABC

【解析】选项D,事业单位财政拨款属于不征税收入,不计入应纳税所得额。

16.【答案】CD

【解析】广告费和业务宣传费扣除限额的计算基数是销售(营业)收入,这里的销售(营业)收入包括主营业务收入、其他业务收入和视同销售收入。选项A、B属于营业外收入,不可以作为广告费和业务宣传费的计算基数。

17.【答案】ABD

【解析】选项C,企业实际支付给关联方的利息支出,除另有规定外,其接受关联方债权性投资与其权益性投资比例为:金融企业为5∶1;其他企业为2∶1。

18.【答案】AD

【解析】选项B,因为董事长夫人不属于企业的职工,为其缴纳的社会保险费属于与本企业的收入没有关系的支出,所以不得在税前扣除;选项C,企业为投资者或者职工支付的商业保险费,不得税前扣除。

19.【答案】BCD

【解析】对化妆品制造或销售、医药制造和饮料制造(不含酒类制造)企业发生的广告费和业务宣传费支出,不超过当年销售(营业)收入30%的部分,准予扣除;超过部分,准予在以后纳税年度结转扣除。

20.【答案】ABD

【解析】税法规定,下列固定资产不得计算折旧扣除:①房屋、建筑物以外未投入使用的固定资产;②以经营租赁方式租入的固定资产;③以融资租赁方式租出的固定资产;④已足额提取折旧仍继续使用的固定资产;⑤与经营活动无关的固定资产。

21.【答案】ABC

【解析】选项D,其他应当作为长期待摊费用的支出,自支出发生月份的次月起,分期摊销,摊销年限不得低于3年。

22.【答案】AD

【解析】选项B,提供宴会招待在相关活动发生时确认收入;选项C,安装工作是商品销售附带条件的,安装费在确认商品销售实现时确认收入。

23.【答案】ABC

【解析】选项D,在中国境内未设立机构、场所的非居民企业从中国境内取得的转让财产所得,以收入全额减除财产净值后的余额为企业所得税应纳税所得额。

24.【答案】ACD

【解析】选项B,非居民企业在中国境内设立两个或者两个以上机构、场所的,经税务机关审核批准,可以选择由其主要机构、场所汇总缴纳企业所得税。

25.【答案】AD

【解析】选项B,企业应当自年度终了之日起5个月内,向税务机关报送年度企业所得税纳税申报表,并汇算清缴,结清应缴应退税款;选项C,企业在年度中间终止经营活动的,应当自实际经营终止之日起60日内，向税务机关办理当期企业所得税汇算清缴。

26. 【答案】AB

【解析】选项C，居民企业在中国境内设立不具有法人资格的营业机构的，应当汇总计算并缴纳企业所得税；选项D，企业在纳税年度内无论盈利或者亏损，也应该按照相关规定进行纳税申报。

三、判断题

1. 【答案】×

【解析】除个人独资企业、合伙企业不适用《企业所得税法》外，凡在我国境内的企业和其他取得收入的组织均为企业所得税的纳税义务人。

2. 【答案】×

【解析】《企业所得税法》不适用于个人独资企业、合伙企业，个人独资企业、合伙企业适用个人所得税法。

3. 【答案】√

【解析】在中国境内设立的外商投资企业属于居民企业纳税义务人，负有无限纳税义务，应就来源于我国境内、境外的所得缴纳企业所得税。

4. 【答案】√

【解析】外国企业属于非居民企业，非居民企业在中国境内未设立机构、场所的，应当就其来源于中国境内的所得缴纳企业所得税。

5. 【答案】√

6. 【答案】√

【解析】企业以《资源综合利用企业所得税优惠目录》规定的资源作为主要原材料，生产国家非限制和禁止并符合国家和行业相关标准的产品取得的收入，减按90%计入收入总额。

7. 【答案】×

【解析】在中国境内设有机构、场所且所得与机构、场所有关联的非居民企业适用25%的企业所得税税率。

8. 【答案】×

【解析】企业发生的公益性捐赠支出，不超过年度利润总额12%的部分，准予扣除；超过年度利润总额12%的部分，准予以后3年内在计算应纳税所得额时结转扣除。纳税人直接向受赠人捐赠，以及非公益性捐赠，不得在企业所得税前扣除。

9. 【答案】√

10. 【答案】×

【解析】一个纳税年度内，居民企业转让技术所有权所得不超过500万元的部分，免征企业所得税；超过500万元的部分，减半征收企业所得税。

11. 【答案】×

【解析】在2018年1月1日至2020年12月31日，企业开展研发活动实际发生的研发费用，未形成无形资产计入当期损益的，在按照规定据实扣除的基础上，按照研究开发费用的75%加计扣除。

12.【答案】√
13.【答案】×
【解析】国债利息收入；符合条件的居民企业之间的股息、红利等权益性投资收益；在中国境内设立机构、场所的非居民企业从居民企业取得的与该机构、场所有实际联系的股息、红利等权益性投资收益，属于免税收入，应全额减少企业所得税的应纳税所得额。
14.【答案】√
【解析】企业发生的除企业所得税和增值税以外的企业缴纳的各项税金及其附加，准予在所得税前扣除。
15.【答案】×
【解析】企业在生产、经营活动中发生的利息费用，如果是非金融企业向非金融企业借款的利息支出，不超过按照金融企业同期同类贷款利率计算的数额的部分可据实扣除，超过部分不许扣除；如果是向关联企业或自然人借款发生的利息费用，需按照相关规定标准扣除，不符合规定标准的不得扣除。
16.【答案】×
【解析】企业发生的年度亏损，可用以后五个年度的所得弥补，以后五个年度包括亏损的年度。
17.【答案】×
【解析】亏损是指企业依照《企业所得税法》及其实施条例的规定，计算的企业所得税应纳税所得额小于零。利润表上亏损48万元，企业所得税应纳税所得额不一定是亏损。因此，居民企业当年应纳税所得额为50万元，上一年度的应纳税所得额金额不明确，无法实际计算当年应缴纳企业所得税。
18.【答案】√
【解析】非金融企业向金融企业借款的利息支出，可据实扣除。
19.【答案】×
【解析】企业持有的单位价值不超过5 000元的固定资产，允许一次性计入当期成本费用在计算应纳税所得额时扣除，不再分年度计算折旧。
20.【答案】×
【解析】企业发生的符合条件的广告费和业务宣传费支出，除国务院财政、税务主管部门另有规定外，不超过当年销售(营业)收入15%的部分，准予扣除；超过部分，准予结转以后纳税年度扣除。
21.【答案】×
【解析】在计算企业所得税应纳税所得额时，按照实际发生的坏账损失扣除。
22.【答案】×
【解析】企业在计算应税所得额时，如出现会计制度与税收法规相抵触的情况，应根据税法规定进行纳税调整。
23.【答案】√
24.【答案】√
25.【答案】√

26.【答案】×

【解析】能正确核算收入总额，但不能正确核算成本费用总额的；或能正确核算成本费用总额，但不能正确核算收入总额的，可以采用核定应税所得率的方法征收企业所得税。

四、业务题

1.【答案】

业务招待费发生额的60%＝20×60%＝12(万元)

销售(营业)收入的5‰＝4 000×5‰＝20(万元)

12万元小于20万元，可税前扣除的业务招待费为12万元。

业务招待费应纳税调增金额＝20－12＝8(万元)

广告、宣传费扣除限额＝4 000×15%＝60(万元)

广告、宣传费实际发生额10万元，未超过扣除限额，不需要作纳税调整。

应纳税所得额＝4 000－3 800＋8－80－13＝115(万元)

应纳所得税额＝115×25%＝28.75(万元)

2.【答案】

应纳税所得额＝100×10%＝10(万元)

该运输企业符合小型微利企业的条件，自2019年1月1日至2021年12月31日，小型微利企业无论是采取查账征收方式还是核定征收方式缴纳企业所得税，对年应纳税所得额不超过100万元的部分，减按25%计入应纳税所得额，按20%的税率缴纳企业所得税。

企业应纳所得税税额＝10×25%×20%＝0.5(万元)

3.【答案】

境内境外所得应纳税额总计＝(440＋240＋120)×25%＝200(万元)

A国所得抵免限额$=200\times\frac{240}{440+240+120}=60$(万元)

A国实际缴纳的企业所得税额为96万元，大于抵免限额60万元，所以可抵免税额为60万元。

B国所得抵免限额$=200\times\frac{120}{440+240+120}=30$(万元)

B国实际缴纳的企业所得税额为36万元，大于抵免限额30万元，所以可抵免税额为30万元。

本企业本年度应纳企业所得税税额＝200－60－30＝110(万元)

4.【答案】

(1) 存在问题：企业所得税应按税法规定调整后的应纳税所得额作为计税依据计算缴纳。

① 多列财务费用，应作纳税调增：

应调增应税所得额＝20×(20%－10%)＝2(万元)

② 多列业务招待费，应作纳税调增：

业务招待费扣除标准：25×60%＝15(万元)＜5 000×5‰＝25(万元)

应调增应税所得额＝25－15＝10(万元)

③ 税收滞纳金不得税前扣除,应作纳税调增:

应调增应税所得额＝1(万元)

④ 公益性捐赠支出按比例税前扣除:

扣除限额额＝85×12%＝10.2(万元)＞实际发生额10万元,无需纳税调整。

⑤ 国债利息收入为免税收入,应作纳税调减:

调减应税所得额＝2(万元)

⑥ 调整后应纳税所得额＝85＋2＋10＋1－2＝96(万元)

(2) 应补缴企业所得税额＝(96－85)×25%＝2.75(万元)

5.【答案】

(1) 该企业年度利润总额＝500＋40＋10－300－40－35－30－15－20＝110(万元)

(2) 纳税调增项目:

业务招待费纳税调增金额＝5－(500＋40)×5‰＝2.3(万元)

职工集资利息纳税调增金额＝15－100×10%＝5(万元)

公益救济性捐赠纳税调增金额＝20－110×12%＝6.8(万元)

(3) 纳税调减项目:

国债利息收入纳税调减金额＝10(万元)

(4) 应纳税所得额＝110＋2.3＋5＋6.8－10＝114.1(万元)

(5) 应缴纳企业所得税税额＝114.1×25%＝28.53(万元)

6.【答案】

业务(1):三项经费均按照税法规定的扣除比例提取,无需调整。

业务(2):国债利息收入1.2万元免税,需调减1.2万元。

业务(3):企业缴纳的税收滞纳金0.1万元,不得扣除,需调增0.1万元;向关联企业赞助支出3万元,不得扣除,需调增3万元。

业务(4):业务招待费限额＝6 500×5‰＝32.5(万元)大于26.5×60%＝15.9(万元)

业务招待费超标准调增＝26.5－15.9＝10.6(万元)

调整后的应纳税所得额＝8－1.2＋0.1＋3＋10.6＝20.5(万元)

全年应纳所得税税额＝20.5×25%＝5.13(万元)

全年应补缴所得税税额＝5.13－2＝3.13(万元)

7.【答案】

(1) 各季度预缴所得税额:

第一季度预缴所得税税额＝2×25%×20%＝0.1(万元)

第二季度预缴所得税税额＝7×25%×20%－0.1＝0.25(万元)

第三季度预缴所得税税额＝12×25%×20%－0.1－0.25＝0.25(万元)

第四季度预缴所得税税额＝18×25%×20%－0.1－0.25－0.25＝0.3(万元)

(2) 纳税调整情况:

① 三项经费应调增金额＝14.4－60×(14%＋8%)＝1.2(万元)

② 逾期不再返还的包装物押金1万元为含增值税收入,应扣除增值税金额,再并入收入

缴纳企业所得税

应调增金额＝1÷(1＋13％)×13％＝0.88(万元)

③ 罚款支出2万元，不得税前扣除，应调增所得额。

(3) 全年应纳税所得额＝18＋1.2＋0.88＋2＝22.08(万元)

全年应纳所得税税额＝22.08×25％×20％＝1.10(万元)

(4) 年终汇算清缴应补缴所得税税额＝1.10－0.1－0.25－0.25－0.3＝0.2(万元)

8.【答案】

(1) 利润总额＝7 500＋2 300＋1 200－6 000－1 300－800－420－1 800

－1 200－180＋1 700

＝1 000(万元)

(2) 一个纳税年度内，居民企业转让技术所有权所得不超过500万元的部分，免征企业所得税；超过500万元的部分，减半征收企业所得税。

技术转让所得＝700－500＝200(万元)，200万元小于500万元，免征企业所得税，应调减应纳税所得额200万元。

(3) 广告费税前扣除限额＝(7 500＋2 300)×15％＝1 470(万元)

应调增应纳税所得额＝1 542－1 470＝72(万元)

(4) 未取得合法票据的20万元业务招待费不得在税前扣除。

业务招待费发生额的60％＝(90－20)×60％＝42(万元)

销售收入的5‰＝(7 500＋2 300)×5‰＝49(万元)

准予扣除的业务招待费为42万元，实际发生的业务招待费为90万元，超过限额部分应调增：

应调增应纳税所得额＝90－42＝48(万元)

(5) 研发费用调减所得＝200×75％＝150(万元)

(6) 该企业2019年应纳税所得额＝1 000－200＋72＋48－150＝770(万元)

企业2019年应缴纳企业所得税税额＝770×25％＝192.5(万元)

9.【答案】

(1) 视同销售收入调增应纳税所得额1 130 000元；视同销售成本调减应纳税所得额1 000 000元。

(2) 企业安置残疾人员就业的，在支付给残疾职工工作据实扣除基础上，按支付给残疾职工工资的100％加计扣除，调减应纳税所得额320 000元。

(3) 当年销售收入＝营业收入＋视同销售收入＝48 870 000＋1 130 000＝50 000 000(元)

广告费和业务宣传费在当年销售收入15％以内允许扣除，超过部分准予在以后纳税年度结转扣除；此题实际发生额2 250 000元小于扣除限额7 500 000(50 000 000×15％)元无需调整；

以前年度尚未扣除的广告费准予在以后纳税年度结转扣除调减应纳税所得额1 200 000元。

(4) ① 业务招待费调增：

发生额的 60%＝600 000×60%＝360 000(元)

销售收入的 5‰＝(48 870 000＋1 130 000)×5‰＝250 000(元)

业务招待费税前扣除金额为 250 000 元。对实际发生额大于税前扣除金额的差额 350 000(600 000－250 000)元应调增应纳税所得额。

② 在 2018 年 1 月 1 日至 2020 年 12 月 31 日期间，为开发“三新”发生的研究开发费用，未形成无形资产计入当期损益的，在按照规定据实扣除的基础上，按照研究开发费用的 75%在税前加计扣除。

应调减应纳税额＝300 000×75%＝225 000(元)

(5) 非金融企业向非金融企业借款的利息支出，不超过按照金融企业同期贷款利率 8%计算的部分准予扣除。

利息支出税前扣除限额＝1 000 000×8%＝80 000(元)

应调增应纳税所得额＝120 000－80 000＝40 000(元)

(6) 税收滞纳金和行政性罚款不得扣除，调增应纳税所得额 50 000 元。

(7) 调减投资收益 250 000 元，居民企业之间权益性投资收益所得为免税收入，应调减应纳税所得额。

(8) 调增应纳税所得额＝1 130 000＋350 000＋40 000＋50 000＝1 570 000(元)

调减应纳税所得额＝1 000 000＋320 000＋1 200 000＋225 000＋250 000＝2 995 000(元)

应纳税所得额＝6 598 980＋1 570 000－2 995 000－2 000 000＝3 173 980(元)

应纳所得税税额＝3 173 980×25%＝793 495(元)

第五章　个人所得税

习题

一、单项选择题

1. 下列项所得中，不属于来源于中国境内所得的是(　　)。

A. 外籍个人因持有中国的各种股票、股权而从中国境内的公司、企业或者其他经济组织及个人取的股息、红利所得

B. 中国公民因任职、受雇、履约等而在中国境外提供各种劳务取得的所得

C. 外籍个人转让中国境内的建筑物、土地使用权等财产的所得

D. 外籍个人将设备出租给中国公司在境内使用取得的租金

2. 某法国人 2019 年 2 月 10 日来华工作，2020 年 3 月 17 日离华，2020 年 4 月 14 日又来华，2020 年 9 月 26 日离华，2020 年 10 月 9 日又来华，2021 年 5 月离华回国。则该纳税人(　　)。

A. 2019 年度为居民纳税义务人，2020 年度为非居民纳税义务人

B. 2019 年度为居民纳税义务人，2020 年度为非居民纳税义务人

C. 2019、2020 年度均为非居民纳税义务人

D. 2019、2020 年度均为居民纳税义务人

3. 个人所得税的纳税义务人不包括(　　)。

A. 一人有限公司　　B. 个体工商户

C. 合伙企业的合伙人　　D. 个人独资企业的投资者

4. 下列各项所得，按照“工资、薪金所得”缴纳个人所得税的是(　　)。

A. 年终加薪　　B. 托儿补助费　　C. 差旅费津贴　　D. 误餐补助

5. 下列各项所得，按“工资、薪金所得”缴纳个人所得税的是(　　)。

A. 合伙人从合伙企业按月取得的劳动所得

B. 律师以个人名义聘请的其他人员从律师处获得的报酬

C. 任职于杂志社的记者在本杂志社上发表作品取得的稿费

D. 出版社的专业作者的作品，由本社以图书形式出版而取得的稿费

6. 下列应按“财产租赁所得”项目缴纳个人所得税的是(　　)。

A. 房产销售收入

B. 将房产提供给债权人使用而放弃的租金收入

C. 彩票中奖收入

D. 出版书籍取得的收入

7. 个人不在公司任职，仅在公司担任董事职务而取得的董事费收入，属于(　　)。

A. 劳务报酬所得　　B. 特许权使用费所得
C. 工资薪金所得　　D. 其他所得

8. 下列项目中，可以免征个人所得税的是(　　)。
A. 民间借贷利息
B. 个人举报、协查各种违法、犯罪行为而获得的奖金
C. 在超市购物中获得的中奖收入
D. 本单位自行规定发给的补贴、津贴

9. 某高校教师2019年8月所取得的下列收入中，应计算缴纳个人所得税的是(　　)。
A. 国债利息收入　　B. 任职高校发放的误餐补助
C. 为某企业开设讲座取得的酬金　　D. 任职高校为其缴付的住房公积金

10. 下列利息、股息、红利所得应当征收个人所得税的是(　　)。
A. 国家发行的政策债券利息　　B. 国家发行的金融债券利息
C. 个人取得的储蓄存款利息　　D. 企业的债券利息

11. 个人将其所得向公益事业捐赠，可以从应纳税所得额扣除的比例最高为(　　)。
A. 10%　　B. 15%　　C. 20%　　D. 30%

12. 对纳税人所得按次征税的是(　　)。
A. 工资薪金所得　　B. 个体工商户的生产经营所得
C. 财产转让所得　　D. 承包承租经营所得

13. 下列各项中，属于专项扣除的是(　　)。
A. 基本养老保险费　　B. 继续教育支出
C. 赡养老人支出　　D. 符合国家规定的商业健康保险

14. 某商场本月举办为期3天的有奖(现金兑付)销售活动，向消费者个人支付中奖所得总计10 000元，问应代扣个人所得税税额为(　　)元。
A. 1 000　　B. 1 500　　C. 2 000　　D. 3 500

15. 某画家于2019年3月将其精选的书画作品交由某出版社出版，从出版社取得报酬10万元。该笔报酬在缴纳个人所得税时使用的税目是(　　)。
A. 劳务报酬所得　　B. 稿酬所得
C. 特许权使用费所得　　D. 工资薪金所得

16. 王某取得稿酬20 000元，讲课费4 000元。根据税法规定，王某应预扣预缴个人所得税税额为(　　)元。
A. 2 688　　B. 2 880　　C. 3 840　　D. 4 800

17. 2019年6月歌星刘某某应邀参加W公司庆典活动的演出，按照协议刘某某演出四场，每场出场费为15 000元。刘某某此番演出应预扣预缴个人所得税税额为(　　)元。
A. 450　　B. 1 240　　C. 12 400　　D. 14 200

18. 中国居民陈某是某高校的一名教授，同时担任一股份有限公司的独立董事，2020年1月取得董事费收入100 000元。根据个人所得税法的相关规定，陈某1月份取得董事费收入被预扣预缴的个人所得税税额为(　　)元。
A. 16 000　　B. 20 000　　C. 22 000　　D. 25 000

19. 学者甲与乙合作 2019 年出版了一部专着，取得一次性稿酬 20 000 元，甲分得 17 000元，乙分得 3 000 元，学者甲与乙共计应纳个人所得税税额为(　　)元。

A. 2 240　　B. 2 212　　C. 3 160　　D. 3 200

20. 张某于 2019 年 1 月将城区自有住房按市价出租，月租金 2 000 元，年租金24 000 元，租期一年，租金每月收取。不考虑税费，其 2019 年应纳个人所得税税额为(　　)元。

A. 2 880　　B. 1 440　　C. 3 840　　D. 1 920

21. 下列个人所得税计算应纳税所得额时，采取定额与定率相结合扣除费用的是(　　)。

A. 个体工商户的生产经营所得　　B. 工资薪金所得

C. 劳务报酬所得　　D. 偶然所得

22. 在我国无住所的非居民个人汤姆，2019 年 7 月在我国境内出版一篇小说，取得稿酬收入 60 000 元。汤姆应在我国缴纳个人所得税税额为(　　)元。

A. 6 720　　B. 5 740　　C. 4 490　　D. 8 490

23. 下列各项中不应按特许权使用费所得，征收个人所得税的是(　　)。

A. 专利权　　B. 著作权　　C. 稿酬　　D. 非专利技术

24. 下列关于专项附加扣除的表述中，正确的是(　　)。

A. 同一学历(学位)继续教育的扣除期限不能超过 24 个月

B. 纳税人接受技能人员职业资格继续教育的支出，在取得相关证书的当年，按照每月 3 600 元的标准定额扣除

C. 纳税人发生的首套住房贷款利息支出，扣除期限最长不超过 240 个月

D. 赡养老人支出中的被赡养人仅指年满 60 岁的父母

25. 下列应税项目中，以一个月为一次确定应纳税所得额的是(　　)。

A. 劳务报酬所得　　B. 特许权使用费所得

C. 财产租赁所得　　D. 财产转让所得

26. 个人独资企业和合伙企业投资者作为个人所得税纳税义务人，其生产经营所得应按照(　　)应税项目征收个人所得税。

A. 经营所得　　B. 工资、薪金所得

C. 劳务报酬所得　　D. 特许权使用费所得

27. 税人有两处以上任职、受雇单位的，个人所得税纳税申报的地点是(　　)。

A. 纳税人经常居住地

B. 税务局指定地点

C. 纳税人户籍所在地

D. 纳税人选择其中一处任职、受雇单位所在地主管税务机关

28. 纳税人取得综合所得需要办理汇算清缴的，应在(　　)到主管税务机关办理汇算清缴。

A. 次年 3 月 1 日至 6 月 30　　B. 次年 1 月 1 日至 6 月 30

C. 次年 2 月 1 日至 6 月 30　　D. 次年 1 月 1 日至 3 月 31

29. 根据个人所得税法的相关规定，下列(　　)纳税人不需要依法办理纳税申报。

A. 公民甲 2019 年综合所得需要办理汇算清缴

B. 公民乙取得境外所得

C. 公民丙移居境外但尚未注销中国户籍

D. 公民丁取得股息所得,但扣缴义务人未扣缴税款

30. 李某是个体工商户,其家庭所在地在甲市 A 区,工商注册地在甲市 B 区,实际经营地在甲市 C 区。以下正确的是(　　)。

A. 李某应在 A 区申报缴纳个人所得税

B. 李某应在 B 区申报缴纳个人所得税

C. 李某应在 C 区申报缴纳个人所得税

D. 李某可以任意选择 A 区、B 区或 C 区申报缴纳个人所得税

31. 对扣缴义务人按照所扣缴的税款付给手续费的比例是(　　)。

A. 0.5%　　　　B. 1%　　　　C. 1.5%　　　　D. 2%

32. 个人取得的下列所得,应按"工资、薪金所得"缴纳个人所得税的是(　　)。

A. 杂志社财务人员在本单位的报刊上发表作品取得的所得

B. 退休人员再任职取得的收入

C. 个人取得特许权的经济赔偿收入

D. 职工个人以股份形式取得的企业量化资产参与企业分配而获得的股息

33. 下列收入中,应按"劳务报酬所得"项目缴纳个人所得税的是(　　)。

A. 对商品营销活动中,企业对营销业绩突出的非雇员以工作考察的名义组织旅游活动,通过免收差旅费、旅游费对个人实行的营销业绩奖励,应根据所发生费用的全额作为该营销人员当期的劳务收入

B. 退休后再受雇取得的收入

C. 在任职单位取得董事费收入

D. 个人购买彩票取得的中奖收入

34. 个人取得的下列所得,免征个人所得税的是(　　)。

A. 县级人民政府颁发的教育方面奖金

B. 按国家统一规定发放的补贴、津贴

C. 提前退休发放的一次性补贴

D. 转让国债的所得

35. 个人取得的下列报酬,应按"稿酬所得"缴纳个人所得税的是(　　)。

A. 杂志社记者在本社刊物发表文章取得的报酬

B. 演员自己"走穴"演出取得的报酬

C. 高校教授为某杂志社审稿取得的报酬

D. 出版社的专业作者翻译的小说由该出版社出版取得的报酬

36. 下列关于中国税法规定的住所标准和居住时间标准的说法正确的是(　　)。

A. 在判定居民身份时,中国税法规定的住所标准优先于时间标准

B. 在判定居民身份时,中国税法规定的时间标准优先于住所标准

C. 在判定居民身份时,必须同时满足中国税法规定的时间标准和住所标准

D. 在判定居民身份时，只需满足税法规定的时间标准和住所标准中的任何一个标准，就可以被认定为居民纳税人

37. 段某是保险公司经纪人，与保险公司签订有劳务合同。2020 年 1 月该保险公司根据业绩分三次给胡某发放报酬。分别为 4 800 元、1 0200 元和 60 000 元(均不含增值税)。段某 1 月份获得的劳务报酬并入当年综合所得的金额为(　　)元。(不考虑附加税费)

A. 60 000　　B. 45 000　　C. 75 000　　D. 39 000

38. 下列关于个人所得税申报地点的说法，错误的是(　　)。

A. 在中国境内几地提供劳务的临时来华人员，可提出申请，经批准后可固定在一地申报纳税

B. 从境外取得所得的，应向境内户籍所在地或经常居住地税务机关申报纳税

C. 要求变更申报纳税地点的，须经原主管税务机关备案

D. 申报纳税地点一般为户籍所在地税务机关

39. 个人取得的下列报酬，应按"稿酬所得"缴纳个人所得税的是(　　)。

A. 出版社的专业作者翻译的小说由该出版社出版取得的报酬

B. 演员在企业的广告制作过程中提供形象取得的报酬

C. 杂志社记者在本社刊物发表文章取得的报酬

D. 高校教授为某杂志社审稿取得的报酬

40. 根据个人所得税法的相关规定，下列各项专项附加扣除项目中，只能在办理汇算清缴时扣除的是(　　)。

A. 继续教育支出　　B. 大病医疗支出　　C. 赡养老人支出　　D. 住房租金支出

二、多项选择题

1. 下列有关居民纳税义务人的表述中，错误的有(　　)。

A. 在我国境内拥有住所的个人

B. 无住所但在一个纳税年度内在我国境内累计居住满 183 天的个人

C. 在我国境内无住所又不居住的个人

D. 在我国境内无住所且居住不满 183 天的个人

2. 将个人所得税的纳税义务人区分为居民纳税义务人和非居民纳税义务人，依据的标准有(　　)。

A. 境内有无住所　　B. 境内时间

C. 取得收入的工作地　　D. 境内居住时间

3. 下列个人所得中，适用 20%比例税率的有(　　)。

A. 工资、薪金所得　　B. 利息、股息、红利所得

C. 财产转让所得　　D. 企业职工的奖金所得

4. 下列各项中，应按"利息、股息、红利所得"项目征收个人所得税的有(　　)。

A. 法人企业为其股东购买小汽车将汽车办理在股东名下

B. 个人取得的国债转让所得

C. 个人独资企业业主用企业资金进行个人消费部分

D. 职工因拥有股票期权且在行权后取得企业税后利润分配收益

5. 下列各项所得中，可免征个人所得税的有（　　）。

A. 居民个人银行储蓄存款利息

B. 个人举报、协查各种违法犯罪行为而获得的奖金

C. 购买足球彩票时，获得的中奖所得

D. 事业单位自行规定发放的各种补贴或津贴

6. 依照税法规定，非居民纳税义务人取得的下列（　　），应依法缴纳个人所得税。

A. 受雇于中国境内的公司而取得工资、薪金所得

B. 在中国境内从事生产、经营活动而取得的生产经营所得

C. 购买外国债券、股票而取得的所得

D. 转让中国境内的房屋而取得的财产转让所得

7. 下列各项中，不适用5%～35%的五级超额累进税率征收个人所得税的有（　　）。

A. 工资薪金所得　　B. 经营所得

C. 财产转让所得　　D. 财产租赁所得

8. 下列各项中，应按“工资、薪金所得”项目征税的有（　　）。

A. 个体工商户与企业联营而分得的利润　　B. 年终加薪

C. 个人取得的劳动分红　　D. 通讯费补贴收入

9. 下列个人所得，在计算个人所得税时，不得减除费用的有（　　）。

A. 利息、股息、红利所得　　B. 稿酬所得

C. 劳务报酬所得　　D. 偶然所得

10. 下列所得属于劳务报酬所得的有（　　）。

A. 在报纸上发表文章取得的收入

B. 取得技术咨询费

C. 讲课费

D. 公开拍卖自己的文字作品手稿原件取得的所得

11. 下列所得属于稿酬所得的有（　　）。

A. 个人图书被出版取得的收入　　B. 翻译资料取得的收入

C. 个人作品在杂志上连载取得的收入　　D. 剧本被使用取得的收入

12. 下列所得中，应按“偶然所得”征收个人所得税的有（　　）。

A. 个人取得单张所得超过800元的有奖发票奖金

B. 参加有奖销售所得奖金

C. 退休后再受雇取得的收入

D. 购买福利彩票所得奖金

13. 下列个人中，属于非居民个人的有（　　）。

A. 在中国境内无住所且不居住的甲

B. 在中国境内无住所，于2019年9月1日入境、2020年3月31日离境的乙

C. 在中国境内无住所，于2019年3月1日入境、2019年10月31日离境的丙

D. 在中国境内无住所，于2019年2月1日入境、2019年10月31日离境，期间5月

1日回国探亲、5月20日返回的丁

14. 根据个人所得税法的有关规定，下列说法中正确的有（　　）。

A. 个人在公司任职、受雇，同时兼任监事取得的监事费收入，按照“劳务报酬所得”项目征收个人所得税

B. 演员自己走穴演出取得的收入，按照“劳务报酬所得”项目征收个人所得税

C. 在校大学生勤工俭学取得的收入，按照“劳务报酬所得”项目征收个人所得税

D. 个人兼职取得的收入，应当按照“工资、薪金所得”项目征收个人所得税

15. 个人所取得的下列所得中在不超过4 000元收入额，费用扣除为800元的有（　　）。

A. 特许权使用费所得　　B. 财产租赁所得

C. 财产转让所得　　D. 个体工商户生产经营所得

16. 下列个人所得中，在计算个人所得税时，不得减除费用的有（　　）。

A. 财产转让所得　　B. 稿酬所得

C. 股息所得　　D. 偶然所得

17. 下列应税项目中，在计算应纳税所得额时，采用定额扣除费用的有（　　）。

A. 设计费4 000元　　B. 出租场地所得30 000元

C. 偶然所得2 000元　　D. 稿酬所得2 000元

18. 下列各项所得中，适用20%个人所得税税率的有（　　）。

A. 稿酬所得　　B. 经营所得

C. 财产租赁所得　　D. 财产转让所得

19. 根据个人所得税法的有关规定，下列捐赠支出中，准予在个人所得税税前全额扣除的有（　　）。

A. 个人通过非营利性社会团体对公益性青少年活动场所的捐赠

B. 个人直接对某学校的捐赠

C. 个人通过国家机关向遭受严重自然灾害地区的捐赠

D. 个人通过非营利性的社会团体向福利性老年服务机构的捐赠

20. 下列关于各专项附加扣除项目的扣除金额的表述中，正确的有（　　）。

A. 纳税人的子女接受全日制学历教育的相关支出，按照每个子女每月1 000元的标准定额扣除

B. 纳税人在中国境内接受学历（学位）继续教育的支出，在学历（学位）教育期间按照每月400元定额扣除

C. 在一个纳税年度内，纳税人发生的与基本医保相关的医药费用支出，全额按照80 000元的标准定额扣除

D. 纳税人为独生子女的赡养老人支出，按照每月2 000元的标准定额扣除

21. 根据个人所得税法的有关规定，在计算个体工商户的生产、经营所得时，下列费用准予在所得税前扣除的有（　　）。

A. 个体工商户发生的与生产经营有关的修理费用

B. 个体工商户向其从业人员实际支付的合理的工资、薪金支出

C. 个体工商户缴纳的税收滞纳金

D. 个体工商户业主的工资支出

22. 下列情形中，纳税人应当依法自行办理纳税申报的有(　　)。

A. 取得综合所得需要办理汇算清缴

B. 取得经营所得

C. 因移居境外注销中国户籍

D. 取得应税所得，扣缴义务人未扣缴税款

23. 个人所得税目前的主要纳税申报方式有(　　)。

A. 委托他人代为申报　　B. 邮寄申报

C. 定期定额申报　　D. 自行申报

24. 根据个人所得税法的有关规定，下列各项中，有扣缴义务人的，由扣缴义务人扣缴税款的有(　　)。

A. 工资、薪金所得　　B. 劳务报酬所得

C. 经营所得　　D. 财产转让所得

25. 根据个人所得税法的相关规定，下列关于纳税申报的表述中，错误的有(　　)。

A. 非居民个人取得工资、薪金所得，有扣缴义务人的，由扣缴义务人代扣代缴税款，不办理汇算清缴

B. 纳税人取得经营所得，按年计算个人所得税，由纳税人在月度或者季度终了后15日内向税务机关报送纳税申报表，并预缴税款，在取得所得的次年3月1日至6月30日内办理汇算清缴

C. 非居民个人在中国境内从两处以上取得工资、薪金所得的，应当在取得所得的次月15日内申报纳税

D. 居民个人从中国境外取得所得的，应当在取得所得的次年3月31日前申报纳税

26. 下列各项中，不适用5%～35%的五级超额累进税率征收个人所得税的有(　　)。

A. 出租汽车经营单位将出租车所有权转移给驾驶员，出租车驾驶员从事客货运营取得的收入

B. 个体工商户对外投资的所得

C. 个人依法从事办学、医疗、咨询以及其他有偿服务活动取得的所得

D. 承租人对企业经营成果不拥有所有权取得的所得

27. 李某于2019年5月28日到6月4日为某大厦设计一个规划图，协议规定按完工进度分3次付款分别是：5月份分别支付10 000元、15 000元，6月支付3 500元；7月份为某公司提供装潢服务获得收入5 000元，除个人所得税外不考虑其他税费，则下列表述正确的有(　　)。

A. 设计业务分3次预扣预缴个人所得税

B. 设计业务和装潢业务分别预扣预缴个人所得税

C. 装潢业务共预扣预缴个人所得税800元

D. 设计业务共预扣预缴个人所得税4 840元

28. 我国现行的个人所得税采取分项确定、分类扣除，下列关于扣除的处理办法的表述

正确的有(　　)。

A. 对工资、薪金所得涉及的个人生计费用，采取定额扣除的办法

B. 经营所得，涉及生产、经营有关成本或费用的支出，采取会计核算办法扣除有关成本、费用或规定的必要费用

C. 对劳务报酬所得预扣预缴时采取定额和定率两种扣除办法

D. 偶然所得，不得扣除任何费用

29. 根据个人所得税法律制度的规定，下列个人所得中，不论支付地点是否在境内，属于来源于中国境内所得的有(　　)。

A. 转让境内房产取得的所得

B. 许可专利权在境内使用取得的所得

C. 因任职在境内提供劳务取得的所得

D. 将财产出租给承租人在境外使用取得的所得

30. 下列支出中，属于个人所得税专项附加扣除的有(　　)。

A. 子女教育支出　　B. 企业年金支出

C. 大病医疗支出　　D. 住房租金支出

三、判断题

1. 一个纳税年度内在中国境内居住累计满183天的外籍人员为居民个人。(　　)

2. 某西班牙公民于2019年3月1日至2019年7月30日在中国境内工作，该西班牙公民不是我国个人所得税的居民个人。(　　)

3. 个人从单位取得的年终加薪、劳动分红，应视同股息、红利征税。(　　)

4. 工资、薪金所得适用超额累进税率，财产租赁所得与财产转让所得适用比例税率。(　　)

5. 我国个人所得税实行的是分类征收制。(　　)

6. 个人独资企业、合伙企业的个人投资者以企业资金为本人、家庭成员及其相关人员支付与企业生产经营无关的消费性支出及财产性支出，不需要缴纳个人所得税。(　　)

7. 个体工商户和从事生产、经营的个人，取得的所有所得均按照“经营所得”缴纳个人所得税。(　　)

8. 对个人转让自用达5年以上的家庭居住用房取得的所得，可以免纳个人所得税。(　　)

9. 同一作品在报刊上连续取得收入的，以连载一个月内取得的收入为一次，计征个人所得税。(　　)

10. 个人将其所得通过中国境内的公益性社会组织、国家机关向教育、扶贫、济困等公益事业的捐赠，捐赠额未超过纳税义务人申报的应纳税所得额30%的部分，可以从其应纳税所得额中扣除。(　　)

11. 两个或两个以上的纳税人共同取得同一项所得的，可以对每个人分得的收入分别减除费用，并计算各自应纳的税款。(　　)

12. 作者将自己的文字作品手稿原件或复印件拍卖取得的所得，应按“特许权使用费”

所得缴纳个人所得税。 ( )

13. 张某承揽一项房屋装饰工程，工程两个月完工，房主第 1 个月支付给张某 15 000 元，第 2 个月支付 20 000 元。张某应预缴个人所得税 5 600 元。 ( )

14. 纳税人从两处或两处以上取得的工资、薪金所得的，应在两地税务机关分别申报纳税。 ( )

15. 个人所得税扣缴义务人每月或每次预扣、代扣税款，应于次月 10 日内缴入国库。 ( )

16. “扣缴义务人按规定扣缴的税款”包括税务机关、司法机关等查补或责令补扣的税款。 ( )

17. 纳税人取得境外所得应自行办理纳税申报。 ( )

18. 居民纳税人应只就其来源于中国境内的全部所得，依法缴纳个人所得税。 ( )

19. 纳税人取得经营所得，按年计算个人所得税，由纳税人在月度或季度终了后 15 日内，向经营管理所在地主管税务机关办理预缴纳税申报。 ( )

20. 我国个人所得税法中所规定的住所标准和居住时间标准，必须同时符合才可被认定为居民纳税人。 ( )

21. 非居民纳税人无需向我国缴纳个人所得税。 ( )

22. 托儿补助费属于“工资、薪金所得”项目征税范围，应依法征收个人所得税。 ( )

23. 实行内部退养的个人在其办理内部退养手续后至法定离退休年龄之间从原任职单位取得的工资、薪金，应按“工资、薪金所得”项目计征个人所得税。 ( )

24. 作者去世后，财产继承人取得的遗作稿酬，按“偶然所得”计征个人所得税。 ( )

25. 对个人按市场价格出租住房取得的所得，自 2001 年 1 月 1 日起减按 10%的税率计征个人所得税。 ( )

26. 专项扣除包括生育保险和工伤保险，不包括个人缴纳的其他商业保险。 ( )

27. 纳税人及其配偶在一个纳税年度内可以同时分别享受住房贷款利息和住房租金专项附加扣除。 ( )

28. 赡养岳父母或公婆的费用可以享受个人所得税赡养老人专项附加扣除。 ( )

29. 专项扣除、专项附加扣除和依法确定的其他扣除，以居民个人一个纳税年度的应纳税所得额为限额；一个纳税年度扣除不完的，不结转以后年度扣除。 ( )

30. 因严重自然灾害造成重大损失的免征个人所得税。 ( )

四、业务题

1. 中国公民张先生为国内某企业高级技术员工。2019 年度取得的收入如下：

(1) 每月取得工资收入 7 200 元。

(2) 6 月参加某商场有奖组织的有奖销售活动，中奖所得共计 20 000 元，其中将 10 000元通过教育部门捐赠给当地的教育事业。

(3) 7 月将自有的一项非职务专利技术提供给境外某公司使用，一次性取得特许权使用费收入 60 000 元，该项收入已在境外缴纳个人所得税 6 000 元。

(4) 8 月转让 2018 年购入的房屋，取得收入 780 000 元，已知该房屋的买价为

500 000元,受赠和转让过程中发生的税费 120 000 元。

要求:

(1) 请计算张先生 2019 年工资、薪金所得应预扣预缴的个人所得税税额。

(2) 请计算张先生中奖所得应缴纳的个人所得税税额。

(3) 请计算张先生提供专利技术所得,在我国应补缴个人所得税税额。

(4) 请计算张先生转让房产应缴纳的个人所得税税额。

2. 中国居民王某为境内某上市公司的职员,2019 年取得收入情况如下:

(1) 每月工资 16 000 元,应按照所在省规定的办法和比例每月扣除住房公积金和各项社会保险费 2 000 元。

(2) 2 月将旅游见闻向某杂志投稿,取得稿酬收入 1 700 元。

(3) 11 月份购入企业债券 20 000 份,每份买入价 5 元,支付相关税费 1 000 元,12 月份卖出该债券 10 000 份,每份卖出价 7 元,支付相关税费 700 元。

(4) 12 月份因持有国内某公司股票取得分红 5 000 元。

其他相关资料:王某女儿就读小学二年级;王某作为独生子需要赡养年满 60 周岁的父母;王某发生的与基本医保相关的医药费用支出,扣除医保报销后王某自行负担(指医保目录范围内的自付部分)35 000 元。针对子女教育和赡养老人支出均由王某 100%扣除且选择在汇算清缴时扣除。

要求:

(1) 请计算王某工资薪金所得全年应预扣预缴的个人所得税税额。

(2) 请计算王某稿酬所得应预扣预缴的个人所得税税额。

(3) 请计算王某转让债券应缴纳的个人所得税税额。

(4) 请计算王某取得分红应缴纳的个人所得税税额。

(5) 请计算王某综合所得年底汇算清缴多退少补的个人所得税税额。

3. 徐女士 2020 年 1 月 1 日起将其位于市区的一套公寓住房按市价出租,每月收取租金 3 800 元。1 月因卫生间漏水发生修缮费用 1 200 元,已取得合法有效的支出凭证。

要求:

(1) 请计算徐女士因此事 2020 年 1、2 月份应缴纳的个人所得税总额。

(2) 请说明 1 200 元的修缮费用为什么要拆分为 800 元和 400 元分两期扣除?

4. 中国居民赵某为某大学教授,2019 年收入情况如下:

(1) 每月应发工资均为 30 000 元,"三险一金"等专项扣除为 4 500 元每月。

(2) 10 月份为某集团公司讲座,取得收入 20 000 元。

(3) 11 月份出版教材一部,取得稿酬收入 12 000 元。

(4) 购买福利彩票中奖 15 000 元。

(5) 12 月份按市价出租一套住房,每月收取租金 2 600 元。

(6) 转让自有的一处闲置车库,取得收入 120 000 元,转让过程中发生相关费用5 000 元,该车库购买价格为 80 000 元。

其他相关资料:赵某有一对双胞胎女儿就读高中二年级,针对子女教育支出由赵某按月扣除。

要求：

(1) 请分别计算赵某1月份和2月份工资薪金所得应预扣预缴的个人所得税税额。

(2) 请计算赵某讲座收入应预扣预缴的个人所得税税额。

(3) 请计算赵某出版教材应预扣预缴的个人所得税税额。

(4) 请计算赵某福利彩票中将应缴纳个人所得税税额。

(5) 请计算赵某出租住房应缴纳个人所得税税额。

(6) 请计算赵某转让车库应缴纳个人所得税税额。

5. 中国公民宋某，2020年取得收入如下：

(1) 1月份工资、薪金共计9 240元，其中基本工资4 500元，加班补助3 800元，差旅费津贴900元，独生子补贴40元。

(2) 取得银行信托理财产品利息3 400元，国债利息4 810元，单位集资利息收入15 000元。

(3) 遭遇交通事故，保险赔偿2 800元。

(4) 自有住房出租，年租金60 000元。

(5) 从M国取得股息折合人民币10 000元，在M国缴纳了个人所得税1 500元。

(6) 取得境内一次性稿酬8 000元。

要求：

(1) 请计算宋某1月份工资、薪金应被预扣预缴的个人所得税税额。

(2) 请计算宋某利息收入应缴纳个人所得税税额。

(3) 请计算宋某交通事故保险赔偿应缴纳个人所得税税额。

(4) 请计算宋某出租住房应缴纳个人所得税税额。

(5) 请计算宋某源于境外的所得在我国应补缴个人所得税税额。

(6) 请计算宋某稿酬所得被预扣预缴的个人所得税税额。

第五章 个人所得税习题参考答案

一、单项选择题

1. **【答案】** B

【解析】 除国务院财政、税务主管部门另有规定外，下列所得，不论支付地点是否在中国境内，均为来源于中国境内的所得：①因任职、受雇、履约等在中国境内提供劳务取得的所得；②将财产出租给承租人在中国境内使用而取得的所得；③许可各种特许权在中国境内使用而取得的所得；④转让中国境内的不动产等财产或者在中国境内转让其他财产取得的所得；⑤从中国境内企业、事业单位、其他组织以及居民个人取得的利息，股利，红利所。因此A、C、D属于来源于中国境内的所得，B不属于来源于中国境内的所得。

2. **【答案】** D

【解析】 我国《个人所得税法》规定，在中国境内无住所但在一个纳税年度在中国境内居住累计满183天的个人为居民纳税人。该法国人2019年与2020年在中国境内居住均累计满183天，因此2019年与2020年都是居民纳税人。

3.【答案】A

【解析】个人所得税的纳税人泛指取得所得的自然人，包括中国公民、个体工商户、个人独资企业和合伙企业的自然人投资者、在中国有所得的外籍人员（包括无国籍人员）以及我国香港、澳门、台湾同胞。因此B、C、D应缴纳个人所得税，A应缴纳企业所得税。

4.【答案】A

【解析】工资、薪金所得是指个人因任职或者受雇而取得的工资、薪金、奖金、年终加薪、劳动分红、津贴、补贴以及与任职或者受雇有关的其他所得。而独生子女补贴，执行公务员工资制度未纳入基本工资总额的补贴、津贴和家属成员的副食品补贴，托儿补助费及差旅费津贴、误餐补助不属于工资、薪金所得项目征税范围，不征收个人所得税。

5.【答案】C

【解析】选项A，按照"个体工商户的生产、经营所得"缴纳个人所得税；选项B，按照"劳务报酬所得"缴纳个人所得税；选项D，按照"稿酬所得"缴纳个人所得税。

6.【答案】B

【解析】选项A，按照"财产转让所得"缴纳个人所得税；选项C，按照"偶然所得"缴纳个人所得税；选项D，按照"稿酬所得"缴纳个人所得税。

7.【答案】A

【解析】个人担任公司董事、监事，且不在公司任职、受雇的情形，属于劳务报酬性质，按劳务报酬所得项目征税；个人在公司（包括关联公司）任职、受雇，同时兼任事、监事的，应将董事费、监事费与个人工资收入合并，统一按"工资、薪金所得"项目缴纳个人所得税。

8.【答案】B

【解析】选项A，按照"利息、股息、红利所得"项目缴纳个人所得税；选项B，属于暂免征收个人所得税；选项C，按照"偶然所得"项目缴纳个人所得税；选项D，除独生子女补贴，执行公务员工资制度未纳入基本工资总额的补贴、津贴和家属成员的副食品补贴，托儿补助费，差旅费津贴、误餐补助，按照"工资、薪金所得"项目缴纳个人所得税。

9.【答案】C

【解析】选项A，免征个人所得税；选项B，按下列津贴、补贴不属于"工资、薪金所得"项目征税范围，不征收个人所得税：独生子女补贴，执行公务员工资制度未纳入基本工资总额的补贴、津贴和家属成员的副食品补贴，托儿补助费，差旅费津贴、误餐补助；选项C，按照"劳务报酬所得"项目缴纳个人所得税；选项D，按照国家规定范围和标准缴纳的基本养老保险、基本医疗保险、失业保险和住房公积金属于专项扣除项目。

10.【答案】D

【解析】选项A、B，国债和国家发行的金融债券利息免征个人所得税；选项C，自2008年9月1日起，对储蓄存款利息所得暂免征收个人所得税。

11.【答案】D

【解析】个人将其所得对教育、扶贫、济困等公益慈善事业进行捐赠，捐赠额未超过纳税人申报的应纳税所得额30%的部分,可以从其应纳税所得额中扣除。

12.【答案】C

【解析】选项A,居民个人取得工资、薪金所得,劳务报酬所得,稿酬所得和特许权使用费所得(合成为综合所得),按年合并计算个人所得税;选项B、D,经营所得的应纳税额实行按年计算、分月或分季预缴、年终汇算清缴、多退少补的方法;选项C,财产转让所得以个人每次转让财产取得的收入额减除财产原值和相关税、费后的余额为应纳税所得额计征个人所得税。

13.【答案】A

【解析】专项扣除是居民个人按照国家规定范围和标准缴纳的"三险一金",即基本养老保险、基本医疗保险、失业保险和住房公积金;专项附加扣除包括子女教育、继续教育、大病医疗、住房贷款利息、住房租金、赡养老人。

14.【答案】C

【解析】该所得属于偶然所得,应代扣个人所得税=10 000×20%=2 000(元)。

15.【答案】B

【解析】稿酬所得是指个人因其作品以图书、报刊形式出版、发表而取得的所得。这里所说的作品,包括文学作品、书画作品、摄影作品以及其他作品。因此该所得属于"稿酬所得"。

16.【答案】B

【解析】稿酬所得可以在减除费用的基础上,再减按70%计算确定预扣预缴税额,稿酬所得税率为20%。王某讲课费属于劳务报酬所得,劳务报酬以每次收入减除费用后的余额为预扣预缴应纳税所得额,每次收入不超过4 000元的减除费用按800元计算,每次收入4 000元以上的减除费用按20%计算;因此王某讲课费应纳税所得额=4 000−800=3 200(元),适用税率为20%,速算扣除数为0。综上,王某应预扣预缴个人所得税税额=20 000×(1−20%)×70%×20%+(4 000−800)×20%=2 880(元)。

17.【答案】C

【解析】劳务报酬所得,属于一次性收入的,以取得该项收入为一次。4次出场费收入60 000元属于歌星刘某的一次性收入,不属于连续性收入。劳务报酬每次收入不超过4 000元的减除费用按800元计算,每次收入4 000元以上的减除费用按20%计算;因此刘某演出的应纳税所得额=60 000×(1−20%)=48 000(元),适用预扣率为30%,速算扣除数为2 000元。刘某演出应预扣预缴个人所得税税额=60 000×(1−20%)×30%−2 000=12 400(元)。

18.【答案】D

【解析】该教授取得的董事费收入应按照"劳务报酬所得"缴纳个人所得税。劳务报酬每次收入不超过4 000元的减除费用按800元计算,每次收入4 000元以上的减除费用按20%计算。因此,该教授的应纳税所得额=100 000×(1−20%)=80 000(元),适用的扣除率为40%,速算扣除数为7 000元。该教授1月份取得董事费收入被预扣预缴的个人所得税税额=100 000×(1−20%)×40%−7 000=25 000(元)。

19.【答案】B

【解析】稿酬所得可以在减除费用的基础上，再减按70%计算确定预扣预缴税额，稿酬所得税率为20%。稿酬所得每次收入不超过4 000元的，减除费用按800元计算；每次收入4 000元以上的，减除费用按20%计算。因此，甲取得稿酬应纳个人所得税税额＝17 000×(1－20%)×70%×20%＝1 904(元)；乙取得稿酬应纳个人所得税税额＝(3 000－800)×70%×20%＝308(元)。学者甲与乙共计应纳个人所得税税额＝1 904＋308＝2 212(元)。

20.【答案】B

【解析】财产租赁所得以1个月内取得的收入为一次。每次收入不超过4 000元的，定额扣除费用800元；每次收入在4 000元以上的，定率减除收入额20%的费用。对个人按市场价格出租住房取得的所得，自2001年1月1日起减按10%的税率计征个人所得税。张某2019年应纳个人所得税税额＝(2 000－800)×10%×12＝1 440(元)。

21.【答案】C

【解析】选项A，个体工商户的生产经营所得，以每一纳税年度的收入总额减除成本、费用损失后的余额为应纳税所得额，计征个人所得税；选项B，扣缴义务人在一个纳税年度内预扣预缴工资、薪金个人所得税税款时，以纳税人在本单位截至当前月份工资、薪金所得累计收入减除累计免税收入、累计减除费用、累计专项扣除、累计专项附加扣除、累计依法确定的其他扣除后的余额为“累计预扣预缴应纳税所得额”，计征个人所得税额；选项C，劳务报酬减除费用标准为：每次收入不超过4 000元的减除费用按800元计算，每次收入4 000元以上的减除费用按20%计算；选项D，偶然所得以个人每次取得的收入额为应纳税所得额，不扣除任何费用。

22.【答案】B

【解析】非居民个人稿酬所得，以每次收入额为应纳税所得额，适用非居民个人按月换算后的综合所得适用税率计算应纳税额。稿酬以收入减除20%费用的基础上，再减按70%计算确定应纳税额。因此，汤姆取得稿酬所得的收入额＝60 000×(1－20%)×70%＝33 600(元)，适用的所得税率为25%，速算扣除数为2 660元。

汤姆应在我国缴纳的个人所得税税额＝33 600×25%－2 660＝5 740(元)。

23.【答案】C

【解析】特许权使用费所得是指个人提供专利权、商标权、著作权、非专利技术以及其他特许的使用权取得的所得，其中，提供著作权的使用权取得的所得，不包括稿酬所得。

24.【答案】C

【解析】选项A，同一学历(学位)继续教育的扣除期限不能超过48个月；选项B，纳税人接受技能人员职业资格继续教育、专业技术人员职业资格继续教育的支出，在取得相关证书的当年，按照3 600元定额扣除；选项D，纳税人赡养一位及以上被赡养人(年满60岁的父母，及子女均已去世的年满60的祖父母、外祖父母)的赡养支出。

25.【答案】C

【解析】选项A、B，劳务报酬、稿酬、特许权使用费所得，属于一次性收入的以取得该项收入为一次，属于同一项目连续性收入的以一个月内取得的收入为一次；选项D，财产转让所得以一件财产的所有权一次转让取得的收入为一次。

26.【答案】A

【解析】经营所得是指个体工商户从事生产、经营活动取得的所得;个人依法从事办学、医疗、咨询以及其他有偿服务活动取得的所得;个人独资企业投资人、合伙企业的个人合伙人来源于境内注册的个人独资企业、合伙企业生产、经营的所得;个人对企业、事业单位承包经营、承租经营以及转包、转租取得的所得;个人从事其他生产、经营活动取得的所得。

27.【答案】D

【解析】纳税人有两处以上任职、受雇单位的,选择向其中一处任职、受雇单位所在地主管税务机关办理纳税申报。

28.【答案】A

【解析】需要办理汇算清缴的纳税人,应当在取得所得的次年 3 月 1 日至 6 月 30 日,向任职、受雇单位所在地主管税务机关办理纳税申报。

29.【答案】C

【解析】税法规定,有下列情形之一的,纳税人应依法办理纳税申报:①取得综合所得需要办理汇算清缴;②取得应税所得没有扣缴义务人;③取得应税所得,扣缴义务人未扣缴税款;④取得境外所得;⑤因移居境外注销中国户籍;⑥非居民个人在中国境内从两处以上取得工资、薪金所得;⑦国务院规定的其他情形。因此,本题选项 C,公民丙未注销中国户籍,不属于应依法办理纳税申报的情形。

30.【答案】C

【解析】纳税人取得经营所得,按年计算个人所得税,由纳税人在月度或季度终了后 15 日内,向经营管理所在地主管税务机关办理预缴纳税申报,并报送“个人所得税经营所得纳税申报表(A 表)”。在取得所得的次年 3 月 31 日前,向经营管理所在地主管税务机关办理汇算清缴,并报送“个人所得税经营所得纳税申报表(B 表)”;从两处以上取得经营所得的,选择向其中一处经营管理所在地主管税务机关办理年度汇总申报,并报送“个人所得税经营所得纳税申报表(C 表)”。

31.【答案】D

【解析】税务机关对扣缴义务人按规定扣缴的税款,按年付给 2%的手续费。

32.【答案】B

【解析】选项 A,应按照稿酬所得项目征收个人所得税;选项 C,应按特许权使用费所得项目征收个人所得税;选项 D,应按照利息、股息、红利所得项目征收个人所得税。

33.【答案】A

【解析】选项 B,退休后再任职取得的收入,属于工资薪金所得;选项 C,在任职单位取得的董事费收入,属于工资薪金所得;在非任职单位取得的董事费收入,属于劳务报酬所得;选项 D,个人购买彩票取得的中奖收入属于偶然所得。

34.【答案】B

【解析】选项 A,省级人民政府颁发的教育方面的奖金,免征个人所得税,县级人民政府颁发的不免个人所得税;选项 C,提前退休发放的一次性补贴,不属于免税的离退休工资收入,应按照工资、薪金所得项目征收个人所得税;选项 D,国债利息免征个人所得税,转让国债的所得不免税，要交个人所得税。

35.【答案】D

【解析】选项A，应按工资、薪金所得项目缴纳个人所得税；选项B、C，均应按劳务报酬所得项目缴纳个人所得税。

36.【答案】D

【解析】中国税法规定的住所标准和居住时间标准，是判定居民身份的两个并列标准，个人只要符合或达到其中任何一个标准，就可以被认定为居民纳税人。

37.【答案】B

【解析】保险营销员、证券经纪人取得的佣金收入，属于劳务报酬所得，以不含增值税收入减除20%的费用后的余额为收入额，收入额减去展业成本以及附加税费后，并入当年综合所得，计算缴纳个人所得税。保险营销员、证券经纪人展业成本按收入额的25%计算。因此，并入综合所得的金额＝收入额－展业成本－附加税费＝不含增值税的收入×(1－20%)×(1－25%)－附加税费＝(4 800＋10 200＋60 000)×(1－20%)×(1－25%)－0＝45 000(元)。

38.【答案】D

【解析】选项D，申报纳税地点一般应为收入来源地的税务机关，所以选项D是不正确的。但是，纳税人在两处或两处以上取得工资、薪金所得的，可选择并固定在一地税务机关申报纳税；从境外取得所得的，应向境内户籍所在地或经常居住地税务机关申报纳税。

39.【答案】A

【解析】选项B、D，按劳务报酬所得缴纳个人所得税；选项C，按工资、薪金所得缴纳个人所得税。

40.【答案】B

【解析】选项A、C、D，子女教育、继续教育、住房贷款利息或住房租金、赡养老人支出，自符合条件开始，可以向支付工资、薪金所得的扣缴义务人提供相关信息，由扣缴义务人在预扣预缴税款时，按其在本单位本年可享受的累计扣除额办理扣除；也可以在次年3月1日至6月30日内向汇缴地主管税务机关办理汇算清缴申报时扣除。

二、多项选择题

1.【答案】CD

【解析】选项A、B属于居民纳税人，我国税法规定的居民纳税人是指在中国境内有住所(包括在中国境内定居的中国公民和外国侨民)，或者无住所而一个纳税年度在中国境内居住累计满183天(包括一个纳税年度在中国境内居住累计满183天的外国人、海外侨胞和中国港澳台同胞)的个人；选项C、D属于非居民纳税人，我国税法规定的非居民纳税人是指在中国境内无住所又不居住，或者无住所而一个纳税年度在境内居住不满183天的个人(包括在一个纳税年度中没有在中国境内居住或在中国境内居住累计不满183天的外国人、海外侨胞或中国港澳台同胞)。

2.【答案】AD

【解析】我国个人所得税法中所规定的住所标准和居住时间标准，是判定居民身份的两个并列性标准，只要符合其中一个，即可被认定为居民纳税人。

3.【答案】BC

【解析】选项A，适用七级超额累进税率；选项D，属于工资、薪金所得，适用七级超额累进税率。

4.【答案】AD

【解析】选项B，按财产转让所得项目征收个人所得税；选项C，按经营所得项目征收个人所得税。

5.【答案】AB

【解析】选项C，按偶然所得项目征收个人所得税；选项D，按工资、薪金所得项目征收个人所得税。

6.【答案】ABD

【解析】非居民纳税人只就其来源于中国境内的所得向我国政府履行有限纳税义务。除国务院财政、税务主管部门另有规定外，下列所得，不论支付地点是否在中国境内，均为来源于中国境内的所得：①因任职、受雇、履约等在中国境内提供劳务取得的所得；②将财产；出租给承租人在中国境内使用而取得的所得；③许可各种特许权在中国境内使用而取得的所得；④转让中国境内的不动产等财产或者在中国境内转让其他财产取得的所得；⑤从中国境内企业、事业单位、其他组织以及居民个人取得的利息，股利，红利所。因此，A、B、D，属于来源于中国境内的所得，非居民纳税人应依法缴纳个人所得税。

7.【答案】ACD

【解析】选项A，适用七级超额累进税率；选项C、D，适用20%的比例税率。

8.【答案】BCD

【解析】选项A，按"利息、股息、红利所得"项目征收个人所得税；选项B、C、D，工资、薪金所得，是指个人因任职或者受雇而取得的工资、薪金、奖金、年终加薪、劳动分红、津贴、补贴以及与任职或者受雇有关的其他所得。

9.【答案】AD

【解析】选项A、D利息、股息、红利所得及偶然所得以个人每次取得的收入额为应纳税所得额，不得扣除任何费用；选项B、C，稿酬所得减除费用标准为：每次收入不超过4 000元的减除费用按800元计算，每次收入4 000元以上的减除费用按20%计算。

10.【答案】BC

【解析】选项A，在职、受雇于报纸、杂志等单位的记者、编辑等专业人员，因在本单位的报纸、杂志上发表作品取得的所得，应与其当月工资收入合并，按工资、薪金所得项目计征个人所得税；除上述专业人员以外的其他人员在报纸、杂志上发表作品取得的所得，按稿酬所得项目计征个人所得税。选项D，按特许权使用费所得项目计征个人所得税。

11.【答案】AC

【解析】选项A、C，稿酬所得是指个人因其作品以图书、报刊形式出版、发表而取得的所得；选项B，劳务报酬所得是个人独立从事某种技艺，独立提供某种劳务而取得的所得，包括个人从事翻译、演出、表演、广告、展览等。选项D，自2002年5月1日起，编剧从电视剧的制作单位取得的剧本使用费，不再区分剧本的使用方是否为其任职单位，统一按

"特许权使用费所得"项目计征个人所得税。

12.【答案】ABD

【解析】选项A、B、D,偶然所得是指个人得奖、中奖、中彩以及其他偶然性质的所得;选项C,退休人员再任职取得的收入,在减除按税法规定的费用扣除标准后,按工资、薪金所得项目计征个人所得税。

13.【答案】AB

【解析】我国税法规定的居民纳税人是指在中国境内有住所(包括在中国境内定居的中国公民和外国侨民),或者无住所而一个纳税年度在中国境内居住累计满183天(包括一个纳税年度在中国境内居住累计满183天的外国人、海外侨胞和中国港澳台同胞)的个人;我国税法规定的非居民纳税人是指在中国境内无住所又不居住,或者无住所而一个纳税年度在境内居住不满183天的个人(包括在一个纳税年度中没有在中国境内居住或在中国境内居住累计不满183天的外国人、海外侨胞或中国港澳台同胞)。选项A,属于非居民纳税人;选项B,2019年、2020年两个纳税年度,乙在中国境内居住时间均不满183天,因此,属于非居民纳税人;选项C、D,虽然在中国进内无住所,但丙、丁2019年度在中国境内居住时间均满183天,因此丙、丁属于居民纳税人。

14.【答案】BC

【解析】选项A,个人担任公司董事、监事,且不在公司任职、受雇的情形,属于劳务报酬性质,按劳务报酬所得项目征税;个人在公司(包括关联公司)任职、受雇,同时兼任事、监事的,应将董事费、监事费与个人工资收入合并,统一按工资、薪金所得项目缴纳个人所得税。选项D,个人兼职取得的收入,应当按照"劳务报酬所得"项目征收个人所得税。

15.【答案】AB

【解析】选项A、B,劳务报酬、稿酬、特许权使用费、财产租赁所得,每次收入不超过4 000元的,减除费用按800元计算;每次收入4 000元以上的,减除费用按20%计算。选项C,财产转让所得是以个人每次转让财产取得的收入额减除财产原值和相关税、费后的余额为应纳税所得额;选项D,个体工商户生产经营所得以每一纳税年度的收入总额减除成本、费用损失后的余额为应纳税所得额。

16.【答案】CD

【解析】选项A,财产转让所得是以个人每次转让财产取得的收入额减除财产原值和相关税、费后的余额为应纳税所得额;选项B,稿酬所得,每次收入不超过4 000元的减除费用按800元计算,每次收入4 000元以上的减除费用按20%计算;选项C、D,利息、股息、红利所得及偶然所得以个人每次取得的收入额为应纳税所得额,不得扣除任何费用。

17.【答案】AD

【解析】选项A,设计所得按"劳务报酬所得"计征个人所得税,劳务报酬每次收入不超过4 000元的减除费用按800元计算,每次收入4 000元以上的,减除费用按20%计算,因此"设计费4 000"采用定额800元扣除费用;选项B,出租场地所得按"财产租赁所得"计征人所得税,财产租赁所得每次收入不超过4 000元的减除费用按800元计算,每次收入4 000元以上的减除费用按20%计算,因此“出租场地所得30 000元”采用定率20%扣除费用;选项C,偶然所得以个人每次取得的收入额为应纳税所得额,不得扣除任何费用;选项D,稿酬所得每次收入不超过4 000元的减除费用按800元计算,每次收入4 000元以上的减除费用按20%计算,因此稿酬所得2 000元采用定额800元扣除费用。

18.【答案】CD

【解析】选项A,稿酬所得适用七级超额累进税率;选项B,经营所得适用五级超额累进税率。

19.【答案】AD

【解析】个人将其所得通过中国境内的公益性社会组织、国家机关向教育、扶贫、济困等公益事业的捐赠,捐赠额未超过纳税人申报的应纳税所得额30%的部分,可以从其应纳税所得额中扣除。因此,选项B,个人直接对某学校的捐赠不可以在计算个人所得税时扣除;选项C,未超过纳税人申报的应纳税所得额30%的部分,可以从其应纳税所得额中扣除。

20.【答案】ABD

【解析】选项C,在一个纳税年度内,纳税人发生的与基本医疗保险相关的医药费用支出,扣除医疗报销后个人负担(指医保目录范围内的自付部分)累计超过15 000元的部分,由纳税人在办理年度汇算清缴时,在80 000元限额内据实扣除。

21.【答案】AB

【解析】选项C,个体工商户下列支出不得扣除:个人所得税税款,税收滞纳金,罚金、罚款和被没收财物的损失,不符合扣除规定的捐赠支出,赞助支出,用于个人和家庭的支出,与取得生产经营收入无关的其他支出,国家税务总局规定不准扣除的支出;选项D,在计算个体工商户应纳税所得额时,个体工商户业主的工资、薪金支出不得在税前扣除。

22.【答案】ABCD

【解析】税法规定,有下列情形之一的,纳税人应依法办理纳税申报:①取得综合所得需要办理汇算清缴;②取得应税所得没有扣缴义务人;③取得应税所得,扣缴义务人未扣缴税款;④取得境外所得;⑤因移居境外注销中国户籍;⑥非居民个人在中国境内从两处以上取得工资、薪金所得;⑦国务院规定的其他情形。

23.【答案】ABD

【解析】纳税人可采用直接到主管税务机关申报、委托他人代为申报以及邮寄方式申报纳税。

24.【答案】ABD

【解析】选项C,纳税人取得经营所得,按年计算个人所得税,由纳税人在月度或季度终了后15日内,向经营管理所在地主管税务机关办理预缴纳税申报,并报送“个人所得税经营所得纳税申报表(A表)”。

25.【答案】BD

【解析】选项B,纳税人取得经营所得,按年计算个人所得税,由纳税人在月度或季度终了后15日内，向经营管理所在地主管税务机关办理预缴纳税申报，在取得所得的次年3月31日前，向经营管理所在地主管税务机关办理汇算清缴；选项D，居民个人从中国境外取得所得的，应当在取得所得的次年3月1日至6月30日，向税务机关办理纳税申报。

26. **【答案】**BD

【解析】选项B，个体工商户对外投资的所得按照利息、股息、红利所得计征个人所得税，适用20%的比例税率；选项D，承租人对企业经营成果不拥有所有权取得的所得，应按"工资、薪金所得"计征个人所得税，适用七级超额累进税率。

27. **【答案】**BCD

【解析】劳务报酬规定凡属于一次性收入的，以取得该收入为一次，按次确定应纳税所得额；凡属于同一项目连续性收入的，一个月的收入作为一次，据以确定应纳税所得；设计业务取得3次收入属于李某的一次性收入，不属于连续性收入，设计业务应预扣预缴个人所得税税额=(10 000+15 000+3 500)×(1-20%)×30%-2 000=4 840(元)；提供设计业务和装潢业务不属于同一项目，不能合并纳税。装潢业务应预扣预缴个人所得税税额=5 000×(1-20%)×20%=800(元)。

28. **【答案】**ABCD

29. **【答案】**ABC

【解析】选项D，将财产出租给承租人在境内使用取得的所得属于来源于中国境内的所得。

30. **【答案】**ACD

【解析】专项附加扣除，包括子女教育、继续教育、大病医疗、住房贷款利息或者住房租金、赡养老人等支出。选项B，属于其他扣除。

三、判断题

1. **【答案】**√

【解析】我国《个人所得税法》规定，在中国境内无住所但在一个纳税年度在中国境内居住累计满183天的个人为居民纳税人。

2. **【答案】**√

【解析】该墨西哥公民2019年在我国境内居住累计不满183天，且中国不是其习惯性住所，因此不是我国个人所得税的居民个人。

3. **【答案】**×

【解析】"工资、薪金所得"项目中的年终加薪、劳动分红不分种类和取得情况，一律按工资、薪金所得课税。

4. **【答案】**√

【解析】工资、薪金所得适用七级超额累进税率，财产租赁所得与财产转让所得适用20%的比例税率。

5. **【答案】**×

【解析】自2019年1月1日起，我国个人所得税采用混合征收，即将工资、薪金所得，劳务报酬所得，稿酬所得和特许权使用费所得采用综合征收，其他各项所得采用分类征收。

6.【答案】×

【解析】个人独资企业、合伙企业的个人投资者以企业资金为本人、家庭成员及其相关人员支付与企业生产经营无关的消费性支出及购买汽车、住房等财产性支出，视为企业对个人投资者的利润分配，并入投资者个人的生产经营所得，依照“个体工商户的生产、经营所得”项目计征个人所得税。

7.【答案】×

【解析】个体工商户和从事生产、经营的个人，取得的与生产、经营活动无关的其他各项应税所得，应分别按照有关规定计征个人所得税。如个人独资企业对外投资分回的利息或股息、红利，不并入企业收入，单独作为投资者个人取得的利息、股息、红利所得，按“利息、股利、红利所得”项目计征个人所得税。

8.【答案】×

【解析】个人转让自用达5年以上，并且是唯一的家庭生活用房取得的所得暂免征收个人所得税。

9.【答案】√

【解析】劳务报酬、稿酬、特许权使用费所得，属于一次性收入的，以取得该项收入为一次；属于同一项目连续性收入的，以一个月内取得的收入为一次。

10.【答案】√

11.【答案】√

【解析】两个以上的个人共同取得同一项收入的，应对每个人取得的收入分别按照个人所得税的规定计算纳税，即按“先分、后扣、再缴”的办法计算各自应该缴纳的个人所得税。

12.【答案】√

13.【答案】×

【解析】劳务报酬所得，属于一次性收入的，以取得该项收入为一次，张某提供房屋装饰工程虽然分两次收款，但仍然属于一次性劳务报酬收入，共35 000元。劳务报酬以每次收入额为预扣预缴应纳税所得额，每次收入4 000元以上的，减除费用按20%计算，因此张某劳务报酬预扣预缴应纳税所得额=35 000×(1−20%)=28 000(元)，适用预扣税率为30%，速算扣除数为2 000元。

张某预缴个人所得税税额=(15 000+20 000)×(1−20%)×30%−2 000=6 400(元)。

14.【答案】×

【解析】纳税人从两处或两处以上取得工资、薪金所得的，可选择并固定在其中一地税务机关申报纳税。

15.【答案】×

【解析】扣缴义务人每月或每次预扣、代扣税款，应于次月15日内缴入国库，并向税务机关报送“个人所得税扣缴申报表”。

16.【答案】×

【解析】“扣缴义务人按规定扣缴的税款”不包括税务机关、司法机关等查补或责令补扣的税款。

17.【答案】√

【解析】依据《个人所得税法》的规定，纳税人有下列情形之一的，应按规定办理自行纳税申报：取得综合所得需要办理汇算清缴；取得应税所得没有扣缴义务人；取得应税所得扣缴义务人未扣缴税款；取得境外所得；因移居境外注销中国户籍；非居民个人在中国境内从两处以上取得工资、薪金所得；国务院规定的其他情形。

18.【答案】×

【解析】居民纳税人应就其来源于中国境内和境外的所得，向我国政府履行全面纳税义务。

19.【答案】√

20.【答案】×

【解析】我国个人所得税法中所规定的住所标准和居住时间标准，是判定居民身份的两个并列性标准，只要符合其中一个，即可被认定为居民纳税人。

21.【答案】×

【解析】非居民纳税人应就其来源于中国境内的所得向我国政府履行有限纳税义务。

22.【答案】×

【解析】下列津贴、补贴不属于"工资、薪金所得"项目征税范围，不征收个人所得税：独生子女补贴；执行公务员工资制度未纳入基本工资总额的补贴、津贴和家属成员的副食品补贴；托儿补助费；差旅费津贴、误餐补助。

23.【答案】√

【解析】实行内部退养的个人在其办理内部退养手续后至法定离退休年龄之间从原任职单位取得的工资、薪金，不属于离退休工资，应按"工资、薪金所得"项目计征个人所得税。

24.【答案】×

【解析】作者去世后，财产继承人取得的遗作稿酬，按"稿酬所得"计征个人所得税。

25.【答案】√

26.【答案】×

【解析】专项扣除不包括生育保险、工伤保险及个人缴纳的其他商业保险。

27.【答案】×

【解析】纳税人及其配偶在一个纳税年度内不能同时分别享受住房贷款利息和住房租金专项附加扣除。

28.【答案】×

【解析】赡养岳父母或公婆的费用不能享受个人所得税赡养老人专项附加扣除。

29.【答案】√

30.【答案】×

【解析】有下列情形之一的，可以减征个人所得税，具体幅度和期限，由省、自治区、直辖市人民政府规定，并报同级人民代表大会常务委员会备案：残疾、孤老人员和烈属的所得；因严重自然灾害造成重大损失的；其他经国务院财政部门批准减税的。

四、业务题

1.【答案】

（1）工资、薪金所得应预扣预缴个人所得税＝(7 200×12－5 000×12)×3%＝792(元)

（2）对教育事业的捐赠可以全额扣除，所以税前允许扣除的捐赠是 10 000 元。

应缴纳的个人所得税税额＝(20 000－10 000)×20%＝2 000(元)

（3）境内外综合所得应缴纳个人所得税税额

＝[7 200×12＋60 000×(1－20%)－5 000×12]×10%－2 520＝4 920(元)

境外综合所得个税抵免限额

＝4 920×60 000×(1－20%)÷[7 200×12＋60 000×(1－20%)]＝1 757.14(元)

在境外已纳税额＝6 000(元)

可以抵免个人所得税＝1 757.14(元)

应补缴税额＝0(元)

（4）应缴纳的个人所得税税额＝(780 000－500 000－120 000)×20%＝32 000(元)

2.【答案】

（1）累计预扣预缴应纳税所得额＝16 000×12－5 000×12－2 000×12＝108 000(元)

全年累计应预扣预缴税额＝108 000×10%－2 520＝8 280(元)

（2）稿酬所得应预扣预缴税额＝(1 700－800)×70%×20%＝126(元)

（3）转让债券应纳税额＝$(10\ 000\times7-(20\ 000\times5+1\ 000)\times\frac{10\ 000}{20\ 000}-700)\times20\%$

＝3 760 (元)

（4）分红应纳个人所得税税额＝5 000×20%＝1 000(元)

（5）工资与稿酬所得应税收入＝16 000×12＋1 700×(1－20%)×70%＝192 952(元)

专项附加扣除＝12 000＋24 000＋20 000＝56 000(元)

应纳税所得额＝192 952－5 000×12－2 000×12－56 000＝52 952(元)

全年综合所得应纳税额＝52 952×10%－2 520＝2 775.2(元)

2 775.2－8 280－126＝－5 630.8(元)

年底应退个人所得税税额 5 630.8 元。

3.【答案】

（1）应纳税额＝(3 800－800－800)×10%＋(3 800－400－800)×10%

＝220＋260＝480(元)

（2）确定财产租赁的应纳税所得额时，证明由纳税人负担的该出租财产实际开支的修缮费用，可以从租赁收入中扣除，允许扣除的修缮费用，以每次 800 元为限。一次扣除不完的，准予在下一次继续扣除，直到扣完为止。

本题中，修缮费用 1 200 元，超过 800 元的限额，所以要分两期扣除，1 月扣除 800 元，2 月再扣除剩余的 400 元。

4.【答案】

（1）1 月份工资薪金累计预扣预缴应纳税所得额

＝30 000－5 000－4 500－2 000＝18 500(元)

1 月份工资薪金应预扣预缴税额＝18 500×3％＝555(元)

2 月份工资薪金累计预扣预缴应纳税所得额

＝30 000×2－5 000×2－4 500×2－2 000×2＝37 000(元)

2 月份工资薪金应预扣预缴税额＝37 000×10％－2 520－555＝625(元)

(2) 劳务报酬所得预扣预缴应纳税所得额＝20 000×(1－20％)＝16 000(元)

应预扣预缴税额＝16 000×20％＝3 200(元)

(3) 稿酬所得预扣预缴应纳税所得额＝12 000×(1－20％)×70％＝6 720(元)

应预扣预缴税额＝6 720×20％＝1 344(元)

(4) 中奖所得应缴纳的税额＝15 000×20％＝3 000(元)

(5) 出租住房应缴纳个人所得税税额＝(2 600－800)×10％＝180(元)

(6) 转让车库应缴纳个人所得税税额＝(120 000－5 000－80 000)×20％＝7 000(元)

5.【答案】

(1) 差旅费津贴和独生子女补贴不属于工资、薪金所得，不计入工资、薪金所得征税。

1 月份工资应被预扣预缴的个人所得税＝(4 500＋3 800－5 000)×3％＝99(元)

(2) 国债利息收入免征个人所得税。

利息收入应缴纳个人所得税＝(3 400＋15 000)×20％＝3 680(元)

(3) 保险赔偿收入免征个人所得税。

交通事故保险赔偿应缴纳个人所得税税额＝0(元)

(4) 租金收入以一个月内的所得为一次，并且每次所得不超过 4 000 元的，需要定额减除 800 元，每次所得超过 4 000 元的，按 20％扣除费用。

租金收入应缴纳个人所得税税额＝60 000÷12×(1－20％)×10％×12＝4 800(元)

(5) B 国的抵免限额＝10 000×20％＝2 000(元)

境外已纳税额为 1 500 元，需在我国补税＝2 000－1 500＝500(元)

(6) 稿酬所得被预扣预缴的个人所得税税额＝8 000×(1－20％)×70％×20％＝896(元)

第六章　附加税和烟叶税

习　题

一、单项选择题

1. 城市维护建设税与教育费附加的计税依据是(　　)。

A. 增值税、消费税的计税依据

B. 印花税、增值税的计税依据

C. 纳税人实际缴纳的增值税、消费税税额之和

D. 纳税人实际缴纳的增值税、车船税税额之和

2. 城市维护建设税纳税人所在地在县城、建制镇的,其适用的城市维护建设税税率为(　　)。

A. 7%　　B. 5%　　C. 3%　　D. 1%

3. 某纳税人位于市区,当月应纳增值税 2 万元,减免 1 万元,补交上月漏交的增值税 0.5 万元。本月应缴城市维护建设税税额为(　　)万元。

A. 0.14　　B. 0.07　　C. 0.175　　D. 0.105

4. 位于某县城的酿酒厂为某大城市一家企业加工一批白酒,则该酒厂所代收代缴城市维护建设税的纳税地点应与其缴纳代收代缴(　　)的纳税地点相同。

A. 增值税　　B. 消费税　　C. 印花税　　D. 企业所得税

5. 下列对城市维护建设税的表述中不正确的是(　　)。

A. 城市维护建设税是一种附加税

B. 税款专门用于城市的公用事业和公用设施的维护建设

C. 外商投资企业和外国企业应征收城市维护建设税

D. 海关对进口产品代征增值税、消费税、城市维护建设税

6. 2020 年 1 月,某市区一居民企业被查补增值税 40 000 元、消费税 10 000 元、企业所得税 20 000 元,被加收滞纳金 2 500 元,被处罚款 7 500 元。该企业应补缴城市维护建设税和教育费附加(　　)元。

A. 5 000　　B. 6 000　　C. 7 000　　D. 8 000

7. 设在市区的甲企业按税法规定代扣代缴设在县城的乙企业的消费税,则下列处理正确的是(　　)。

A. 由甲企业按 5%的税率代收代缴城市维护建设税

B. 由乙企业按 5%的税率回所在地缴纳城市维护建设税

C. 由甲企业按 7%的税率代收代缴城市维护建设税

D. 由乙企业按 7%的税率回所在地缴纳城市维护建设税

8. 下列关于城市维护建设税和教育费附加的减免规定，表述正确的是（　　）。

A. 海关对进口产品代征增值税、消费税的，不代征城市维护建设税，但代征教育费附加

B. 对增值税、消费税实行先征后返、先征后退、即征即退办法的，除另有规定外，对随同增值税、消费税附征的城市维护建设税，一律不予退（返）还

C. 对出口产品退还增值随、消费税的，可以申请退还已征的城市维护建设税和教育费附加

D. 对因减免税而需要进行增值税、消费税退库的，可以退还已征的城市维护建设税，但不可以退还已征的教育费附加

9. 下列关于教育费附加的说法中，正确的是（　　）。

A. 某公司应缴纳增值税 30 万元，实际缴纳增值税 20 万元，该公司应以 30 万元为计征依据缴纳教育费附加

B. 张某下岗失业后开了一个个体小吃店，2009 年 10 月 8 日领取税务登记证，2010 年 10 月 8 日起缴纳教育费附加

C. 某公司进口铁矿石缴纳增值税额 30 万元，应同时按 3%缴纳教育费附加

D. 某公司出口电视机已退还增值税 60 万元，但已缴纳的教育费附加不予退还

10. 下列关于城市维护建设税和教育费附加的说法中，不正确的是（　　）。

A. 下岗失业人员从事建筑业的个体经营，自领取税务登记证之日起，3 年内免征城市维护建设税和教育费附加

B. 流动经营无固定纳税地点的单位应按纳税人缴纳增值税、消费税所在地的适用税率就地缴纳城市维护建设税

C. 教育费附加实行统一的征收率，税率为 3%

D. 城市维护建设税专款专用，用来保证城市的公共事业和公共设施的维护与建设，是一种具有受益税性质的税种

11. 下列关于烟叶税的说法中，正确的是（　　）。

A. 烟叶税以收购价格为计税依据

B. 烟叶税纳税义务发生时间为纳税人收购烟叶的当天

C. 烟叶税的纳税人是种植烟叶的单位和个人

D. 烟叶税纳税人应于纳税义务发生月终了之日起 20 日内申报并缴纳税款

12. 烟叶税的纳税义务发生时间为纳税人收购烟叶的当天。“收购烟叶的当天”是指（　　）。

A. 向烟叶销售者付讫收购烟叶运输费用的当天

B. 支付给烟叶销售者价外补贴的当天

C. 支付给烟叶销售者烟叶收购价款的当天

D. 向烟叶销售者付讫收购烟叶款项或开具收购烟叶凭据的当天

13. 根据现行烟叶税法规定，下列说法中正确的是（　　）。

A. 烟叶税实行定额税率

B. 烟叶税的纳税地点为烟叶收购地

C. 烟叶税的纳税人是销售烟叶的单位

D. 没收违法收购的烟叶，由销售烟叶的单位按销售额纳税

14. 依据《中华人民共和国烟叶税法》的规定，我国烟叶税税率为（　　）。

A. 7%　　B. 10%　　C. 20%　　D. 30%

15. 某县烟草公司去相邻的乙县收购烟叶，2020 年 1 月 9 日支付烟叶收购价款 80 万元，另对烟农支付了价外补贴，下列纳税事项的表述中，正确的是（　　）。

A. 烟草公司收购烟叶的纳税义务发生时间是 1 月 9 日

B. 烟草公司应在 2 月 10 日前申报缴纳烟叶税

C. 烟草公司 1 月收购烟叶应缴纳烟叶税 16 万元

D. 烟草公司对烟农代扣代缴烟叶税

二、多项选择题

1. 纳税人的下列支出，不得作为城建税计税依据的有（　　）。

A. 查补的"二税"税额　　B. 偷漏"二税"被处的罚款支出

C. 欠缴"二税"支付的滞纳金　　D. 被查补的城建税税额

2. 下列各项中，符合城市维护建设税规定的有（　　）。

A. 企业只要缴纳增值税、消费税就应缴纳城市维护建设税

B. "两税"实行先征后返方法而进行退库的，可同时退还城市维护建设税

C. 对出口产品退还增值税、消费税的，不退还城市维护建设税

D. 海关对进口产品代征的增值税、消费税，不征收城市维护建设税

3. 下列关于城市维护建设税纳税地点的表述中，正确的有（　　）。

A. 无固定纳税地点的个人，为户籍所在地

B. 代收代缴"二税"的单位，为税款代收地

C. 代扣代缴"二税"的个人，为税款代扣地

D. 纳税人跨地区提供建筑服务，在建筑服务发生地预缴增值税时，计算缴纳城市维护建设税

4. 城市维护建设税的税收减免规定有（　　）。

A. 随"二税"的减免而减免

B. 随"二税"的退库而退库

C. 按照减免"二税"后实际缴纳的税额计征

D. 个别缴纳城建税有困难的，可由税务局批准给予减免

5. 下列属于城市维护建设税范围的有（　　）。

A. 外商投资企业　　B. 外国企业

C. 海关对进口代征的增值税、消费税　　D. 缴纳增值税的交通运输业

6. 下岗失业人员从事个体经营，自领取税务登记证之日起，可 3 年内免征城市维护建设税和教育费附加的行业包括（　　）。

A. 广告业　　B. 娱乐业　　C. 餐饮业　　D. 租赁业

7. 单位或个人发生的下列行为，在缴纳相关税金时，（　　）无需缴纳城市维护建设税。

A. 私营企业销售货物　　B. 个人取得工资薪金收入

C. 企业购置车辆　　D. 个人购买住房

8.《中华人民共和国烟叶税法》所称烟叶是指(　　)。

A. 晾晒烟叶　　B. 烤烟叶

C. 列入名晾晒烟名录的晾晒烟叶　　D. 未列入名晾晒烟名录的其他晾晒烟叶

9. 某单位的以下哪些情况会使其成为烟叶税的纳税人(　　)。

A. 受烟草公司委托收购烟叶　　B. 查处没收违法收购的烟叶

C. 收购罚没烟叶　　D. 有权收购烟叶的烟草公司

10. 下列关于烟叶税的规定中不正确的有(　　)。

A. 收购烟叶的单位和个人为烟叶税的纳税人

B. 烟叶税的征税对象包括生烟叶、熟烟叶、烤烟叶

C. 烟叶税的征收管理依照《中华人民共和国烟叶税法》和《税收征收管理法》执行

D. 纳税人应自纳税义务发生之日起15日申报纳税

三、判断题

1. 城市维护建设税和教育费附加不适用于我国境内的外商投资企业和外国企业。(　　)

2. 由受托方代收代缴消费税的,其应代收代缴的城市维护建设税应按委托方所在地的适用税率计算。(　　)

3. 海关对进口产品代征的增值税、消费税,不征收城市维护建设税。(　　)

4. 纳税人违反增值税、消费税税法而加收的滞纳金和罚款,是税务机关对纳税人违法行为的经济制裁,不作为城市维护建设税的计税依据。(　　)

5. 出口货物退还增值税和消费税时,不退还已缴纳的城市维护建设税和教育费附加。(　　)

6. 根据《城市维护建设税暂行条例》的有关规定,纳税人在被查补增值税、消费税时,应同时对其偷漏的城市维护建设税进行补税。(　　)

7. 城建维护建设税既是一种附加税,又是具有特定目的的税种。(　　)

8. 我国城市维护建设税的计税依据是纳税人应当缴纳的增值税、消费税税额之和。(　　)

9. 开采海洋石油资源的中外合作油(气)田所在地在海上,城市维护建设税适用5%税率。(　　)

10. 教育费附加的纳税义务发生时间和纳税期限与“二税”一致。(　　)

11. 纳税人缴纳了“二税”之后,不按规定缴纳城市维护建设税和教育费附加,可对其单独罚款或加收滞纳金。(　　)

12. 烟叶税是国家对从事烟叶生产以及收购的单位和个人征收的一种税。(　　)

13. 王萍在集市上收购烟叶,因此王萍为烟叶税的纳税人。(　　)

14. 烟叶税的计税依据是纳税人收购烟叶实际支付的价款总额,包括支付的价款和价外补贴。(　　)

15. 烟叶税的征收机关是企业所在地的地税局。(　　)

四、业务题

1. 某企业地处市区，2020 年 1 月按应纳增值税税额足额纳税，该企业应交纳增值税税额为 187 万元，其中包含进口商品应缴纳增值税 15 万元，被查补的增值税 6 万元，因符合有关规定而被退库的增值税 9 万元；实际缴纳消费税 32 万元。被加收滞纳金和罚款 1.5 万元。

要求：

(1) 请计算该企业应缴纳的城市维护建设税。

(2) 请计算该企业应缴纳的教育费附加和地方教育费附加。

2. 丙卷烟厂为增值税一般纳税人，2020 年 1 月收购烟叶 5 000 千克，实际支付的收购价款为 650 000 元，已开具烟叶收购发票。

要求：请计算丙卷烟厂应缴纳的烟叶税。

第六章　附加税和烟叶税习题参考答案

一、单项选择题

1. **【答案】**C

【解析】选项 C，城市维护建设税没有独立的税基，而是以增值税、消费税“二税”实际缴纳的税额之和为计税依据，随“二税”征收而征收，本质上属于附加税。

2. **【答案】**B

【解析】纳税人所在地在城市市区的，税率为 7%；纳税人所在地在县城、建制镇的，税率为 5%；纳税人所在地不在城市市区、县城、建制镇的，税率为 1%。

3. **【答案】**D

【解析】城市维护建设税以“二税”实际缴纳的税额之和为计税依据，随“二税”的减免而减免；纳税人所在地在城市市区的，城市维护建设税税率为 7%。该企业本月应缴城市维护建设税税额＝(2－1＋0.5)×7%＝0.105(万元)。

4. **【答案】**B

【解析】代收代缴增值税、消费税的企业单位，同时代收代缴城市维护建设税。“酿酒厂为某大城市一家企业加工一批白酒”应代收代缴消费税，并同时代收代缴城市维护建设税。

5. **【答案】**D

【解析】海关对进口产品代征增值税、消费税的，不征收城市维护建设税。

6. **【答案】**A

【解析】城市维护建设税以纳税人实际缴纳的增值税、消费税税额为计税依据，其实际缴纳税额不包括加收的滞纳金和罚款。位于市区企业城市维护建设税适用税率为 7%，教育费附加适用税率为 3%。该企业应补缴城市维护建设税和教育费附加＝(40 000＋10 000)×(7%＋3%)＝5 000(元)。

7. **【答案】**C

【解析】代收代缴增值税、消费税的企业单位,同时代收代缴城市维护建设税。且由代收代缴"二税"的单位和个人按纳税人缴纳"二税"所在地的规定税率就地缴纳。因此,由甲企业按7%的税率代收代缴城建税。

8.【答案】B

【解析】选项A、C,城市维护建设税和教育费附加都有"进口不征、出口不退"的计征规则;选项D,对由于减免增值税、消费税而发生退税的,可以同时退还已征收的城市维护建设税和教育费附加。

9.【答案】D

【解析】选项A,教育费附加以纳税人实际缴纳的增值税、消费税税额为计税依据,不是以应缴纳税额为计征依据,因此该公司应以20万元为计征依据缴纳教育费附加;选项B,对下岗失业人员从事个体经营(除建筑业、娱乐业及广告业、桑拿、按摩、网吧、氧吧外)的,自领取税务登记证之日起,3年内免征教育费附加,因此张某的小吃店自2012年10月8日起缴纳教育费附加;选项C,教育费附加"进口不征、出口不退"。

10.【答案】A

【解析】对下岗失业人员从事个体经营(除建筑业、娱乐业及广告业、桑拿、按摩、网吧、氧吧外)的,自领取税务登记证之日起,3年内免征城市维护建设税和教育费附加。

11.【答案】B

【解析】选项A,烟叶税以包含补贴的收购金额为计税依据;选项C,烟叶税的纳税人是在中华人民共和国境内收购烟叶的单位;选项D,烟叶税按月计征,纳税人应于纳税义务发生月终了之日起15日内申报并缴纳税款。

12.【答案】D

【解析】烟叶税的纳税义务发生时间为纳税人收购烟叶的当天。收购烟叶的当天,是指纳税人向烟叶销售者付讫收购烟叶款项或开具收购烟叶凭据的当天。

13.【答案】B

【解析】选项A,烟叶税实行比例税率,税率为20%;选项C,烟叶税的纳税人是在中华人民共和国境内收购烟叶的单位;选项D,查处没收的违法收购的烟叶,由收购罚没烟叶的单位按照购买金额计算缴纳烟叶税。

14.【答案】C

【解析】我国烟叶税实行比例税率,税率为20%。

15.【答案】A

【解析】选项A,烟叶税的纳税义务发生时间为纳税人收购烟叶的当天,收购烟叶的当天是指纳税人向烟叶销售者付讫收购烟叶款项或开具收购烟叶凭据的当天,该烟草公司2020年1月9日支付烟叶收购价款和价外补贴,因此纳税义务发生时间为2020年1月9日;选项B,烟叶税按月计征,纳税人应当于纳税义务发生月终了之日起15日内申报并缴纳税款,则该烟草公司应于2月15日(含当天)前申报缴纳烟叶税;选项C,纳税人按实际支付的价款总额缴纳烟叶税,实际支付价款总额包括纳税人支付给烟叶生产销售单位和个人的收购价款和价外补贴。其应纳烟叶税税额$=80\times(1+10\%)\times20\%=17.6$万元;选项D,在中华人民共和国境内收购烟叶的单位为烟叶税的纳税人,因此收购烟叶的烟草公司为烟叶税纳税人，烟农不是纳税人，不存在代扣代缴烟农烟叶税的政策。

二、多项选择题

1. 【答案】BCD

【解析】城市维护建设税以纳税人实际缴纳的增值税、消费税税额为计税依据，其实际缴纳税额不包括加收的滞纳金和罚款。

2. 【答案】CD

【解析】选项A，海关对进口产品代征增值税、消费税的，不征收城市维护建设税；选项B，对增值税、消费税实行先征后返、先征后退、即征即退办法的，除另有规定外，对随增值税、消费税附征的城市维护建设税和教育费附加一律不予退(返)还。

3. 【答案】BCD

【解析】选项A，流动经营等无固定纳税地点的单位和个人，可按纳税人缴纳“二税”所在地的规定税率就地缴纳城市维护建设税。

4. 【答案】ABC

【解析】选项D，城市维护建设税不单独规定减免税，而是随“二税”的减免而减免。

5. 【答案】ABD

【解析】选项A、B、D，城市维护建设税的纳税人是在征税范围内从事工商经营，并缴纳增值税、消费税的单位和个人，不论国有企业、集体企业、私营企业、个体工商业户，还是其他单位、个人，只要缴纳了增值税、消费税中的任何一种税，都必须同时缴纳城市维护建设税，自2010年12月1日起对外商投资企业和外国企业及外籍个人开始征收城市维护建设税；选项C，海关对进口产品代征增值税、消费税的，不征收城市维护建设税。

6. 【答案】CD

【解析】对下岗失业人员从事个体经营(除建筑业、娱乐业及广告业、桑拿、按摩、网吧、氧吧外)的，自领取税务登记证之日起，3年内免征城市维护建设税和教育费附加。

7. 【答案】BCD

【解析】选项B、C、D，城市维护建设税的纳税人是在征税范围内从事工商经营，并缴纳增值税、消费税的单位和个人，而B、C、D选项无需缴纳增值税、消费税，B涉及个人所得税，C涉及车辆购置税，D涉及契税。

8. 【答案】ABCD

【解析】在中华人民共和国境收购烟叶的单位为烟叶税的纳税人。烟叶，是指晾干烟叶、烤烟叶。晾干烟叶，包括列入名晾晒烟名录的晾晒烟叶和未列入名晾晒烟名录的其他晾晒烟叶。

9. 【答案】ACD

【解析】在中华人民共和国境收购烟叶的单位为烟叶税的纳税人。收购烟叶的单位，是指按《中华人民共和国烟草专卖法》规定有权收购烟叶的烟草公司或受其委托收购烟叶的单位。按《中华人民共和国烟草专卖法》查处没收的违法收购的烟叶，由收购罚没烟叶的单位按照购买金额计算缴纳烟叶税。

10. 【答案】ABD

【解析】选项A,烟叶税的纳税人是在中华人民共和国境内收购烟叶的单位,不包括个人;选项B,烟叶税的额征税对象是收购的烟叶,烟叶是指晾干烟叶、烤烟叶;选项D,烟叶税按月计征,纳税人应于纳税义务发生月终了之日起15日内申报并缴纳税款。

三、判断题

1.【答案】×

【解析】2010年12月1日起,对外商投资企业和外国企业及外籍个人开始征收城市维护建设税。

2.【答案】×

【解析】由受托方代收、代扣"二税"的单位和个人,可按纳税人缴纳"二税"所在地的规定税率就地缴纳。

3.【答案】√

4.【答案】√

【解析】城市维护建设税以纳税人实际缴纳的增值税、消费税税额为计税依据,其实际缴纳税额不包括加收的滞纳金和罚款。

5.【答案】√

【解析】对由于减免增值税、消费税而发生的退税,同时退还已纳的城市维护建设税,但对出口产品退还增值税、消费税的,不退还已缴纳的城市维护建设税。

6.【答案】√

【解析】城市维护建设税以纳税人实际缴纳的增值税、消费税税额为计税依据,包括被查补的增值税、消费税,但不包括加收的滞纳金和罚款。

7.【答案】√

【解析】城市维护建设税没有独立的征税对象或税基,而是以增值税、消费税"二税"实际缴纳的税额之和为计税依据,随"二税"征收而征收,本质上属于附加税;城市维护建设税专款专用,用来保证城市的公共事业和公共设施的维护与建设。

8.【答案】×

【解析】城市维护建设税以纳税人实际缴纳的增值税、消费税税额为计税依据。

9.【答案】×

【解析】开采海洋石油资源的中外合作油(气)田所在地在海上,城市维护建设税适用1%税率。

10.【答案】√

【解析】城市维护建设税的征收管理、纳税环节等事项,比照增值税、消费税有关规定办理。

11.【答案】√

【解析】一般情况下,城市维护建设税不单独加收滞纳金或罚款。但若纳税人缴纳了"二税"之后,却不按规定缴纳城市维护建设税,可对其单独罚款或加收滞纳金。

12.【答案】×

【解析】中华人民共和国境收购烟叶的单位为烟叶税的纳税人。

13.【答案】×

【解析】中华人民共和国境内收购烟叶的单位为烟叶税的纳税人。所称“收购烟叶的单位”，是指依照《中华人民共和国烟草专卖法》的规定有权收购烟叶的烟草公司或者受其委托烟叶的单位，不包括个人。

14.【答案】√

【解析】烟叶税以收购烟叶实际支付的价款总额为计税依据，收购价款总额包括收购价款和按收购价款10%计算的价外补贴。

15.【答案】×

【解析】纳税人收购烟叶，应向烟叶收购地的主管税务机关申报纳税。

四、业务题

1.【答案】

(1) 应缴纳的城市维护建设税税额＝(187－15－9＋32)×7%＝13.65(万元)

(2) 应缴纳的教育费附加和地方教育费附加＝(187－15－9＋32)×(3%＋2%)
＝9.75(万元)

2.【答案】

丙卷烟厂应缴纳的烟叶税税额＝650 000×(1＋10%)×20%＝143 000(元)

第七章　关　　税

习　题

一、单项选择题

1. 下列关于关税特点的说法，不正确的是（　　）。

A. 征收的对象是进出境的货物和物品

B. 关税是单一环节的价外税

C. 有较强的涉外性

D. 关税税则的制定、税率的高低，不影响国际贸易的开展

2. 海关以进口货物、相同或类似进口货物在境内的销售价格为基础，扣除境内发生的有关费用后，审查确定进口货物完税价格的估价方法指的是（　　）。

A. 倒扣价格估价方法　　B. 计算价格估价方法

C. 相同货物的成交价格估价方法　　D. 类似货物的成交价格估价方法

3. 根据关税的有关规定，以境外边境口岸价格条件成交的铁路或者公路运输进口货物，海关应当按照境外边境口岸价格的（　　）计算运输及其相关费用、保险费。

A. 1%　　B. 3%　　C. 1‰　　D. 3‰

4. 按关税法相关规定，如果纳税义务人自缴款期限届满之日起超过一定时间仍未缴税款，经海关关长批准，海关可以采取强制措施，其时间为（　　）。

A. 15 日　　B. 3 个月　　C. 6 个月　　D. 9 个月

5. 某企业 2020 年 1 月进口一台设备，设备的成交价格折合人民币 58 万元，支付购货佣金 2 万元，支付设备进口后发生的装配费用 1 万元，该货物运抵我国境内输入地点起卸前发生运费 5 万元，保险费无法确定。已知设备的关税税率为 20%。则该企业进口设备应缴纳的关税税额为（　　）万元。

A. 11.6　　B. 12.6　　C. 12.64　　D. 13.2

6. 根据关税法的有关规定，下列各项中，表述不正确的是（　　）。

A. 关税的征税主体是国家

B. 关税只对有形的货品征收，对无形的货品不征收

C. 关税是一种商品税

D. 一国的关境和国境是一致的

7. 下列关于关税纳税义务人的说法中错误的是（　　）。

A. 对于携带进境的物品，推定其携带人为所有人

B. 对分离运输的行李，推定相应的进出境旅客为所有人

C. 对以邮递方式进境的物品，推定其收件人为所有人

D. 以邮递或其他运输方式出境的物品，推定其收件人为所有人

8. 下列关于关税税率的表述中，不正确的是（　　）。

A. 进出口货物，应当适用海关接受该货物申报进口或者出口之日实施的税率

B. 进口货物到达前，经海关核准先行申报的，应当适用装载该货物的运输工具申报进境之日实施的税率

C. 因纳税义务人违反规定需要追征税款的进出口货物，适用海关发现该行为之日实施的税率

D. 可以暂不缴纳税款的暂时进出境货物，经批准不复运出境或者进境的，适用海关接受纳税义务人再次填写报关单申报办理纳税及有关手续之日实施的税率

9. 下列关于进口货物关税完税价格的说法中正确的是（　　）。

A. 运往境外修理的货物以海关审定的境外修理费和料件费以及该货物复运进境的运输及其相关费用、保险费为完税价格

B. 运往境外加工的货物以海关审定的境外加工费和料件费为完税价格

C. 暂时进境货物经批准留购的以海关审定的留购价格作为完税价格

D. 租赁方式进口租赁期间以海关审定的租金为完税价格，不包括利息

10. 下列关于关税的概念和特点的解释中，正确的是（　　）。

A. 当一个国家在境内设立自由贸易区域或自由港时，关境大于国境

B. 在境内和境外流通的货物，不进出关境的需征关税

C. 关税是多环节的价内税

D. 关税只对进出关境的货物和物品征收

11. 2020 年 1 月，某贸易公司进口一批货物，合同中约定成交价格为人民币 700 万元，支付境内特许销售权费用人民币 12 万元，支付卖方佣金人民币 3 万元。该批货物运抵境内输入地点起卸前发生的运费和保险费共计人民币 6 万元，该货物关税完税价格为（　　）万元。

A. 715　　B. 709　　C. 721　　D. 712

12. 某贸易公司 2020 年 1 月进口一批货物，买卖双方合同中规定货物成交价格为 500 万元，货物报关前发生的运费和保险费共 7 万元，货物进口后发生安装费 10 万元、技术培训费 2 万元，购货佣金 3 万元，以上金额均为人民币。该货物的关税完税价格为（　　）万元。

A. 510　　B. 519　　C. 507　　D. 522

13. 某生产企业 2020 年 1 月将机器运往境外修理，出境时已向海关报明，并在海关规定期限内复运进境。该机器原值为 120 万元，已提折旧 40 万元，报关出境前发生运费和保险费 0.8 万元，境外修理费 6 万元，修理料件费 1.5 万元，复运进境发生的运费和保险费 2 万元，以上金额均以人民币计价。关税税率为 10%，则该机器再次报关入境时应申报缴纳关税税额（　　）万元。

A. 8.75　　B. 0.75　　C. 8.95　　D. 0.95

14. 关税纳税义务人自海关填发税款缴款书之日起（　　）日内，向原征税海关的上一级海关书面申请复议。

A. 15　　B. 30　　C. 60　　D. 90

15. 在税则中预先按产品的价格高低分档制定若干不同的税率，然后根据进出口商品价格的变动而增减进出口税率的关税属于(　　)。

A. 从价税　　B. 复合税　　C. 选择税　　D. 滑准税

16. 某公司进口一批货物，海关于 2020 年 1 月 1 日填发税款缴款书，但公司迟至 1 月 27 日才缴纳 400 万元的关税。海关应征收关税滞纳金(　　)万元。

A. 2.4　　B. 2.6　　C. 5.2　　D. 5.4

17. 2020 年 1 月，某贸易公司进口一批红酒，成交价格为 200 万元人民币，关税税率为 14%，货物运费率为 2%，进口货物的保险费无法确定，该贸易公司应缴纳关税税额为(　　)万元。

A. 28.28　　B. 28.54　　C. 28.61　　D. 28.65

18. 跨境电子商务零售进口商品的单次交易限值为人民币(　　)元，年度交易限值为人民币(　　)元。

A. 5 000；20 000　　B. 5 000；26 000

C. 2 000；20 000　　D. 2 000；26 000

19. 依据关税法的有关规定，出口货物的纳税义务人应当自出口货物运抵海关监管区后装货的(　　)，向货物出境地海关进行申报。

A. 24 小时以前　　B. 48 小时以前　　C. 14 日内　　D. 15 日内

20. 2018 年 7 月 1 日，某企业进口一台设备，享受免征进口关税优惠，海关审核的完税价格为 110 万元，经调试后投入使用的设备账面原值 120 万元，使用年限 10 年，海关监管期 5 年。2020 年 1 月 5 日，企业将该设备转让，转让收入 80 万元，已提折旧 12 万元。设备关税税率为 8%，则该企业转让设备应补缴关税税额为(　　)万元。

A. 6.05　　B. 6.16　　C. 6.40　　D. 8.80

21. 进口货物的成交价格不符合规定或者成交价格不能确定的，海关经了解有关情况，并与纳税人进行价格磋商后，可以按顺序采用一定方法审查确定该货物的完税价格。下列不属于海关可以采用的方法是(　　)。

A. 相同货物成交价格估价方法　　B. 类似货物成交价格估价方法

C. 倒扣价格估价方法　　D. 最大销售总量估价方法

22. 出口货物以海关审定的成交价格为基础的售予境外的离岸价格，扣除出口关税后作为完税价格，其计算公式为(　　)。

A. 完税价格＝离岸价格÷(1＋出口税率)

B. 完税价格＝离岸价格÷(1－出口税率)

C. 完税价格＝离岸价格×(1＋出口税率)

D. 完税价格＝离岸价格×(1－出口税率)

23. 进口货物到岸价格的组成公式是(　　)。

A. 到岸价格＝货价

B. 到岸价格＝货价＋其他劳务费

C. 到岸价格＝货价＋包装、运输、保险费＋其他劳务费

D. 到岸价格＝货价＋进口关税＋其他劳务费

24. 我国关税由(　　)征收。

A. 税务机关　　B. 海关

C. 市场监督管理部门　　D. 人民政府

25. 下列说法表达错误的是(　　)。

A. 关税的缴纳地点是指货物的进出口地海关，即进出口地的通关地为纳税人的纳税地

B. 复合税是征税时既采用从量标准又采用从价标准而征收的关税

C. 临时减免是指由国务院运用一案一批原则，针对某个纳税人、某类商品、某个项目或某批货物的特殊情况，特别照顾，临时给予的减免

D. 海关对法定减免税货物一般不进行后续管理

二、多项选择题

1. 已申报进境并放行的保税货物、减免税货物、租赁货物或者已申报进出境并放行的暂时进出境货物，有下列(　　)情形需缴纳税款的，应当适用海关接受纳税义务人再次填写报关单申报办理纳税及有关手续之日实施的税率。

A. 保税货物经批准不复运出境的

B. 租赁出口货物，分期缴纳税款的

C. 减免税货物经批准转让或者移作他用的

D. 租赁进口货物，分期缴纳税款的

2. 下列税费中，应计入进口货物关税完税价格的有(　　)。

A. 进口环节缴纳的增值税

B. 单独支付的境内技术培训费

C. 由买方负担的境外包装材料费用

D. 由买方负担的与该货物视为一体的容器费用

3. 下列关于进口货物关税完税价格确定的说法中，正确的有(　　)。

A. 进料加工进口料件申报内销，以料件的原进口成交价格为基础审查确定完税价格

B. 无法确定进口货物保险费的，按照“货价加运费”的1‰计算保险费

C. 进口运输工具，利用自身动力进境的，不再另行计入运费

D. 予以补税的减免税货物，以原进口时的价格扣除折旧审查确定完税价格

4. 下列各项中，属于关税纳税义务人的有(　　)。

A. 进口货物的收货人　　B. 出口货物的发货人

C. 进出境物品的所有人　　D. 邮递方式出境物品的寄件人或托运人

5. 一般意义上的差别关税主要分为(　　)。

A. 加重关税　　B. 抵消关税

C. 报复关税　　D. 反倾销关税

6. 依据关税法的有关规定，下列进口货物中可享受法定免税的有(　　)。

A. 科教用品　　B. 外国政府无偿赠送的物资

C. 残疾人专用品　　D. 无价值的货样

7. 下列关于关税的分类中，说法正确的有（　　）。

A. 按征税标准分类，可将关税分为从量税、从价税

B. 按保护形式和程度分类，可将关税分为关税壁垒和非关税壁垒

C. 按征税对象分类，仅将关税分为进口税、出口税

D. 按征税性质分类，可将进口关税分为普通关税、优惠关税和差别关税

8. 根据关税的有关规定，下列税收、费用不计入出口货物的完税价格中的有（　　）。

A. 出口关税

B. 在货物价款中单独列明的货物运至我国境内输出地点装载后的运费及相关费用

C. 在货物价款中单独列明的货物运至我国境内输出地点装载后的保险费

D. 出口企业收取的货物的价款

9. 下列各项中，符合关税有关规定的有（　　）。

A. 优惠关税一般有普通优惠关税、特定优惠关税和最惠国待遇

B. 普惠制具有非互惠原则，即经济发达国家应单方面给予发展中国家关税上的优惠，而不应要求发展中国家给予同等的优惠待遇

C. 特定优惠关税具有排他性，税率低于协定优惠关税税率

D. 最惠国待遇是一种非歧视性的关税待遇

10. 根据关税法的有关规定，下列说法中，正确的有（　　）。

A. 进口货物的成交价格，因有不同的成交条件而有不同的价格形式，常用的价格条款，有 FOB、CFR、CIF 三种

B. 进口货物成交价格 FOB 是含义为“船上交货”的价格术语简称，又称“离岸价格”

C. 进口货物成交价格 CFR 是含义为“货物成本”的价格术语简称

D. 进口货物成交价格 CIF 是含义为“成本加运费”的价格术语简称

11. 纳税人进出口下列货物，免征关税的有（　　）。

A. 外国企业无偿赠送的物资

B. 无商业价值的广告品和货样

C. 在海关放行前损失的货物

D. 进出境运输工具装载的途中必需的燃料、物料和饮食用品

12. 海关可以在境内获得的数据资料为基础估定进口货物的完税价格，但不得使用的价格有（　　）。

A. 境内生产的货物在境内的销售价格

B. 可供选择的相同或类似进口货物价格中最低的价格

C. 货物在出口地市场的销售价格

D. 以计算价格估价方法中所含价值或费用之外的价值或者费用计算的相同或者类似货物的价格

13. 下列关于加工贸易产品的关税完税价格的确定以及减免关税的相关叙述中，正确的有（　　）。

A. 进料加工进口料件或其制成品申报内销时，以料件原进口成交价格为基础确定完税价格

B. 加工贸易企业加工过程中产生的边角料或副产品申报内销时，以其内销价格为基础审查确定完税价格

C. 保税区内的加工贸易企业申报内销加工贸易制成品时，海关按照接受内销申报的同时或大约同时进口的、与制成品相同或类似的货物的进口成交价格为基础审查确定完税价格

D. 加工贸易企业按照计税参考价格申报时，海关按照计税参考价格确定完税价格

14. 纳税义务人发现多缴税款的，下列说法中正确的有（　　）。

A. 自缴纳税款之日起 3 年内，可以要求海关退还

B. 自缴纳税款之日起 1 年内，可以要求海关退还

C. 可以口头形式要求海关加算银行同期活期存款利息

D. 可以以书面形式要求海关退还多缴纳的税款，并加算银行同期活期存款利息

15. 我国海关法规定，减免进出口关税的权限属中央政府，关税的减免形式有（　　）。

A. 法定减免　　B. 特定减免

C. 临时减免　　D. 困难减免

16. 下列各项中，属于关税征税对象的有（　　）。

A. 贸易性商品

B. 个人邮寄物品

C. 馈赠物品或以其他方式进入国境的个人物品

D. 入境旅客随身携带的行李和物品

17. 按规定有下列情形之一的，进出口货物的纳税义务人可以自缴纳税款之日起 1 年内，书面声明理由，向海关申请退税并加算银行同期活期存款利息的有（　　）。

A. 因海关误征，多纳税款的

B. 海关核准免验进口的货物，在完税后，发现有短卸情形，经海关审查认可的

C. 因纳税人计算错误，多纳税款的

D. 因残损被免费更换的原进口货物

18. 下列措施中，属于《海关法》赋予海关可以采取的强制措施有（　　）。

A. 补征税额　　B. 强制扣缴

C. 变价抵缴　　D. 征收关税滞纳金

19. 根据关税法的有关规定，下列各项中，符合关税的强制执行措施的有（　　）。

A. 关税滞纳金的起征点为 50 元

B. 纳税人自海关填发缴款书之日起 2 个月仍未缴纳税款的，经海关关长批准，海关可以采取强制扣缴和变价抵缴等强制措施

C. 纳税人自海关填发缴款书之日起 3 个月仍未缴纳税款的，经海关关长批准，海关可以采取强制扣缴和变价抵缴等强制措施

D. 海关将应税货物依法变卖，以变卖所得抵缴税款，这属于变价抵缴强制措施

20. 下列关于关税征收管理规定的说法中正确的有（　　）。

A. 关税补征期 1 年

B. 关税补征内容仅限于税款

C. 关税追征期 3 年

D. 自缴款期限届满之日起 6 个月仍未纳税的，海关可采取强制措施

三、判断题

1. 关税是海关依法对进出关境的货物和物品征收的一种流转税。 (　　)

2. 关税税额在 100 元以下的一票货物可以免征关税。 (　　)

3. 当国境内设有自由贸易区时，关境就大于国境。 (　　)

4. 我国的关税按照统一的关税税则征收一次关税后，就可以在整个关境内流通，不再征收关税。 (　　)

5. 进口货物以海关审定的成交价格为基础的到岸价格作为完税价格，到岸价格就是货价。 (　　)

6. 运往境外加工的货物，出境时向海关报明，并在海关规定期限内复运进境的，应当以加工后的货物进境时的到岸价格作为完税价格。 (　　)

7. 出口货物的完税价格，是由海关以该货物向境外销售的成交价格为基础审查确定，包括货物运至我国境内输出地点装卸前的运输费、保险费，但不包括出口关税。 (　　)

8. 我国对少数进口商品计征关税时所采用的滑准税实质上是一种特殊的从价税。 (　　)

9. 外国政府、国际组织无偿赠送的物资，依照关税基本法的规定，可实行特定减免。 (　　)

10. 进口货物的价款中列明的进口货物运抵境内输入地点起卸后的运输费、保险费及相关费用，不计入该货物的完税价格。 (　　)

11. 进口货物完税价格中所含的陆、空、邮运货物的保险费无法确定时，可按货价的 3‰ 计算保险费。 (　　)

12. 以易货贸易、寄售、捐赠、赠送等其他方式进口的货物，应当按一般进口货物估价办法的规定，估定完税价格。 (　　)

13. 对以邮递方式进境的物品，推定其发件人为所有人。 (　　)

14. 关税减免分为法定减免、特定减免和临时减免。除法定减免外，特定减免和临时减免均由国务院决定。 (　　)

15. 查获的走私进口货物需补税时，按补税日实施的税率征税。 (　　)

16. 运往境外修理的机械器具、运输工具或其他货物，出境时已向海关报明，并在海关规定期限内复运进境的，应以该货物的成交价格查确定完税价格。 (　　)

17. 据进出口关税条例的规定，外国政府、国际组织、国际友人和港、澳、台同胞无偿赠送的物资，经海关审查无误，可以免征关税。 (　　)

18. 按照关税法有关规定，进出口货物完税后，如因纳税人违反规定造成少征或漏征的税款，海关可以自缴纳税款或者货物放行之日起 1 年内向纳税人补征。 (　　)

19. 纳税义务人应当自海关填发税款缴款书之日起 7 日内向指定银行缴纳税款。如关税缴纳期限的最后一日是周末或法定节假日，则关税缴纳期限顺延至周末或法定节假日的第一个工作日。 (　　)

20. 已征出口关税的货物，因故未装运出口，申报退关，经海关查明属实的，纳税人可以自缴纳税款之日起 1 年内申请退还税款。 （ ）

21. 出口货物的发货人应当在运抵海关监管区装货的 24 小时以前，向海关填报出口货物报关单。 （ ）

22. 已购买的电商进口商品属消费者个人使用的最终商品，可以进入国内市场再次销售。 （ ）

23. 关税纳税义务人对海关确定的进出口货物的征税、减税、补税或者退税等有异议的，可以先采取关税缓纳的办法。 （ ）

24. 纳税义务人因不可抗力或国家税收政策调整不能按期缴纳税款的，依法提供税款担保后，可以直接向海关办理延期缴纳税款手续，但延期纳税最长不超过 6 个月。 （ ）

25. 如纳税义务人自缴款期限届满之日起 1 个月仍未缴纳税款，经海关关长批准，海关可以采取强制扣缴、变价抵缴等强制措施。 （ ）

26. 对于一种进口商品同时定有从价税和从量税两种税率，但征收时选择其税额较高的一种征税指的是选择关税。 （ ）

四、业务题

1. 某企业从日本进口一批电子零件，成交价格为人民币 500 万元，而日本出口方出售该批货物的国际市场价格为人民币 650 万元。另外，该企业承担了该批零件的包装材料费为人民币 40 万元，同时，该企业支付给出口方零件进口后的技术服务费用为人民币 120 万元。已知电子零件的进口关税税率为 10%。

要求：请计算该企业进口电子零件应缴纳的关税。

2. 某公司进口货物一批，CIF 成交价格为人民币 500 万元，含单独计价并经海关审核属实的进口后装配调试费用为人民币 20 万元，该货物进口关税税率为 10%，海关填发税款缴纳凭证日期为 2020 年 1 月 10 日，该公司于 1 月 25 日缴纳税款。

要求：请计算该公司应纳关税税额及滞纳金。

3. 某进出口公司进口一批机器设备，经海关审定的成交价为人民币 300 万元。货物运抵我国境内输入地点起卸前的运输费为人民币 15 万元，保险费为人民币 30 万元，由买方负担的购货佣金为人民币 6 万元，包装劳务费为人民币 3 万元。该机器设备适用关税税率为 12%。

要求：

（1）进出口公司在进口该批机器设备过程中发生的哪些费用应计入货物的完税价格？

（2）请计算进口该批货物应缴纳的关税税额。

（3）请说明进出口公司进口该批机器设备申报缴纳关税的期限。

4. 某进出口企业 2020 年 1 月自营出口商品一批，我国口岸 FOB 价格折合人民币 720 000 元，出口关税税率为 20%。根据海关开出的税款缴款凭证，以银行转账支票付讫税款。

要求：请计算该企业应纳关税税额。

第七章　关税习题参考答案

一、单项选择题

1.【答案】D

【解析】选项D，关税具有较强的涉外性，正是“涉外性”才使得关税对进出口贸易产生巨大的影响作用。

2.【答案】A

【解析】倒扣价格估价方法，是指海关以进口货物、相同或者类似进口货物在境内的销售价格为基础，扣除境内发生的有关费用后，审查确定进口货物完税价格的估价方法。

3.【答案】A

【解析】以境外边境口岸价格条件成交的铁路或者公路运输进口货物，海关应当按照境外边境口岸价格的1%计算运输及其相关费用、保险费。

4.【答案】B

【解析】如纳税义务人自缴款期限届满之日起3个月仍未缴纳税款，经海关关长批准，海关可以采取强制扣缴、变价抵缴等强制措施。

5.【答案】C

【解析】该企业进口设备应缴纳的关税税额＝(58＋5)×(1＋3‰)×20%＝12.64(万元)。

6.【答案】D

【解析】一般情况下，一国的关境和国境是一致的，但当一个国家在境内设立自由贸易区或自由港时，国境大于关境；当几个国家结成关税同盟，组成统一的关境，实施统一的关税法令和统一的对外税则，只对来自或运往其他国家的货物进出共同关境征收关税时，国境小于关境。

7.【答案】D

【解析】以邮递或其他运输方式出境的物品，推定其寄件人或托运人为所有人。

8.【答案】C

【解析】选项C，因纳税义务人违反规定需要追征税款的进出口货物，应当适用违反规定的行为发生之日实施的税率；行为发生之日不能确定的，适用海关发现该行为之日实施的税率。

9.【答案】C

【解析】选项A，运往境外修理的货物以海关审定的境外修理费和料件费为完税价格；选项B，运往境外加工的货物以海关审定的境外加工费和料件费以及该货物复运进境的运输及其相关费用、保险费估定完税价格；选项D，租赁方式进口租赁期间以海关审定的租金为完税价格，利息应计入。

10.【答案】D

【解析】选项A，当一个国家在境内设立自由贸易区域或自由港时，国境大于关境；选项B，在境内和境外流通的货物，不进出关境的不征关税；选项C，关税是单一环节的价外税。

11.【答案】C

【解析】进口货物的完税价格由海关以该货物的成交价格为基础审查确定，并应包括该货物运抵中华人民共和国境内输入地点起卸前的运输及其相关费用、保险费。支付境内特许销售权费用和卖方佣金要计入完税价格中。该货物关税完税价格＝700＋12＋3＋6＝721(万元)。

12. 【答案】C

【解析】进口货物的完税价格包括货物的货价、货物运抵我国境内输入地点起卸前的运输及相关费用、保险费；不包括：①向自己的采购代理人支付的购货佣金和劳务费用；②货物进口后发生的安装、运输等费用；③进口关税和进口环节海关代征的国内税；④为在境内复制进口货物而支付的复制权费用；⑤境内外技术培训及境外考察费用；⑥买方为购买进口货物而融资所产生的符合条件的利息费用。因此完税价格＝500＋7＝507(万元)。

13. 【答案】B

【解析】运往境外修理的货物，规定期限内复运进境的，以海关审定的境外修理费、料件费为基础确定完税价格。该企业应纳关税税额＝(6＋1.5)×10%＝0.75(万元)。

14. 【答案】B

【解析】纳税义务人自海关填发税款缴款书之日起 30 日内，向原征税海关的上一级海关书面申请复议。

15. 【答案】D

【解析】在税则中预先按产品的价格高低分档制定若干不同的税率，然后根据进出口商品价格的变动而增减进出口税率的关税属于滑准税。

16. 【答案】A

【解析】滞纳 12 天，应征收关税滞纳金＝400×12×0.5‰＝2.4(万元)。

17. 【答案】D

【解析】应纳的关税税额＝200×(1＋2%)×(1＋3‰)×14%＝28.65(万元)。

18. 【答案】B

【解析】跨境电子商务零售进口商品的单次交易限值为人民币 5 000 元，年度交易限值为人民币 26 000 元。

19. 【答案】A

【解析】进口货物自运输工具申报进境之日起 14 日内，出口货物在货物运抵海关监管区后装货的 24 小时以前，应由进出口货物的纳税人向货物进(出)境地海关申报，海关根据税则归类和完税价格计算应缴纳的关税和进口环节代征税，并填发税款缴款书。

20. 【答案】B

【解析】减免税进口的货物需补税时，关税完税价格＝海关审定的该货物原进口时的价格×[1－补税时实际已进口的时间(月)÷(监管年限×12)]。本题中，关税完税价格＝110×[1－18÷(12×5)]＝77(万元)，应补缴关税税额＝77×8%＝6.16(万元)。

21. 【答案】D

【解析】海关进行估价时，应尽可能使用实际成交价格，若实际成交价格难以确定，经海关经了解有关情况，并与纳税义务人进行价格磋商后，依次以下列价格估定该货物的完税价格：相同货物的成交价格估价方法；类似货物的成交价格估价方法；倒扣价格估价方法；计算价格估价方法；合理估价方法。

22. 【答案】A

23. 【答案】C

【解析】到岸价格是“成本加运费加保险费”价格，是指卖方负责将合同规定的货物装上买方指定运往目的港的船上，并负责支付运费和保险费。

24. 【答案】B

【解析】关税征税主体是国家，由海关负责征收。

25. 【答案】A

【解析】选项A，进（出）口货物的纳税义务人应向货物进（出）境地海关办理申报手续。为方便纳税义务人，经申请且海关同意，进（出）口货物的纳税义务人可以在设有海关的指运地（起运地）办理海关申报、纳税手续。

二、多项选择题

1. 【答案】ACD

【解析】已申报进境并放行的保税货物、减免税货物、租赁货物或者已申报进出境并放行的暂时进出境货物，有下列情形之一需缴纳税款的，应当适用海关接受纳税义务人再次填写报关单申报办理纳税及有关手续之日实施的税率：①保税货物经批准不复运出境的；②保税仓储货物转入国内市场销售的；③减免税货物经批准转让或者移作他用的；④可暂不缴纳税款的暂时进出境货物，经批准不复运出境或者进境的；⑤租赁进口货物，分期缴纳税款的。

2. 【答案】CD

【解析】进口货物的完税价格包括货物的货价、货物运抵我国境内输入地点起卸前的运输及相关费用、保险费；不包括：①向自己的采购代理人支付的购货佣金和劳务费用；②货物进口后发生的安装、运输等费用；③进口关税和进口环节海关代征的国内税；④为在境内复制进口货物而支付的复制权费用；⑤境内外技术培训及境外考察费用；⑥买方为购买进口货物而融资所产生的符合条件的利息费用。

3. 【答案】ACD

【解析】选项B，无法确定进口货物保险费的，按照“货价加运费”的3‰计算保险费。

4. 【答案】ABCD

【解析】关税的纳税义务人是指进口货物的收货人、出口货物的发货人及进出境物品的所有人。进出境物品的所有人包括该物品的所有人和推定所有人。一般情况下，对于携带进境的物品，推定其携带人为所有人；对分离运输的行李，推定相应的进出境旅客为所有人；对以邮递方式进境的物品，推定其收件人为所有人；以邮递或其他运输方式出境的物品，推定其寄件人或托运人为所有人。

5. 【答案】ABCD

【解析】一般意义上的差别关税主要分为加重关税、抵销关税、报复关税、反倾销关税等。

6. 【答案】BD

【解析】选项B、D，下列进出口货物，可享受法定免税：关税税额在人民币50元以下的一票货物;无商业价值的广告品和货样;外国政府、国际组织无偿赠送的物资;在海关放行前损失的货物;进出境运输工具装载的途中必需的燃料、物料和饮食用品;选项A、C,享受特定减免。

7.【答案】ABD

【解析】选项C,按征税对象进行分类,可将关税分为进口关税、出口关税和过境关税。

8.【答案】ABC

【解析】出口货物的完税价格由海关以该货物的成交价格为基础审查确定,并应当包括货物运至中华人民共和国境内输出地点装卸前的运输及其相关费用、保险费。

9.【答案】ABCD

10.【答案】AB

【解析】选项C,进口货物成交价格CFR是含义为"成本加运费"的价格术语的简称,又称"离岸加运费价格";选项D,进口货物成交价格CIF是含义为"成本加运费、保险费"的价格术语的简称,习惯上又称"到岸价格"。

11.【答案】BCD

【解析】下列进出口货物,免征关税:①关税税额在人民币50元以下的一票货物;②无商业价值的广告品和货样;③外国政府、国际组织无偿赠送的物资;④在海关放行前损失的货物;⑤进出境运输工具装载的途中必需的燃料、物料和饮食用品。

12.【答案】ACD

【解析】合理估价方法不允许使用的估价方法是:①境内生产的货物在境内的销售价格;②可供选择的价格中较高的价格;③货物在出口地市场的销售价格;④以计算价格估价方法中所含价值或费用之外的价值或者费用计算的相同或者类似货物的价格;⑤出口到第三国或者地区的货物的销售价格;⑥最低限价或者武断、虚构的价格。

13.【答案】ABCD

14.【答案】BD

【解析】纳税义务人发现多缴税款的,自缴纳税款之日起1年内,可以以书面形式要求海关退还多缴纳的税款,并加算银行同期活期存款利息。

15.【答案】ABC

【解析】我国海关法规定,减免进出口关税的权限属中央政府,关税的减免形式有法定减免、特定减免和临时减免。

16.【答案】ABCD

【解析】关税的征税对象是准许进出境的货物和物品。货物是指贸易性商品;物品指入境旅客随身携带的行李物品、个人邮递物品、各种运输工具上的服务人员携带进口的自用物品、馈赠物品以及其他方式进境的个人物品。

17.【答案】AB

【解析】按规定有下列情形之一的,进出口货物的纳税义务人可以自缴纳税款之日起1年内,书面声明理由,连同原纳税收据向海关申请退税并加算银行同期活期存款利息,逾期不予受理:因海关误征,多纳税款的;海关核准免验进口的货物,在完税后,发现有短卸情形,经海关审查认可的;已征出口关税的货物,因故未将其运出口,申报退关,经海关查验属实的。

18. 【答案】BCD

【解析】《海关法》赋予海关对滞纳关税的纳税义务人强制执行的权利，强制措施主要有两类：①征收关税滞纳金；②强制征收。如纳税义务人自缴纳税款期限届满之日起3个月仍未缴纳税款，经直属海关关长或授权的隶属海关关长批准，海关可以采取强制扣缴、变价抵缴等强制措施。

19. 【答案】ACD

【解析】选项B，纳税人自海关填发缴款书之日起3个月仍未缴纳税款的，经海关关长批准，海关可以采取强制扣缴和变价抵缴等强制措施。

20. 【答案】ABC

【解析】选项A、B，关税补征期为1年，只能补征税款；选项C，追征期为3年，追征税款和滞纳金；选项D，关税自缴款期限届满之日起3个月仍未纳税的，海关可采取强制措施。

三、判断题

1. 【答案】√

【解析】关税的征税范围是进出关境的货物和物品，关税只对有形货品征收，对无形货品不征收关税。

2. 【答案】×

【解析】关税税额在人民币50元以下的一票货物免征关税。

3. 【答案】×

【解析】一般情况下，一国的关境和国境是的一致的。但当一个国家在境内设立自由贸易区或自由港时，国境大于关境。

4. 【答案】√

【解析】关税为单一环节的价外税，我国关税按统一的关税税则征收一次关税后，可在整个关境内流通，不再征收关税。

5. 【答案】×

【解析】进口货物的完税价格由海关以该货物的成交价格为基础审查确定，并应包括该货物运抵中华人民共和国境内输入地点起卸前的运输及其相关费用、保险费。

6. 【答案】×

【解析】运往境外加工的货物，出境时已向海关报明，并在海关规定期限内复运进境的，应以境外加工费和料件费，以及该货物复运进境的运输及其相关费用、保险费为基础审查定税价格。

7. 【答案】√

8. 【答案】√

【解析】滑动税又称滑准税，是在税则中预先按产品的价格高低制定若干不同的税率，然后据进出口商品价格的变动而增减进出口税率的一种关税。我国目前对棉花实行滑动关税，其实质上是一种特殊的从价税。

9. 【答案】×

【解析】外国政府、国际组织无偿赠送的物资属于法定减免优惠。

10.【答案】√

【解析】进口货物的完税价格由海关以该货物的成交价格为基础审查确定，并应包括该货物运抵中华人民共和国境内输入地点起卸前的运输及其相关费用、保险费。不包括进口货物运抵中华人民共和国境内输入地点起卸后发生的运输及相关费用、保险费，进口关税、进口环节海关代征税及其他国内税，为在境内复制进口货物而支付的费用，境内外技术培训及境外考察费用等。

11.【答案】×

【解析】进口货物的保险费应按实际支付的费用计算。如果进口货物的保险费无法确定或未实际发生，海关应按“货价”和“运费”两者总额的3‰计算保险费。

12.【答案】√

13.【答案】×

【解析】关税的纳税义务人是指进口货物的收货人、出口货物的发货人及进出境物品的所有人。对以邮递方式进境的物品，推定其收件人为所有人。

14.【答案】√

【解析】特定减免税也称政策性减免税，是指在法定减免税以外，由国务院或国务院授权的机关颁布法规、规章特别规定的减免税；临时减免税是指以上法定和特定减免税以外的其他减免税，即由国务院对某个单位、某类商品、某个项目或某批进出口货物的特殊情况，给予特别照顾，一案一批，专文下达的减免税。

15.【答案】×

【解析】查获的走私进口货物需补税时，按查获日实施的税率征税。

16.【答案】×

【解析】运往境外修理的机械器具、运输工具或其他货物，出境时已向海关报明，并在海关规定期限内复运进境的，应以境外修理费和料件费为基础审查确定完税价格。

17.【答案】×

【解析】外国政府、国际组织无偿赠送的物资属于法定减免优惠，可以免征关税。

18.【答案】×

【解析】由于纳税人违反海关规定造成短征关税可以进行追征，据《海关法》规定，自纳税义务人应缴纳税款之日起3年以内可以追征，并从缴纳税款之日起按日加收少征或漏征税款0.5‰的滞纳金；非因纳税人违反海关规定造成短征关税可以进行补征，据《海关法》规定，自缴纳税款或货物、物品放行之日起1年内可向纳税义务人补征。

19.【答案】×

【解析】纳税义务人应当自海关填发税款缴款书之日起15日内，向指定银行缴纳税款。如关税缴纳期限的最后1日是周末或法定节假日，则关税缴纳期限顺延至周末或法定节假日过后的第1个工作日。

20.【答案】√

【解析】有下列情形之一的纳税义务人自缴纳税款之日起1年内，可以申请退还关税：已征进口关税的货物，因品质或规格原因，原状退货复运出境的；已征出口关税的货物，因品质或规格原因，原状退货复运进境，并已重新缴纳因出口而退还的国内环节有关税收的；已征出口关税的货物，因故未装运出口，申报退关的。

21.【答案】√

【解析】关税纳税申报时间：进口货物自运输工具申报进境之日起 14 日内，出口货物在货物运抵海关监管区后装货的 24 小时以前。

22.【答案】×

【解析】已购买的电商进口商品属消费者个人使用的最终商品，不得进入国内市场再次销售；原则上不允许网购保税进口商品在海关特殊监管区域外开展“网购保税＋线下自提”模式。

23.【答案】×

【解析】在纳税义务人与海关发生纳税争议时，可向海关申请复议，但同时应在规定期限内按海关核定的税额缴纳关税，逾期则构成滞纳，海关有权按规定采取强制执行措施。

24.【答案】√

25.【答案】×

【解析】如纳税义务人自缴款期限届满之日起 3 个月仍未缴纳税款，经海关关长批准，海关可以采取强制扣缴、变价抵缴等强制措施。

26.【答案】√

四、业务题

1.【答案】

(1) 成交价格不合理，应采用 650 万元的市场价格。

(2) 由买方负担的 40 万元包装材料费，应该计入进口完税价格。

(3) 进口后的技术服务费 120 万元属于进口后费用，不计入完税价格。

(4) 应缴纳的关税税额＝(650＋40)×10％＝69(万元)

2.【答案】

关税完税价格＝500－20＝480(万元)

关税税额＝480×10％＝48(万元)

纳税人应当自海关填发税款缴款书之日起 15 日内完税，该公司应于 1 月 24 日前纳税，该公司 25 日纳税滞纳 1 天。

滞纳金＝48×0.5‰×1＝0.024(万元)

3.【答案】

(1) 进口货物的完税价格由海关以进口应税货物的成交价格以及该货物运抵我国境内输入地点起卸前的运费及其相关费用、保险费为基础审查确定。所以进出口公司在进口该批机器设备过程中审定的成交价 300 万元、货物运抵我国境内输入地点起卸前的运输费 15 万元、保险费 30 万元以及包装劳务费 3 万元，都应计入货物的完税价格。

(2) 应缴纳的关税税额＝(300＋15＋30＋3)×12％＝41.76(万元)

(3) 进出口公司应当自运输该批机器设备的运输工具申报进境之日起 14 日内，向货物进境地海关申报。

4.【答案】

应纳关税税额＝720 000÷(1＋20％)×20％＝120 000(元)

第八章 资 源 税

习 题

一、单项选择题

1. 企业生产或开采的下列资源产品中，不征收或免征资源税的是（　　）。

A. 对油田范围内运输稠油过程中用于加热的原油、天然气

B. 深水油气田开采的天然气

C. 高含硫天然气

D. 高凝油

2. 某油田为增值税一般纳税人，2019 年 7 月开采原油 500 万吨，销售原油 300 万吨，每吨不含税价格为 600 元，油田修井用原油 0.6 万吨。对外捐赠原油 2 万吨，该油田 2019 年 7 月应缴纳资源税税额（　　）万元。（原油资源税税率为 10%）

A. 18 156　　B. 18 120　　C. 18 036　　D. 18 000

3. 根据资源税法的有关规定，下列表述中不正确的是（　　）。

A. 资源税采用比例税率和定额税率两种形式

B. 对经营分散、多为现金交易且难以控管的粘土、砂石，按照便利征管原则，仍实行从量定额计征

C. 对未列举名称的其他非金属矿产品，按照从价计征为主、从量计征为辅的原则，由省级人民政府确定计征方式

D. 对特种行业取用水，从低制定税额标准

4. 根据资源税法的规定，纳税人既有对外销售应税产品，又有将应税产品用于除连续生产应税产品以外的其他方面的，对自用应税产品，移送时应纳资源税的计税依据是该产品的（　　）。

A. 成本价　　B. 最低价　　C. 最高价　　D. 平均价

5. 某油气田开采企业 2019 年 9 月开采天然气 300 万立方米，开采成本为 400 万元，全部销售给关联企业，价格明显偏低并且无正当理由。当地无同类天然气售价，主管税务机关确定的成本利润率为 10%，则该油气田企业当月应纳资源税税额为（　　）万元。（天然气资源税税率为 6%）

A. 2　　B. 20　　C. 22　　D. 28.09

6. 下列关于资源税计税依据的说法中，不正确的是（　　）。

A. 销售额是指纳税人销售应税产品向购买方收取的全部价款和价外费用，包括运杂费用，但不包括增值税销项税额

B. 纳税人将开采的原煤加工为洗选煤销售的，以洗选煤销售额乘以折算率作为应税煤

炭销售额，计算缴纳资源税

C. 洗选煤销售额包括洗选副产品的销售额，不包括洗选煤从洗选煤厂到车站、码头等的运输费用

D. 征税对象为精矿的，纳税人销售原矿时，应将原矿销售额换算为精矿销售额缴纳资源税

7. 某矿山企业开采铝土矿和铅锌矿，2019 年 4 月该企业销售铝土矿原矿 15 万吨、铅锌矿精矿 10 万吨。铝土矿原矿不含税单价为 150 元每吨，铅锌矿精矿不含税单价为 16 500 元每吨。铝土矿原矿资源税税率为 6%，铅锌矿精矿资源税税率 5%。该企业当月应纳资源税税额为(　　)万元。

A. 10 035　　B. 10 012.5　　C. 8 385　　D. 8 362.5

8. 位于山西省的某水资源开采企业，2019 年 3 月利用设施直接取用地表水，实际取用水量为 30 000 立方米，对外销售水量为 28 000 立方米。取水口所在地的税额标准为每立方米 0.6 元。该企业当月应缴纳资源税税额为(　　)元。

A. 16 800　　B. 18 000　　C. 21 600　　D. 18 600

9. 位于天津市的某水资源开采企业为增值税一般纳税人，该企业拥有先进的污水处理技术，2019 年 3 月取用污水处理再生水，实际取用水量为 4 000 立方米，再生水量为 2 000 立方米。当地适用税额标准为每立方米 1.5 元。该企业取用污水处理再生水应缴纳资源税税额为(　　)元。

A. 6 000　　B. 4 200　　C. 3 000　　D. 0

10. 下列关于资源税的表述中，不正确的是(　　)。

A. 资源税是价内税

B. 所有矿产品的资源税与增值税计税依据一致

C. 凡缴纳资源税的产品，也是缴纳增值税的货物

D. 稀土、钨、钼资源税实行从价征收

11. 下列关于代扣代缴资源税的说法中，正确的是(　　)。

A. 扣缴义务人代扣代缴税款的纳税义务发生时间为支付全部货款的当天

B. 联合企业收购未税矿产品的，适用本单位应税产品税额、税率标准

C. 收购未税矿产品的单位和个人是资源税的代扣代缴义务人

D. 扣缴义务人代扣代缴的资源税，应当向应税产品的开采地或生产地主管税务机关缴纳

12. 某煤矿 2019 年 3 月开采原煤 160 万吨，对外销售部分取得不含税销售额 280 万元，另将一部分原煤移送加工生产选煤 20 万吨，销售选煤取得不含税销售收入 40 万元，折算率 75%，煤炭资源税税率为 5%。该煤矿 2019 年 3 月应纳资源税税额为(　　)万元。

A. 15.50　　B. 20.15　　C. 23.13　　D. 25.15

13. 根据规定，除特殊情形外，水资源税的纳税地点为(　　)。

A. 纳税人机构所在地　　B. 纳税人生产经营所在地

C. 纳税人住所所在地　　D. 扣缴义务人所在地

14. 下列关于资源税计税依据的说法中，不正确的是(　　)。

A. 资源税计税依据为应税产品的计税销售额或销售数量
B. 计税销售额或者销售数量，包括应税产品实际销售和视同销售两部分
C. 纳税人销售其自采原矿的，如征税对象为精矿，应将原矿销售额换算为精矿销售额计算缴纳资源税
D. 征税对象为原矿的，纳税人销售自采原矿加工的精矿，按精矿销售额缴纳资源税
15. 下列关于煤炭资源税计税销售额的表述中，错误的是（　　）。
A. 原煤的计税销售额是指纳税人销售原煤向购买方收取的全部价款和价外费用
B. 原煤的计税销售额不包括收取的增值税销项税额以及从坑口到车站、码头等的运输费用
C. 洗选煤计税销售额按洗选煤销售额乘以折算率计算
D. 洗选煤销售额包括洗选副产品的销售额，也包括洗选煤从洗选煤厂到车站、码头等的运输费用

二、多项选择题

1. 按照现行资源税法的规定，下列资源中，属于资源税征税范围的有（　　）。
A. 人造石油　　B. 井矿盐
C. 地下水　　D. 以未税原煤加工的洗选煤
2. 下列各项中，不属于资源税征税范围的有（　　）。
A. 食用盐　　B. 与原油同时开采的天然气
C. 煤炭制品　　D. 进口铁矿石
3. 按照现行资源税法的规定，下列说法中正确的有（　　）。
A. 水资源税纳税义务发生时间为纳税人取用水资源的当日
B. 纳税人采取预收货款结算方式销售应税产品的，其纳税义务发生时间为发出应税产品的当天
C. 在北京市，除农业生产取用水外，水资源税按季或者按月征收，由主管税务机关根据实际情况确定
D. 资源税一律实行从量计征办法
4. 下列关于资源税纳税地点的说法中，正确的有（　　）。
A. 扣缴义务人代扣代缴资源应当向收购地主管税务机关缴纳
B. 海洋原油资源税向国家税务总局海洋石油税务管理机构缴纳
C. 煤矿资源税在开采地缴纳
D. 煤矿资源税在销售地缴纳
5. 某煤矿销售或视同销售的下列矿产品，缴纳资源税的有（　　）。
A. 原煤　　B. 办公区自用洗选煤
C. 办公区自用原煤　　D. 用于加工洗煤的原煤
6. 稀土、钨、钼实行从价计征资源税，其计税销售额中包括（　　）。
A. 资源税　　B. 增值税销项税
C. 优质费　　D. 延期付款利息

7. 税法规定，对同时符合下列（　　）条件的运杂费用，纳税人在计算应税产品计税销售额时，可予以扣减。

A. 包含在应税产品销售收入中

B. 运送应税产品从坑口或者洗选（加工）地到车站、码头或者购买方指定地点的运杂费用

C. 取得相关运杂费用发票或者其他合法有效凭据

D. 将运杂费用与计税销售额分别进行核算

8. 某煤矿企业为增值税一般纳税人，2019 年 2 月采用分期收款方式向某供热公司销售优质原煤 2 000 吨，每吨不含税单价 300 元，合同规定，本月收取四分之一的价款，但是实际取得不含税价款 100 000 元。已知原煤适用的资源税税率 5%。该煤矿当月应纳税额正确的有（　　）。

A. 增值税税额为 19 500 元　　B. 增值税税额为 17 000 元

C. 资源税税额为 7 500 元　　D. 资源税税额为 1 333.33 元

9. 根据税法规定，资源税的纳税义务人包括（　　）。

A. 在中国境内开采并销售煤炭的个人

B. 在中国境内生产销售天然气的中外合作企业

C. 在中国境内生产销售海盐的盐场

D. 进口应税矿产资源的外商投资企业

10. 关于资源税优惠政策，下列表述中正确的有（　　）。

A. 对取用污水处理再生水，免征水资源税

B. 稠油、高凝油和高含硫天然气资源税减征 30%

C. 三次采油资源税减征 40%

D. 对依法在建筑物下、铁路下、水体下通过充填开采方式采出的矿产资源，资源税减征 50%

三、判断题

1. 资源税是对在中国境内开采、生产以及进口的矿产品和盐的单位和个人征收。（　　）

2. 独立矿山、联合企业及其他收购单位收购的未税矿产品，一律按税务机关核定的应税产品税额标准，依据收购的数量代扣代缴资源税。（　　）

3. 纳税人以外购液体盐加工固体盐，其加工固体盐所耗用液体盐的已纳资源税税款准予抵扣。（　　）

4. 对军队、武警部队取用水的，一律免征水资源税。（　　）

5. 进口应税矿产品和盐不征收资源税，出口应税资源免征或退还已纳资源税。（　　）

6. 三次采油和从深水油气田开采的原油、天然气，资源税减征 30%。（　　）

7. 征收资源税有利于促进企业间开展公平竞争，促进自然资源合理开发、有效配置。（　　）

8. 抽水蓄能发电取用水，免征水资源税。（　　）

9. 纳税人以应税产品生产非应税产品、投资、分配、抵债、赠与、以物易物等，应视同销

售缴纳资源税。 ( )

10. 纳税人应向矿产品的开采地或盐的生产地缴纳资源税。 ( )

11. 水资源税的纳税义务发生时间为纳税人取用水资源的次日。 ( )

12. 纳税人采取除分期收款和预收货款以外的其他结算方式销售应税产品的，其纳税义务发生时间为收讫销售款或者取得索取销售款凭证的当天。 ( )

四、业务题

1. 某企业为增值税一般纳税人，2019 年 4 月生产经营情况如下：

(1) 专门开采天然气 45 000 千立方米，开采原煤 450 万吨。

(2) 销售原煤 280 万吨，取得不含税销售额 148 400 万元。

(3) 以原煤直接加工洗煤 120 万吨，全部对外销售，取得不含税销售额 72 000 万元。

(4) 企业职工食堂领用原煤 2 500 吨，同类产品不含增值税市场售价为 132.5 万元。

(5) 销售天然气 37 000 千立方米，取得不含税销售额 7 400 万元。

(6) 购入采煤用原材料和低值易耗品，取得增值税专用发票，注明支付货款 7 000 万元、增值税税额 910 万元，原材料和低值易耗品均已验收入库。

(7) 购进采煤机械设备 10 台，取得增值税专用发票，注明每台设备支付货款 25 万元、增值税 3.25 万元，已全部投入使用。

已知：资源税税率：原煤 5%，天然气 6%；洗选煤的折算率为 70%。

要求：

(1) 请计算该企业自产自用原煤应纳资源税税额。

(2) 请计算该企业当月销售天然气应纳资源税税额。

(3) 请计算该企业当月合计应纳的资源税税额。

2. 甲油田是增值税一般纳税人，以 1 个月为一个纳税期缴纳增值税和资源税，2019 年 5 月开采原油 45 万吨，伴采天然气 2 100 立方米。当月开采原油过程中用于加热使用自采原油 5 万吨，其余 40 万吨原油当月全部销售，取得销售额(不含增值税)380 万元；将伴采的天然气全部销售，取得销售额(不含增值税)125 万元。当月购入生产经营用水电，取得增值税专用发票上注明增值税 9 万元；从小规模纳税人处外购办公用品，取得税务机关代开的增值税专用发票上注明增值税税款 1.5 万元。

假定当地原油、天然气资源税税率均为 6%，取得相关票据均在当月通过税务机关认证并申报抵扣。

要求：

(1) 请计算该油田当月销售的原油应纳资源税税额。

(2) 请计算该油田当月销售的天然气应纳资源税税额。

(3) 请计算该油田当月应纳增值税税额。

(4) 请计算该油田当月开采原油过程中用于加热使用的原油应纳资源税税额。

第八章　资源税习题参考答案

1.【答案】A

【解析】选项A,对油田范围内运输稠油过程中用于加热的原油、天然气,免征资源税;选项B,对深水油气田资源税减征30%;选项C、D,对稠油、高凝油和高含硫天然气资源税减征40%。

2.【答案】B

【解析】开采原油过程中的修井用原油免征资源税,对外捐赠的原油属于视同销售,需要缴纳资源税。该油田2019年7月应缴纳资源税=(300+2)×600×10%=18 120(万元)。

3.【答案】D

【解析】对特种行业取用水,从高制定税额标准。

4.【答案】D

【解析】纳税人既有对外销售应税产品的,又有将应税产品自用于连续生产应税产品以外的其他方面的,则自用的这部分应税产品,按纳税人对外销售应税产品的平均价格计算销售额征收资源税。

5.【答案】D

【解析】该油气田企业销售给关联企业的天然气价格明显偏低且无正当理由,当地又无同类售价,所以应该按组成计税价格计征资源税。

该油气田企业当月应纳资源税=400×(1+10%)÷(1−6%)×6%=28.09(万元)。

6.【答案】A

【解析】销售额是指纳税人销售应税产品向购买方收取的全部价款和价外费用,不包括增值税销项税额和符合条件的运杂费用。

7.【答案】C

【解析】该企业当月应纳资源税=15×150×6%+10×16 500×5%=8 385(万元)。

8.【答案】B

【解析】水资源税实行从量计征,除特殊规定的情形外,应纳税额计算公式为:

应纳税额=实际取用水量×适用税额。

该企业当月应缴纳资源税=30 000×0.6=18 000(元)。

9.【答案】D

【解析】取用污水处理再生水,免征水资源税。应缴纳资源税=0。

10.【答案】B

【解析】选项B,资源税计税依据包括计税销售额或者销售数量,增值税计税依据为销售额,且资源税从价计征时不含运杂费。

11.【答案】B

【解析】选项A,扣缴义务人代扣代缴资源税的,其纳税义务发生时间为支付首笔货款或者首次开具支付货款凭据的当天;选项C,收购未税矿产品的独立矿山、联合企业和其他单位(不含个人)为资源税的扣缴义务人;选项D,扣缴义务人代扣代缴的资源税,应当向收购地主管税务机关缴纳。

12.【答案】A

【解析】纳税人将其开采的原煤加工为洗选煤销售的,以洗选煤销售额乘以折算率作为应税煤炭销售额计算缴纳资源税。应纳资源税$=280\times5\%+40\times75\%\times5\%=15.50$(万元)。

13.【答案】B

【解析】除特殊情形外,纳税人应当向生产经营所在地的税务机关申报缴纳水资源税。

14.【答案】D

【解析】对同一种应税产品,征税对象为精矿的,纳税人销售原矿时,应将原矿销售额换算为精矿销售额缴纳资源税;征税对象为原矿的,纳税人销售自采原矿加工的精矿,应将精矿销售额折算为原矿销售额缴纳资源税。

15.【答案】D

【解析】洗选煤销售额包括洗选副产品的销售额,不包括洗选煤从洗选煤厂到车站、码头等的运输费用。

二、多项选择题

1.【答案】BCD

【解析】人造石油不属于资源税的征税范围。

2.【答案】ACD

【解析】与原油同时开采的天然气属于资源税的征税范围。

3.【答案】ABC

【解析】资源税实行从价定率和从量定额的计征办法。

4.【答案】ABC

【解析】煤矿的资源税在开采地缴纳。

5.【答案】ABC

【解析】选项D,纳税人将开采的原煤自用于连续生产洗选煤的,在原煤移送使用环节不缴纳资源税;自用于其他方面的,视同销售原煤计算缴纳资源税。

6.【答案】ACD

【解析】资源税为价内税,包含在销售额中;增值税为价外税,不包括在销售额中。优质费、延期付款利息和赔偿金属于价外费用,计入销售额中。

7.【答案】ABCD

【解析】对同时符合以下条件的运杂费用,纳税人在计算应税产品计税销售额时,可予以扣减:①包含在应税产品销售收入中;②属于纳税人销售应税产品环节发生的运杂费用,具体是指运送应税产品从坑口或者洗选(加工)地到车站、码头或者购买方指定地点的运杂费用;③取得相关运杂费用发票或者其他合法有效凭据;④将运杂费用与计税销售额分别进行核算。

8.【答案】AC

【解析】纳税人销售应税产品采取分期收款结算方式的,其纳税义务发生时间,为销售合同规定的收款日期的当天。

应纳资源税税额＝2 000×300÷4×5%＝7 500(元)

应纳增值税税额＝2 000×300÷4×13%＝19 500(元)

9.【答案】ABC

【解析】进口环节不征收资源税，所以进口应税矿产资源的外商投资企业不是资源税的纳税义务人。

10.【答案】AD

【解析】稠油、高凝油和高含硫天然气资源税减征40%。三次采油资源税减征30%。

三、判断题

1.【答案】×

【解析】资源税对在我国境内开采应税矿产品及生产盐的单位和个人，就其应税产品销售额或销售数量和自用数量为计税依据而征收的一种税。

2.【答案】×

【解析】扣缴义务人代扣代缴资源税按以下规定执行：独立矿山、联合企业收购未税矿产品按本月单位应税产品税额、税率标准，依据收购数量代扣代缴资源税；其他收购未税矿产品的单位按税务机关核定的应税产品税额、税率标准，依据收购数量代扣代缴资源税。

3.【答案】√

4.【答案】×

【解析】除接入城镇公共供水管网以外，军队、武警部队通过其他方式取用水的，免征水资源税。

5.【答案】×

【解析】进口应税矿产品和盐不征收资源税，出口应税资源也不免征或退还已纳资源税。

6.【答案】√

7.【答案】√

8.【答案】√

9.【答案】√

10.【答案】√

11.【答案】×

【解析】水资源税的纳税义务发生时间为纳税人取用水资源的当日。

12.【答案】√

四、业务题

1.【答案】

(1) 纳税人将开采的原煤用于职工食堂要视同销售缴纳资源税。纳税人将其开采的原煤加工为洗选煤销售的，以洗选煤销售额乘以折算率作为应税煤炭销售额计算缴纳资源税。该企业自产自用原煤应纳资源税税额＝72 000×70%×5%＋132.5×5%＝2 526.63(万元)

(2) 天然气资源税实行从价计征。

本月销售天然气应纳资源税税额＝7 400×6％＝444(万元)

(3) 销售原煤应纳资源税税额＝148 400×5％＝7 420(万元)

当月应纳资源税合计＝2 526.63＋444＋7 420＝10 390.63(万元)

2.【答案】

(1) 开采原油过程中用于加热、修井的原油免征资源税。

当月销售的原油应缴纳资源税税额＝380×6％＝22.80(万元)

(2) 销售伴采的天然气应当征收资源税。

该销售伴采的天然气应纳 资源税＝125×6％＝7.50(万元)

(3) 自 2019 年 4 月 1 日起,原油增值税税率为 13％,天然气增值税税率为 9％。

增值税进项税额＝9＋1.5＝10.5(万元)

应缴纳的增值税税额＝380×13％＋125×9％－10.5＝50.15(万元)

(4) 开采原油过程中用于加热、修井的原油,免征资源税,所以应纳资源税为 0。

第九章　环境保护税

习　题

一、单项选择题

1. 下列关于环境保护税特点的表述中，不正确的是(　　)。

A. 税收收入全部归中央

B. 直接排放应税污染物是必要条件

C. 税额为统一定额税和浮动定额税结合

D. 征税项目为四种重点污染源

2. 下列各项中，不属于环境保护税征税对象的是(　　)。

A. 大气污染物　　B. 水污染物

C. 固体废物　　D. 光污染

3. 下列各项中，不属于环境保护税纳税人的是(　　)。

A. 在我国领海从事海洋石油开发并直接向环境排放大气污染物的企业

B. 在我国城郊从事畜禽养殖并直接向环境排放固体废物畜禽养殖场

C. 贮存或者处置固体废物符合国家和地方环境保护标准的企业事业单位

D. 在我国市区从事餐饮服务并直接向环境排放水污染物的饭店

4. 甲化工厂是环境保护税纳税人，该厂仅有 1 个污水排放口且直接向河流排放污水，已安装使用符合国家规定和监测规范的污染物自动监测设备。检测数据显示，该排放口 2019 年 2 月共排放污水 3 万立方米，应税污染物为总铅，浓度为总铅 0.6 mg/L。已知该厂所在省的水污染物税率为 3.6 元/污染当量，总铅的污染当量值为 0.025。该化工厂 2 月份应缴纳环境保护税税额为(　　)元。

A. 2 880　　B. 2 592

C. 480　　D. 240

5. 下列各项中，免征环境保护税的是(　　)。

A. 企业向依法设立的污水集中处理场所排放应税污染物

B. 农业生产(不包括规模化养殖)排放应税污染物

C. 依法设立的城乡生活垃圾集中处理场所超过规定的排放标准向环境排放应税污染物

D. 纳税人排放应税大气污染物的浓度值低于规定的污染物排放标准 50%

6. 甲化工厂位于某市工业区，按照厂界外声环境功能区类别划分，其噪声排放限值昼间为 68 分贝，夜间为 58 分贝。经测量甲化工厂 2020 年 2 月昼间产生噪声 88 分贝，夜间产生噪声 64 分贝，超标天数为 20 天，则该厂 2020 年 2 月应税噪音应缴纳的环境保护税税额为

(　　)元。(已知:工业噪声超标1~3分贝,月收费标准为350元;超标4~6分贝,月收费标准为700元;超标7~9分贝,月收费标准为1 400元;超标10~12分贝,月收费标准为2 800元;超标13~15分贝,月收费标准为5 600元;16分贝以上,月收费标准为11 200元)

A. 700　　B. 7 933.33

C. 11 200　　D. 11 900

7. 下列关于环境保护税税收优惠的表述中,不正确的是(　　)。

A. 农业生产(不包括规模化养殖)排放应税污染物的,暂予免征环境保护税

B. 依法设立的生活垃圾集中处理场所排放相应应税污染物,不超过国家和地方规定的排放标准的,暂予免征环境保护税

C. 机动车、铁路机车等流动污染源排放应税污染物的,暂予免征环境保护税

D. 纳税人排放应税大气污染物或者水污染物的浓度值低于国家和地方规定的污染物排放标准30%的,减按50%征收环境保护税

8. 下列关于环境保护税计征的表述中,错误的是(　　)。

A. 环境保护税实行从量计征

B. 环境保护税实行从价计征

C. 环境保护税纳税义务发生时间为纳税人排放应税污染物的当日

D. 纳税人应当向应税污染物排放地的税务机关申报缴纳环境保护税

二、多项选择题

1. 下列各项中,属于环境保护税征税范围,应缴纳环境保护税的有(　　)。

A. 超标的工业噪声

B. 大气污染物

C. 事业单位向依法设立的污水集中处理场所排放应税污染物

D. 固体废物

2. 纳税人应当向应税污染物排放地的税务机关申报缴纳环境保护税,下列属于应税污染物排放地的有(　　)。

A. 应税大气污染物排放口所在地　　B. 应税水污染物排放口所在地

C. 应税固体废物产生地　　D. 应税噪声产生地

3. 关于环境保护税的征收管理规定,下列说法中正确的有(　　)。

A. 纳税义务发生时间为纳税人排放应税污染物的当日

B. 纳税人应当向机构所在地的税务机关申报缴纳环境保护税

C. 环境保护税按月计算,按季申报缴纳

D. 纳税人按季申报缴纳的,应当自季度终了之日起15日内,向税务机关办理纳税申报并缴纳税款

4. 环境保护税的计税单位有(　　)。

A. 每污染当量　　B. 每吨

C. 每立方米　　D. 超标分贝

5. 下列各项中,实行统一定额税制征收环境保护税的有(　　)。

A. 噪声　　B. 固体废物

C. 水污染物　　D. 光污染物

6. 下列关于应税污染物计税依据的说法中，正确的有（　　）。

A. 应税大气污染物按照污染物排放量折合的污染当量数确定

B. 应税水污染物的污染当量数，以该污染物的排放量除以该污染物的污染当量值计算

C. 应税固体废物按照固体废物的排放量确定

D. 固体废物的排放量为当期应税固体废物的产生量加上当期应税固体废物的贮存量、处置量、综合利用量

7. 下列关于环境保护税特点的表述中，正确的有（　　）。

A. 纳税人主要是企事业单位和其他经营者，不包括家庭和个人

B. 直接排放污染物是必要条件，如果企业事业单位将污染物集中或排放到污染物处理场所，则不需要按照环境保护税法缴税

C. 税额为统一定额税

D. 税收收入全部归中央

8. 下列情形中，属于暂予免征环境保护税的有（　　）。

A. 农业生产（不包括规模化养殖）排放应税污染物的

B. 机动车、铁路机车、非道路移动机械、船舶和航空器等流动污染源排放应税污染物的

C. 依法设立的城乡污水集中处理、生活垃圾集中处理场所排放相应应税污染物，不超过国家和地方规定的排放标准的

D. 纳税人综合利用的固体废物，符合国家和地方环境保护标准的

三、判断题

1. 从两个以上排放口排放应税污染物的，对每一排放口排放的应税污染物可以合并计算征收环境保护税。（　　）

2. 发现纳税人进行虚假纳税申报的，一律以应税污染物的产量为计税依据。（　　）

3. 纳税人排放应税大气污染物或者水污染物的浓度值低于国家和地方规定的污染物排放标准30%的，免征环境保护税。（　　）

4. 纳税人篡改、伪造污染物监测数据的情况下，计征环境保护税的计税依据应为当期污染物折合的污染当量数确定。（　　）

5. 应税大气污染物、水污染物、固体废物的排放量和噪声的分贝数，首先应该按照省、自治区、直辖市人民政府环境保护主管部门规定的抽样测算的方法核定计算。（　　）

四、业务题

1. 华兴化工厂2020年1月向大气直接排放二氧化硫100千克，该污染物的污染当量值为0.95。假设当地大气污染物每污染当量税额为1.2元，该化工厂只有一个排放口。

要求：

(1) 请计算华兴化工厂二氧化硫污染物的污染当量数。

(2) 请计算华兴化工厂环境保护税应纳税额。

2. 宏伟矿业2020年2月产生尾矿2 000吨，其中综合利用的尾矿600吨（符合国家相关规定），在符合国家和地方环境保护标准的设施中贮存600吨。该尾矿环境保护税税率为15元每吨。

要求：请计算该企业当月尾矿应缴纳的环境保护税税额。

第九章　环境保护税习题参考答案

一、单项选择题

1. 【答案】A

【解析】纳税人应当向应税污染物排放地的税务机关申报缴纳环境保护税。为鼓励地方做好污染防治的积极性，环境保护税收入中央不再参与收入分成，税收收入全部归地方，用于地方治理环境污染。

2. 【答案】D

【解析】环境保护税的征税对象为应税污染物，是环境保护税法所附《环境保护税税目税额表》《应税污染物和当量值表》规定的大气污染物、水污染物、固体废物和噪声。

3. 【答案】C

【解析】选项C，企业事业单位和其他生产经营者贮存或者处置固体废物不符合国家和地方环境保护标准的，应当缴纳环境保护税。符合国家和地方环境保护标准的，不缴纳环境保护税。

4. 【答案】B

【解析】已知污水排放量，应先进行换算，得出应税污染物的排放数量。总铅污染当量数＝污水排放总量×浓度值÷当量值＝30 000 000×0.6÷1 000 000÷0.025＝720，应纳税额＝720×3.6＝2 592(元)。

5. 【答案】B

【解析】选项A，不属于直接向环境排放污染物，不缴纳相应污染物的环境保护税。选项C，应当依法缴纳环境保护税。选项D，纳税人排放应税大气污染物或者水污染物的浓度值低于国家和地方规定的污染物排放标准50%的，减按50%征收环境保护税。

6. 【答案】D

【解析】昼、夜均超标的环境噪声，昼夜分别计算应纳税额，累计计征。昼间噪音超标分贝数＝88－68＝20(分贝)；夜间噪音超标分贝数＝64－58＝6(分贝)，分别适用11 200元和700元的收费标准，2020年2月应税噪音应缴纳的环境保护税＝11 200＋700＝11 900(元)。

7. 【答案】D

【解析】纳税人排放应税大气污染物或者水污染物的浓度值低于国家和地方规定的污染物排放标准30%的，减按75%征收环境保护税。

8. 【答案】B

【解析】选项B，环境保护税实行从量计征，即直接按征税对象的自然单位计算。

二、多项选择题

1. 【答案】ABD

【解析】选项C,企业事业单位和其他生产经营者向依法设立的污水集中处理、生活垃圾集中处理场所排放应税污染物的,不属于直接向环境排放污染物,不缴纳相应污染物的环境保护税。

2. 【答案】ABCD

3. 【答案】ACD

【解析】选项B,纳税人应当向应税污染物排放地的税务机关申报缴纳环境保护税。

4. 【答案】ABD

【解析】环境保护税的计税单位包括每污染当量、每吨、超标分贝。

5. 【答案】AB

【解析】选项C,实行各省浮动定额税制;选项D,光污染物不征收环境保护税。

6. 【答案】ABC

【解析】选项D,固体废物的排放量为当期应税固体废物的产生量减去当期应税固体废物的贮存量、处置量、综合利用量的余额。

7. 【答案】AB

【解析】选项C,目前环境保护税额实行统一定额税和浮动定额税相结合的方法;选项D,环境保护税收入中央不再参加收入分成,税收收入全部归地方,用于地方治理环境污染。

8. 【答案】ABCD

三、选择题

1. 【答案】√

2. 【答案】√

3. 【答案】×

【解析】纳税人排放应税大气污染物或者水污染物的浓度值低于国家和地方规定的污染物排放标准30%的,减按75%征收环境保护税。

4. 【答案】×

【解析】纳税人篡改、伪造污染物监测数据的,计征环境保护税的计税依据应为当期应税污染物的生产量作为污染物的排放量。

5. 【答案】×

【解析】确定应税大气污染物、水污染物、固体废物的排放量和噪声的分贝数的计算方法顺序,纳税人安装使用符合国家规定和监测规范的污染物自动监测设备的,按照污染物自动监测数据计算。

四、业务题

1. 【答案】

其应纳税额计算如下:

(1) 计算污染物的污染当量数。

$$污染当量数=\frac{该污染物的排放量}{该污染物的污染当量值}=\frac{100}{0.95}=105.26$$

（2）计算应纳税额。

应纳税额＝105.26×1.2＝126.31(元)

2.【答案】

环境保护税应纳税额＝(2 000－600－600)×15＝12 000(元)

第十章　城镇土地使用税

习　题

一、单项选择题

1. 下列关于城镇土地使用税的陈述,不正确的是(　　)。

A. 城镇土地使用税以纳税人实际占用的土地面积为计税依据,依照规定税额计算征收

B. 企业办的学校、医院、托儿所、幼儿园自用的土地,暂免征收城镇土地使用税

C. 对单独的地下建筑用地,应暂按应征税款的50%征收城镇土地使用税

D. 土地使用权共有的,由双方协商,确定一方计算缴纳城镇土地使用税

2. 下列关于城镇土地使用税说法中正确的是(　　)。

A. 公园的咖啡厅占地,免征城镇土地使用税

B. 开山填海整治的土地,从使用月份起免缴城镇土地使用税3～5年

C. 厂区内部绿化用地不需要缴纳城镇土地使用税

D. 直接用于农、林、牧、渔业的生产用地,免城镇土地使用税

3. 下列选项中,不可以作为城镇土地使用税计税依据的是(　　)。

A. 实际占用的土地面积

B. 房地产管理部门核发的土地使用证书上确认的土地面积

C. 纳税人据实申报的土地面积

D. 税务机关核定的土地面积

4. 经省级人民政府批准,经济落后地区的城镇土地使用税适用税额标准可适当降低,但不超过规定最低税额的(　　)。

A. 20%　　B. 30%　　C. 50%　　D. 100%

5. 经济发达地区城镇土地使用税的适用税额标准可以适当提高,但须报经(　　)批准。

A. 省、自治区、直辖市人民政府　　B. 省、自治区、直辖市税务机关

C. 财政部　　D. 国家税务总局

6. 纳税人实际占用的土地面积,尚未核发土地使用证书的,(　　)城镇土地使用税。

A. 免征

B. 由税务机关估定土地面积,据以缴纳

C. 由房地产管理部门估定土地面积据以缴纳

D. 由纳税人据实申报土地面积,据以缴纳

7. 某市公园实际占用土地面积为40 000平方米,其中供公共参观游览用地28 000平方米,公园内附设影剧院用地5 000平方米,附设饮食部、照相馆用地各2 000平方米,公园管理单位办公用地3 000平方米。已知当地城镇土地使用税年税额为10元/平方米,则该公

园每年应缴纳城镇土地使用税(　　)元。

A. 90 000　　B. 70 000　　C. 400 000　　D. 120 000

8. 下列各项中,需要缴纳城镇土地使用税的是(　　)。

A. 农副产品加工厂占地

B. 市政街道用地

C. 军队公务用地

D. 由国家财政部门拨付事业经费的单位自用的土地

9. 下列选项中,应按照规定征收城镇土地使用税的是(　　)。

A. 直接从事种植、养殖、饲养的专业用地

B. 宗教寺庙、公园、名胜古迹自用的土地

C. 企业厂区内绿化带占用的土地

D. 企业办的学校、医院、托儿所、幼儿园自用的土地

10. 下列用地方式中,可以免征城镇土地使用税的是(　　)。

A. 企业内道路占用的土地　　B. 人民法院的办公楼用地

C. 公园的照相馆经营用地　　D. 军队的家属院落用地

11. 某公司 2019 年 3 月通过挂牌取得一宗土地,土地出让合同约定 2019 年 4 月交付,土地使用证记载占地面积为 6 000 平方米。该土地年税额 4 元/平方米,该公司 2019 年应缴纳城镇土地使用税税额为(　　)元。

A. 24 000　　B. 20 000　　C. 18 000　　D. 16 000

二、多项选择题

1. 下列关于城镇土地使用税的表述中,正确的有(　　)。

A. 城镇土地使用税采用有幅度的差别税额,每个幅度税额的差距为 20 倍

B. 经批准开山填海整治的土地和改造的废弃土地,从使用的月份起免缴城镇土地使用税 10 年至 20 年

C. 免税单位的职工家属宿舍用地免税

D. 经济落后地区,城镇土地使用税的适用税额标准可适当降低,但降低额不得超过规定最低税额的 30%

2. 根据城镇土地使用税法规定,下列表述不正确的有(　　)。

A. 城市郊区的土地不缴纳城镇土地使用税

B. 土地使用权未确定或权属纠纷未解决的,暂不缴纳城镇土地使用税

C. 土地使用权共有的,由共有各方分别纳税

D. 建立在城市、县城、建制镇和工矿区以外的工矿企业不需要缴纳城镇土地使用税

3. 下列各项中,符合城镇土地使用税规定的有(　　)。

A. 城镇土地使用税实行按年计算、分期缴纳的征收方式

B. 纳税人使用土地不属于同一省的,由纳税人向注册地税务机关缴纳

C. 纳税单位无偿使用免税单位的土地,纳税单位应当缴纳城镇土地使用税

D. 纳税人实际占有土地但尚未核发土地使用证书,由税务机关核定计税依据

三、判断题

1. 城镇土地使用税是以城镇国有土地为征税对象，对拥有土地经营权的单位和个人征收的一种税。 （ ）

2. 城镇土地使用税采取有幅度的差别税额，按大、中、小城市和县城、建制镇、工矿区分别确定每平方米土地使用税年应纳税额。 （ ）

3. 城镇土地使用税实行按年计算、分期缴纳的征收方法，具体纳税期限由省、自治区、直辖市人民政府确定。 （ ）

4. 纳税单位无偿使用免税单位的土地免征城镇土地使用税；免税单位无偿使用纳税单位的土地照章征收城镇土地使用税。 （ ）

5. 在城镇土地使用税征收范围内，利用林场土地兴建度假村等休闲娱乐场所的，其经营、办公和生活用地，应按规定征收城镇土地使用税。 （ ）

6. 房地产开发公司开发建造商品房的用地，除经批准开发建设经济适用房的用地外，对各类房地产开发用地一律不得减免城镇土地使用税。 （ ）

7. 城镇土地使用税是地方税，税收收入归地方政府支配是地方财政收入的稳定来源。 （ ）

8. 经济落后地区，城镇土地使用税的适用税额标准可适当降低，但降低额不得超过上述规定最低税额的10%。经济发达地区的适用税额标准可以适当提高，但须报财政部批准。 （ ）

9. 在城市、县城、建制镇以外工矿区内的消防、防洪排涝、防风、防沙设施用地，暂免征收城镇土地使用税。 （ ）

10. 纳税人购置新建商品房，自房屋交付使用之日起，缴纳城镇土地使用税。 （ ）

四、业务题

1. 好友超级市场与某娱乐中心共同使用一块面积为1 800平方米的土地，其中超级市场实际使用的土地面积占这块土地总面积的2/3，另外1/3归娱乐中心使用。当地每平方米城镇土地使用税年税额为5元，税务机关每半年征收一次城镇土地使用税。

要求：请计算该超级市场每季度应纳城镇土地使用税。

2. 某市某购物中心实行统一核算，土地使用证上载明，该企业实际占用土地情况为：中心店占地面积为8 200平方米，一分店占地3 600平方米，二分店占地5 800平方米，企业仓库占地6 300平方米，企业自办托儿所占地360平方米。经税务机关确认，该企业所占用土地分别适用市政府确定的以下税额：中心店位于一等地段，每平方米年税额7元；一分店和托儿所位于二等地段，每平方米年税额5元；二分店位于三等地段，每平方米年税额4元；仓库位于五等地段，每平方米年税额1元。另外，该市政府规定，企业自办托儿所，幼儿园、学校用地免征城镇土地使用税。

要求：请计算该购物中心年应纳城镇土地使用税税额。

第十章　城镇土地使用税习题参考答案

一、单项选择题

1.【答案】D

【解析】土地使用权共有的各方，应按其实际使用的土地面积占总面积的比例，分别计算缴纳城镇土地使用税。

2.【答案】D

【解析】选项A，咖啡厅属于经营用地，需要缴纳城镇土地使用税；选项B，开山填海整治的土地，从使用月份起免缴城镇土地使用税5～10年；选项C，对企业厂区以外的公共绿化用地和向社会开放的公园用地，暂免征收城镇土地使用税。

3.【答案】D

【解析】城镇土地使用税以纳税人实际占用的土地面积为计税依据。实际占用的土地面积按下列办法确定：有房地产管理部门核发的土地使用证书的，以证书确认的土地面积为准；尚未核发土地使用证书的，应由纳税人据实申报土地面积，据以纳税，待核发土地使用证后再作调整。

4.【答案】B

【解析】经省级人民政府批准，经济落后地区的城镇土地使用税适用税额标准可适当降低，但不超过规定最低税额的30%。

5.【答案】C

【解析】经济发达地区城镇土地使用税的适用税额标准可以适当提高，但须报经财政部批准。

6.【答案】D

【解析】纳税人实际占用的土地面积，尚未核发土地使用证书的，应由纳税人据实申报土地面积，据以缴纳城镇土地使用税，待核发土地使用证以后再作调整。

7.【答案】A

【解析】公园内供公共参观游览的用地及其管理单位的办公用地免征城镇土地使用税，公园中附设的营业场所，如影剧院、饮食部、茶社、照相馆等用地，应征收城镇土地使用税。该公园每年应缴纳城镇土地使用税税额＝(40 000－28 000－3 000)×10＝90 000(元)。

8.【答案】A

【解析】选项B、C、D，免征城镇土地使用税。

9.【答案】C

【解析】选项A、B、D，免征城镇土地使用税。选项C，对企业厂区以内的绿化用地，应照章征收城镇土地使用税。

10.【答案】B

【解析】选项A，企业内道路占用的土地，要征收城镇土地使用税，没有免税规定；选项C，公园供公共参观游览的用地及其管理单位的办公用地，免征城镇土地使用税，公园中附设的营业场所，如影剧院、饮食部、茶社、照相馆等用地，应征收城镇土地使用税；选项D，军队本身的办公用地和公务用地，免征城镇土地使用税，军队的家属院落用地，不免税。

11. 【答案】D

【解析】税法规定，通过招标、拍卖、挂牌方式取得的建设用地，不属于新征用的耕地，纳税人应按照规定从合同约定交付土地时间的次月起缴纳城镇土地使用税。

该公司应缴纳城镇土地使用税税额＝6 000×4×8÷12＝16 000(元)。

二、多项选择题

1. 【答案】AD

【解析】经批准开山填海整治的土地和改造的废弃土地，从使用的月份起免缴城镇土地使用税5年至10年；免税单位职工家属的宿舍用地由省、自治区、直辖市税务局确定免征城镇土地使用税。

2. 【答案】AB

【解析】选项A，城市的土地包括市区和郊区的土地，需要缴纳城镇土地使用税；选项B，土地使用权未确定或权属纠纷未解决的，其实际使用人为纳税人。

3. 【答案】AC

【解析】纳税人使用的土地不属于同一省、自治区、直辖市管辖的，由纳税人分别向土地所在地的税务机关缴纳土地使用税；尚未核发出土地使用证书的，应由纳税人申报土地面积，据以纳税，待核发土地使用证以后再作调整。

三、判断题

1. 【答案】×

【解析】城镇土地使用税是以国有土地为征税对象，对拥有土地使用权的单位和个人征收的一种税。

2. 【答案】√

【解析】城镇土地使用税采用定额税率，即采用有幅度的差别税额，按大、中、小城市和县城、建制镇、工矿区分别规定每平方米城镇土地使用税年应纳税额。

3. 【答案】√

【解析】城镇土地使用税的纳税期限规定：城镇土地使用税按年计算，分期缴纳。缴纳期限由省、自治区、直辖市人民政府确定。各省、自治区、直辖市税务机关结合当地情况，一般分别确定按月、季、半年或1年等不同的期限缴纳。

4. 【答案】×

【解析】对免税单位无偿使用纳税单位的土地(如公安、海关等单位使用铁路、民航等单位的土地)，免征城镇土地使用税；对纳税单位无偿使用免税单位的土地，纳税单位应照章缴纳城镇土地使用税。

5. 【答案】√

【解析】林业系统用地规定如下：

(1) 对林区的育林地、运材道、防火道、防火设施用地，免征城镇土地使用税。

(2) 林业系统的森林公园、自然保护区可比照公园免征城镇土地使用税。

(3) 林业系统的林区贮木场、水运码头用地，原则上应按税法规定缴纳城镇土地使用税，考虑到林业系统目前的困难,为扶持其发展,暂予免征城镇土地使用税。

除上述列举免税的土地外,对林业系统的其他生产用地及办公、生活区用地,均应征收城镇土地使用税。

6.【答案】√

【解析】房地产开发公司开发建造商品房的用地规定为:除经批准开发建设经济适用房的用地外,对各类房地产开发用地一律不得减免城镇土地使用税。

7.【答案】√

【解析】城镇土地使用税是地方税,它的税收收入归地方政府支配,是地方财政收入的一项稳定来源。不仅有利于理顺国家和土地使用者的分配关系,而且为企业公平竞争创造了条件。有利于筹集地方财政资金。

8.【答案】×

【解析】经济落后地区,城镇土地使用税的适用税额标准可适当降低,但降低额不得超过上述规定最低税额的30%。

9.【答案】√

10.【答案】×

【解析】纳税人购置新建商品房,自房屋交付使用之次月起,缴纳城镇土地使用税。

四、业务题

1.【答案】

每季度应纳税额=1 800×2/3×5×1/4=1 500(元)

2.【答案】

(1) 中心店占地应纳税额=8 200×7=57 400(元)

(2) 一分店占地应纳税额=3 600×5=18 000(元)

(3) 二分店占地应纳税额=5 800×4=23 200(元)

(4) 仓库占地应纳税额=6 300×1=6 300(元)

(5) 托儿所占地免税。

该购物中心全年应纳城镇土地使用税税额=57 400+18 000+23 200+6 300=104 900(元)

第十一章　耕地占用税

习　题

一、单项选择题

1. 根据耕地占用税法的有关规定，下列各项不属于耕地的是（　　）。

A. 种植经济作物的农田　　B. 园地

C. 田间道路　　D. 企业废弃仓库所占土地

2. 2019年农村居民甲占有4 000平方米耕地，其中300平方米新建住宅，1 700平方米种植棉花、2 000平方米种植小麦，该地区耕地占用税适用定额税率25元/平方米，甲在规定用地标准以内新建自用住宅，则甲当年应缴纳耕地占用税税额为（　　）元。

A. 3 750　　B. 7 500　　C. 6 250　　D. 12 500

3. 根据耕地占用税法的有关规定，各地区耕地占用税的适用税额，由（　　）根据人均耕地面积和经济发展等情况，在规定的税额幅度内提出，报同级人民代表大会常务委员会决定，并报全国人民代表大会常务委员会和国务院备案。

A. 财政部　　B. 各省、自治区、直辖市人民政府

C. 各省、自治区、直辖市税务机关　　D. 国家税务总局

4. 下列各项中，不属于耕地占用税征税范围的是（　　）。

A. 占用田间道路建设公路

B. 占用园地建造写字楼

C. 占用居民点内部的绿化林木用地建造厂房

D. 占用人工牧草地建房

5. 在人均耕地低于0.5亩的地区，省、自治区、直辖市可以根据当地经济发展情况，适当提高耕地占用税的适用税额，但提高的部分不得超过规定的适用税额的（　　）。

A. 10%　　B. 30%　　C. 40%　　D. 50%

6. 某企业2019年3月经批准占用园地5 000平方米用于建造厂房，占用菜地3 000平方米用于种植经济作物。已知，当地耕地占用税适用税额为8元/平方米，则该企业应缴纳耕地占用税税额为（　　）元。

A. 40 000　　B. 64 000　　C. 32 000　　D. 20 000

7. 占用基本农田的，应当按照规定的当地适用税额，加按（　　）征收。

A. 30%　　B. 50%　　C. 100%　　D. 150%

8. 农村居民王某，2019年10月经批准占用耕地2 000平方米，其中1 500平方米用于种植大棚蔬菜，500平方米用于新建自用住宅（符合当地规定标准，住宅自用）。假设耕地占用税为20元/平方米，王某当年应缴纳耕地占用税税额为（　　）元。

A. 5 000　　B. 10 000　　C. 30 000　　D. 40 000

二、多项选择题

1. 下列占用农村土地的行为，需要计算缴纳耕地占用税的有(　　)。

A. 占用菜地开发果园　　B. 占用花圃开发茶园

C. 占用鱼塘建设公路　　D. 占用苗圃建设住房

2. 下列占用土地的行为中，不征收或免征耕地占用税的有(　　)。

A. 农田水利占用耕地的

B. 建设直接为农业生产服务的生产设施占用林地、牧草地、农田水利用地、养殖水面以及渔业水域滩涂等其他农用地的

C. 农村居民经批准搬迁，原宅基地恢复耕种，新建自用住宅占用耕地不超过原宅基地面积的

D. 农村居民占用耕地新建住宅

3. 下列各项中，需要缴纳耕地占用税的有(　　)。

A. 医院内专门用于提供医护服务的场所占用耕地

B. 学校教职工住房占用耕地

C. 铁路线路占用耕地

D. 飞机场跑道占用耕地

4. 根据耕地占用税的有关规定，下列表述中不正确的有(　　)。

A. 耕地占用税的纳税义务发生时间为纳税人收到自然资源主管部门办理占用耕地手续的书面通知的当日

B. 纳税人应当自纳税义务发生之日起 15 日内申报缴纳耕地占用税

C. 耕地占用税由财政部负责征收

D. 占用农田水利用地建设建筑物、构筑物或者从事其他非农业建设的，比照占用耕地征收耕地占用税

5. 下列关于耕地占用税的说法中，正确的有(　　)。

A. 耕地占用税兼具资源税与特定行为税的性质

B. 耕地占用税采用地区差别定额税率

C. 耕地占用税在占用耕地环节一次性课征

D. 耕地占用税按年计算、分期缴纳

三、判断题

1. 占用耕地建设农田水利设施的，需缴纳耕地占用税。(　　)

2. 耕地占用税以纳税人实际占用的耕地面积为计税依据，按照规定的适用税额一次性征收。(　　)

3. 耕地占用税的征税范围包括纳税人占用耕地建设建筑物、构筑物或者从事非农业建设的国家所有和集体所有的耕地。(　　)

4. 占用基本农田的，应当按照税法规定确定的当地适用税额，加按 100%征收。(　　)

5. 耕地占用税纳税义务发生时间为纳税人收到自然资源主管部门办理占用耕地手续的书面通知的当日。(　　)

四、业务题

1. 村民张某2018年起承包耕地面积3 000平方米。2019年将其中300平方米用于新建自用住宅(在规定用地标准以内),其余耕地仍和去年一样使用,即700平方米用于种植药材,2 000平方米用于种植水稻。当地耕地占用税税额为25元/平方米。

要求:请计算张某应缴纳的耕地占用税。

2. 某航空公司经批准占用耕地500 000平方米,于2019年5月31日办妥占用耕地手续,其中用于建设飞机场跑道、停机坪占地320 000平方米、候机厅占地100 000平方米、宾馆和办公楼占地80 000平方米。当地耕地占用税税额为12元/平方米。

要求:请计算航空公司应缴纳耕地占用税。

第十一章　耕地占用税习题参考答案

一、单项选择题

1.【答案】D

【解析】耕地是指用于种植农作物的土地。如种植粮食作物、经济作物的农田,还包括种植蔬菜和果树的菜地、园地。耕地还包括其附属的土地,如田间道路等。

2.【答案】A

【解析】农村居民在规定用地标准以内占用耕地新建自用住宅,按照当地适用税额减半征收耕地占用税。种植棉花和小麦不缴纳耕地占用税。甲某当年应缴纳耕地占用税=300×25×50%=3 750(元)。

3.【答案】B

【解析】各地区耕地占用税的适用税额,由省、自治区、直辖市人民政府根据人均耕地面积和经济发展等情况,在规定的税额幅度内提出,报同级人民代表大会常务委员会决定,并报全国人民代表大会常务委员会和国务院备案。各省、自治区、直辖市耕地占用税适用税额的平均水平,不得低于《各省、自治区、直辖市耕地占用税平均税额表》规定的平均税额。

4.【答案】C

【解析】选项C:占用林地、牧草地、农田水利地、养殖水面以及渔业水域滩涂等其他农用地建设建筑物、构筑物或从事非农业建设,比照占用耕地征收耕地占用税。林地,包括有林地、灌木林地、疏林地、未成林地、迹地、苗圃等,不包括居民点内部的绿化林木用地、铁路、公路征地范围内的林木用地,以及河流、沟渠的护堤林用地。

5.【答案】D

【解析】在人均耕地低于0.5亩的地区,省、自治区、直辖市可以根据当地经济发展情况,适当提高耕地占用税的适用税额,但提高的部分不得超过规定的适用税额的50%。

6.【答案】A

【解析】耕地占用税是对占用耕地建设建筑物、构筑物或从事非农业建设的单位和个人征收的一种税;占用菜地用于种植经济作物不需要缴纳耕地占用税。该企业应缴纳耕地占用税税额=5 000×8=40 000(元)。

7.【答案】D

【解析】占用基本农田的，应当按照规定确定的当地适用税额，加按150%征收。

8.【答案】A

【解析】农村居民在规定用地标准以内占用耕地新建自用住宅，按照当地适用税额减半征收耕地占用税。应缴纳耕地占用税税额=500×20×50%=5 000(元)。

二、多项选择题

1.【答案】CD

【解析】选项A、B，占用耕地开发果园、茶园不属于纳税人为建设建筑物、构筑物或从事非农业建设而占用耕地，所以选项A、B不属于耕地占用税的征税范围。

2.【答案】ABC

【解析】选项D，农村居民在规定用地标准以内占用耕地新建自用住宅，按照当地适用税额减半征收耕地占用税。

3.【答案】BCD

【解析】选项A，免征耕地占用税；选项B，按照当地适用税额缴纳耕地占用税；选项C、D，减按每平方米2元的税额征收耕地占用税。

4.【答案】BC

【解析】选项B，纳税人应当自纳税义务发生之日起30日内申报缴纳耕地占用税；选项C，耕地占用税由税务机关负责征收。纳税人在批准临时占用耕地期满之日起1年内依法复垦，恢复种植条件的，全额退还已经缴纳的耕地占用税。

5.【答案】ABC

【解析】选项D，耕地占用税在占用耕地环节一次性课征。

三、判断题

1.【答案】×

【解析】占用耕地建设农田水利设施的，不缴纳耕地占用税。

2.【答案】√

3.【答案】√

4.【答案】×

【解析】占用基本农田的，应当按照税法规定确定的当地适用税额，加按150%征收。

5.【答案】√

四、业务题

1.【答案】

用于农业、经济林木种植的耕地不缴纳耕地占用税。

农村居民在规定用地标准以内占用耕地新建自用住宅，按照当地适用税额减半征收耕地占用税。

应纳耕地占用税税额=300×25×50%=3 750(元)

2.【答案】

飞机场跑道、停机坪占用耕地，减按每平方米2元的税额征收耕地占用税。

航空公司应缴纳耕地占用税：

应纳耕地占用税税额=320 000×2÷10 000+(100 000+80 000)×12÷10 000=280(万元)

第十二章　房　产　税

习　题

一、单项选择题

1. 处于下列范围中的房产，不属于房产税的征税范围的是（　　）。

A. 工矿区　　B. 县城　　C. 建制镇　　D. 农村

2. 2019 年某企业拥有房产原值共计 8 000 万元，其中生产经营用房原值 6 500 万元、内部职工医院用房原值 500 万元、托儿所用房原值 300 万元、超市用房原值 700 万元。当地政府规定计征房产税的扣除比例为 20%，2019 年该企业应缴纳房产税税额为（　　）万元。

A. 62.4　　B. 69.12　　C. 76.8　　D. 77.92

3. 某县城一家企业 2019 年 5 月 1 日将一闲置的房产出租给另一家企业，租期 5 年，每年租金为 20 万元。该房产原值为 100 万元，当地政府规定的扣除比例为 30%。计算该企业该房产本年应纳的房产税税额是（　　）万元。

A. 1.68　　B. 0.84　　C. 1.88　　D. 0.96

4. 王某拥有三套住房，一套原值为 100 万元的住房供自己和家人居住；另一套原值为 80 万元的住房于 2019 年 7 月 1 日出租给李某居住，每月不含税租金收入 3 000 元；还有一套原值为 120 万元的住房于同年 10 月 1 日出租给刘某用于生产经营，每月不含税租金收入为 5 000 元。2019 年王某应缴纳房产税税额为（　　）元。

A. 1 000　　B. 1 320　　C. 1 800　　D. 2 520

5. 某老年公寓 2019 年拥有房原值共 3 000 万元，其中自用的房产原值为 2 500 万元，剩余的房产用于对外出租，当年收取租金收入 50 万元（不含增值税）。房产所在地人民政府规定计算房产余值的扣除比例为 20%。该老年公寓 2019 年应缴纳房产税税额为（　　）万元。

A. 6　　B. 23.04　　C. 28.8　　D. 0

6. 纳税人将房产出租的，依照房产租金收入计征房产税，税率为（　　）。

A. 1.2%　　B. 12%　　C. 10%　　D. 30%

7. 某企业 2019 年 1 月 1 日的房产原值为 3 000 万元，4 月 1 日将其中原值为 1 000 万元的临街房出租给某连锁商店，月租金 5 万元。当地政府规定允许按房产原值减除 30%后的余值计税。该企业当年应缴纳房产税税额为（　　）万元。

A. 7.2　　B. 16.8　　C. 24.3　　D. 25.2

8. 下列房屋附属设备、配套设施，在计算房产税时不应计入房产原值的是（　　）。

A. 消防设备　　B. 智能化楼宇设备

C. 中央空调　　D. 室外露天游泳池

9. 下列房产应征收房产税的是（　　）。

A. 全额预算管理事业单位自用办公房　　B. 老年服务机构自用的房产
C. 自收自支的事业单位　　D. 宗教寺庙、公园、名胜古迹自用的房产

10. 下列出租住房的行为中，不分用途一律减按4%的税率征收房产税的是(　　)。
A. 企业出租在农村的住房　　B. 个人出租在城市的住房
C. 事业单位出租在县城的住房　　D. 社会团体出租在工矿区的住房

11. 某企业2019年房产原值共计9 000万元，其中该企业所属的幼儿园和子弟学校用房原值分别为300万元、800万元，当地政府确定计算房产余值的扣除比例为25%，该企业2019年应缴纳的房产税税额为(　　)万元。
A. 71.1　　B. 73.8　　C. 78.3　　D. 81

12. 下列关于地下建筑物房产税的表述中正确的是(　　)。
A. 单独建造的地下建筑物不缴纳房产税
B. 对于与地上房屋相连的地下建筑物，应将地下部分和地上房屋视为一个整体按照地上房屋建筑的有关规定缴纳房产税
C. 地下建筑物若作工业用途，以房屋原价的10%～30%作为应税房产原值
D. 地下建筑物若作商业用途，以房屋原价的50%～60%作为应税房产原值

13. 赵某2019年1月31日将自有住房出租，当月交付使用，每月收入不含税租金5 000元，赵某2019年应缴纳房产税税额为(　　)元。
A. 2 200　　B. 2 400　　C. 6 600　　D. 7 200

14. 某企业有厂房一栋，原值200万元，2019年年初对该厂房进行扩建，2019年8月底完工并办理验收手续，增加了房产原值45万元，另外对厂房安装了价值15万元的排水设备并单独作固定资产核算。已知当地政府规定计算房产余值的扣除比例为20%，2019年度该企业应缴纳房产税税额为(　　)元。
A. 20 640　　B. 21 000　　C. 21 120　　D. 21 600

15. 下列关于房产税的说法中，正确的是(　　)。
A. 对企事业单位、社会团体以及其他组织按市场价格向个人出租用于居住的住房，减按4%的税率征收房产税
B. 地下建筑物若作商业和其他用途，以其房屋原价的50%～60%作为应税房产的原值
C. 对居民住宅区内业主共有的经营性房产自营的，不征收房产税
D. 个人无租使用纳税单位的房产，由纳税单位缴纳房产税

二、多项选择题

1. 下列关于房产税免税的说法中，正确的有(　　)。
A. 中国铁路总公司所属铁路运输企业自用房产免征房产税
B. 企业办的技术培训学校自用的房产免征房产税
C. 非营利性老年服务机构自用房产暂免征房产税
D. 外商投资企业的自用房产免征房产税

2. 下列房产中，免征房产税的有(　　)。
A. 军队自用的房产　　B. 宗教寺庙中宗教人员的生活用房

C. 公园内茶社的用房　　D. 个人用于出租的住房

3. 下列关于房产税纳税义务发生时间的说法中，正确的有(　　)。

A. 将原有房产用于生产经营的，从生产经营次月起，计征房产税

B. 自建的房屋用于生产经营的，从建成之日的次月起计征房产税

C. 购置新建商品房，自房屋交付使用之月起计征房产税

D. 出租的房产，自交付出租房产之次月起计征房产税

4. 下列关于房产税的申报与缴纳的说法中，不正确的有(　　)。

A. 房产税实行按年征收，一次性缴纳

B. 纳税人对原有房产进行扩建引起房产原值发生变化的，应及时向税务机关办理注销登记

C. 房产税在房产所在地缴纳

D. 房产不在同一地方的纳税人，应该在纳税人所在地计算缴纳房产税

5. 房产税的计税依据有(　　)。

A. 房产原值　　B. 房产租金收入　　C. 房产售价　　D. 房产余值

6. 根据房产税法律制度的规定，下列有关房产税纳税人的表述中，正确的有(　　)。

A. 产权属于国家所有的房屋，其经营管理单位为纳税人

B. 产权属于集体所有的房屋，该集体单位为纳税人

C. 产权属于个人所有的营业用的房屋，该个人为纳税人

D. 产权出典的房屋，出典人为纳税人

7. 下列情形中，应由房产代管人或者使用人缴纳房产税的有(　　)。

A. 房屋产权未确定的　　B. 房屋产权所有人不在房屋所在地的

C. 房屋租典纠纷未解决的　　D. 房屋承典人不在房屋所在地的

8. 下列各项中，符合房产税纳税义务发生时间规定的有(　　)。

A. 纳税人购置新建商品房，自房屋交付使用之次月起缴纳房产税

B. 纳税人委托施工企业建设的房屋，自建成使用之次月起缴纳房产税

C. 纳税人将原有房产用于生产经营，自生产经营之次月起缴纳房产税

D. 纳税人购置存量房，自房地产权属登记机关签发房屋权属证书之次月起缴纳房产税

9. 按照房产税暂行条例的有关规定，下列地区中属于房产税征收范围的有(　　)。

A. 城市　　B. 农村　　C. 县城、建制镇　　D. 工矿区

10. 下列属于房产税纳税义务人的有(　　)。

A. 房屋的产权所有人　　B. 房屋使用人

C. 房屋承典人　　D. 房屋代管人

三、判断题

1. 现行房产税的征税范围包括农村。　　(　　)

2. 房产税是按房产租金征收的一种税。　　(　　)

3. 纳税人将原有房产用于生产经营的，从生产经营之月起计征房产税。　　(　　)

4. 房产税的纳税地点为房产所在地。　　(　　)

5. 对个人按市场价格出租的居民住房，可暂按其租金收入征收4%的房产税。 （ ）

6. 房地产开发企业建造的商品房在出售前，不征收房产税，但对出售前房地产开发企业已使用或出租、出售的房产应按规定征收房产税。 （ ）

7. 对于学校、医院等非营利性单位，其自用房屋的房产税依照房产原值一次减除10%～30%后的余值计算缴纳。 （ ）

8. 一个坐落在房产税开征地区范围之内的工厂，其仓库设在房产税开征地区范围之外，那么，这个仓库不应该征收房产税。 （ ）

9. 纳税人对原有房屋进行改建、扩建的，无需增加房屋的原值。 （ ）

10. 出租的地下建筑物，按照出租地上房屋建筑物的有关规定计算征收房产税。 （ ）

四、业务题

1. 某房地产开发企业2018年开发10栋房产待售，房产原值共计1 500万元且每栋房产原值一致，2019年5月1日，将其中的7栋对外出售，另外1栋作为本企业固定资产使用，2栋对外出租，年租金共计12万元（不含增值税），房产所在地人民政府规定计算房产余值的扣除比例为30%。

要求：请计算该房地产开发企业2019年应纳的房产税。

2. 坐落在县城的某大型企业，用于生产经营的厂房原值5 000万元，该企业还创办一所学校和一所职工医院，房产原值分别为300万元和200万元。另外，该企业还有一个用于出租的仓库，年租金为4万元。按当地规定，允许减除房产原值20%后的余值为计税依据。

要求：请计算该企业全年应纳的房产税。

第十二章 房产税习题参考答案

一、单项选择题

1. **【答案】**D

【解析】房产税在城市、县城、建制镇和工矿区征收，其征税范围不包括农村。

2. **【答案】**B

【解析】企业办的各类学校、医院、托儿所、幼儿园自用的房产，免征房产税。2019年该企业应纳房产税税额＝(8 000－500－300)×(1－20%)×1.2%＝69.12(万元)。

3. **【答案】**C

【解析】房产税应纳税额＝100×(1－30%)×1.2%÷12×4＋20÷12×8×12%＝1.88(万元)。

4. **【答案】**B

【解析】个人所有的非营业用房产免征房产税；个人所有的营业用房或出租等非自用房产，应按照规定征收房产税。自2008年3月1日起，对个人出租住房，不区分用途，按4%的税率征收房产税。2019年王某应缴纳房产税税额＝3 000×6×4%＋5 000×3×

4%=1 320(元)。

5.【答案】A

【解析】老年服务机构(包括老年公寓)自用的房产暂免征收房产税。该老年公寓2019年应缴纳房产税税额=50×12%=6(万元)。

6.【答案】B

【解析】房产税从租计征税率为12%。

7.【答案】C

【解析】企业当年从价部分应缴纳房产税税额=3 000(1-30%)×1.2%×3÷12+2 000(1-30%)×1.2%×9÷12=6.3+12.6=18.9(万元)

从租计征房产税部分税额=5×12%×9=5.4(万元)

该企业当年应缴纳房产税总计为24.3万元。

8.【答案】D

【解析】本题的考核点是房产原值的确定问题。①房产原值应包括与房屋不可分割的各种附属设备或一般不单独计算价值的配套设施;②为了维持和增加房屋的使用功能或使房屋满足设计要求,凡以房屋为载体,不可随意移动的附属设备和配套设施,如给排水、采暖、消防、中央空调、电气及智能化楼宇设备等,无论在会计核算中是否单独记账与核算,都应计入房产原值,计征房产税;③室外游泳池不是房产不可分割的一部分,而且也不符合房产定义,故不能计入房产原值。

9.【答案】C

【解析】ABD免征房产税。

10.【答案】B

【解析】个人出租住房,不分用途,按4%的税率征收房产税。选项A,房产税征税范围不包括农村。选项C、D,需要限定用途,即按市场价格向个人出租用于居住的住房按4%的税率计征房产税,否则按12%计税。

11.【答案】A

【解析】企业办的各类学校、医院、托儿所、幼儿园自用的房产,免征房产税。该企业2019年应缴纳房产税税额=(9 000-300-800)×(1-25%)×1.2%=71.1(万元)。

12.【答案】B

【解析】选项A,地下建筑物需要缴纳房产税;选项C,地下建筑物若作工业用途,以房屋原价的50%~60%作为应税房产原值;选项D,地下建筑物若作商业用途,以房屋原价的70%~80%作为应税房产原值。

13.【答案】A

【解析】个人出租住房减按4%的税率计征房产税。应纳税额=5 000×11×4%=2 200(元)。

14.【答案】C

【解析】纳税人对原有房屋进行改建、扩建的,要相应增加房屋的原值。厂房的排水设备,不管会计核算中是否单独记账与核算,都应计入房产原值,计征房产税。

应纳房产税税额=200×(1-20%)×1.2%÷12×8×10 000+(200+45+15)×(1-

20%)×1.2%÷12×4×10 000=21 120(元)。

15.【答案】A

【解析】选项B,地下建筑物若作商业和其他用途,以其房屋原价的70%～80%作为应税房产原值,在此基础上扣除原值减除比例作为计税依据;选项C,对居民住宅区内业主共有的经营性房产,由实际经营(包括自营和出租)的代管人或使用人缴纳房产税;选项D,个人无租使用纳税单位的房产,由使用人代为缴纳房产税。

二、多项选择题

1.【答案】ABC

【解析】选项A,中国铁路总公司所属铁路运输企业自用的房产,继续免征房产税。选项B,企业办的各类学校、医院、托儿所、幼儿园自用的房产免税;选项C,老年服务机构自用的房产暂免征收房产税。

2.【答案】AB

【解析】选项C,公园、名胜古迹自用的房产是免税的,但是公园、名胜古迹内附设的营业单位如:影剧院、饮食部、茶社、照相馆等所使用的房产及出租的房产,应征收房产税;选项D,个人自用的非营业用房免征房产税,但是对外出租的住房应该按4%的税率计算缴纳房产税。

3.【答案】BD

【解析】选项A,将原有房产用于生产经营的,从生产经营之月起,计征房产税;选项C,购置新建商品房,自房屋交付使用之次月起计征房产税。

4.【答案】ABD

【解析】选项A,房产税实行按年征收,分期缴纳;选项B,纳税人对原有房产进行扩建引起房产原值发生变化的,应及时向税务机关办理变更登记;选项D,房产不在同一地方的纳税人,应按房产的坐落地点分别向房产所在地的税务机关缴纳房产税。

5.【答案】BD

【解析】房产税计征有从价计征和从租计征两种方式,计税依据分别是房产余值与房产租金收入。

6.【答案】ABC

【解析】选项D,产权出典的房屋,承典人为纳税人。

7.【答案】ABCD

【解析】产权所有人、承典人不在房屋所在地的,或者产权未确定及租典纠纷未解决的,由房产代管人或者使用人纳税。

8.【答案】AD

【解析】选项B,委托施工企业建设的房屋,从办理验收手续之日的次月起,计征房产税。对在办理验收手续前已使用或出租、出借的新建房屋,应从使用或出租、出借的当月起按规定计征房产税;选项C,将原有房产用于生产经营的,从生产经营之月起,计征房产税。

9.【答案】ACD

【解析】房产税在城市、县城、建制镇和工矿区征收,其征税范围不包括农村。

10. 【答案】ABCD

【解析】房产税的纳税义务人是征税范围内的房屋的产权所有人，包括国家所有和集体、个人所有房屋的产权所有人、承典人、代管人或使用人；产权出典的，由承典人纳税；产权未确定和承典人不在房屋所在地的，由房产代管人或者使用人纳税。

三、判断题

1. 【答案】×

【解析】房产税在城市、县城、建制镇和工矿区征收，其征税范围不包括农村。

2. 【答案】×

【解析】房产税有从租计征和从价计征两种方式。

3. 【答案】√

【解析】纳税人将原有房产用于生产经营的，从生产经营之月起计征房产税。

4. 【答案】√

【解析】房产税在房产所在地缴纳。房产不在同一地方的纳税人，按房产的坐落地点分别向房产所在地的税务机关缴纳。

5. 【答案】√

【解析】2008 年 3 月 1 日起，对个人出租住房，不区分实际用途，均按 4%的税率征收房产税。

6. 【答案】√

7. 【答案】×

【解析】企业办的各类学校、医院、托儿所、幼儿园自用的房产，免征房产税。

8. 【答案】√

9. 【答案】×

【解析】纳税人对原有房屋进行改建、扩建的，要相应增加房屋的原值。

10. 【答案】√

四、业务题

1. 【答案】

对房地产开发企业建造的商品房，在出售之前不征收房产税。但对出售前房地产开发企业已使用或出租、出借的商品房应按规定征收房产税。所以对于出售的 7 栋房产不用缴纳房产税，但针对出租的 2 栋需要缴纳房产税，5 月 1 日开始出租，应计算 8 个月租金的房产税。

2019 年该房地产开发企业应纳房产税：

应纳房产税税额 $=12\div12\times8\times12\%+1\,500\div10\times(1-30\%)\times1.2\%\times8\div12=0.96+0.84=1.8$(万元)

2. 【答案】

(1) 厂房应纳房产税税额 $=5\,000\times(1-20\%)\times1.2\%=48$(万元)

(2) 学校、医院用房免税。

(3) 仓库应纳房产税税额 $=4\times12\%=0.48$(万元)

应纳房产税税额合计 $=48+0.48=48.48$(万元)

第十三章 契 税

习 题

一、单项选择题

1. 下列关于契税的说法中不正确的是(　　)。

A. 有助于增加地方财政收入　　B. 契税属于财产转移税

C. 有利于通过法律形式确定产权关系　　D. 由财产售卖人缴纳

2. 单位和个人发生下列行为,应缴纳契税的是(　　)。

A. 转让土地使用权　　B. 转让不动产所有权

C. 承受不动产所有权　　D. 赠与不动产所有权

3. 下列关于契税的说法中,正确的是(　　)。

A. 买方用于翻建新房,不征契税

B. 以房产投资入股非本人经营企业,应按规定征收契税

C. 房屋交换,免征契税

D. 房屋的附属设施不属于契税的征税范围

4. 根据契税法律制度的规定,下列各项中,应缴纳契税的是(　　)。

A. 转让房屋的企业　　B. 个人承租居民住宅

C. 企业将厂房抵押给金融机构　　D. 企业受让土地使用权

5. 契税实行的是(　　)。

A. 定额税率　　B. 幅度比例税率　　C. 超率累进税率　　D. 超额累进税率

6. 下列关于契税计税依据的说法中,正确的是(　　)。

A. 契税的计税依据不含增值税

B. 买卖装修的房屋,契税计税依据不包括装修费用

C. 承受国有土地使用权,契税计税依据可以扣减政府减免的土地出让金

D. 房屋交换价格差额明显不合理且无正当理由的,由税务机关参照成本价格核定

7. 下列关于契税减免税优惠的说法中,不正确的是(　　)。

A. 驻华领事馆外交人员承受土地、房屋权属免征契税

B. 金融租赁公司通过售后回租承受承租人房屋土地权属的,照章征收契税

C. 单位承受荒滩用于仓储设施开发的,免征契税

D. 军事单位承受土地、房屋对外经营的,照章征收契税

8. 承受的房屋附属设施权属单独计价的,应按照(　　)计征契税。

A. 与房屋相同的税率　　B. 当地确定的适用税率

C. 固定的3%的税率　　D. 固定的5%的税率

9. 下列关于契税计税依据的说法中，正确的是（　　）。

A. 以协议方式出让的，对于成交价格明显偏低的，应按照土地基准地价作为契税计税依据

B. 以竞价方式出让的，契税计税依据包括土地出让金、市政建设配套费及各种补偿费用

C. 以划拨方式取得土地使用权，后改为出让方式的，契税计税依据为补缴的土地出让金

D. 已购公有住房经补缴费用后成为完全产权住房的，契税计税依据为补缴的土地出让金

10. 甲企业2020年1月因无力偿还所欠乙企业已到期的债务4 000万元，经双方协商甲企业同意以自有房产偿还债务，该房产的原值6 000万元，净值3 000万元，评估现值10 000万元，乙企业支付差价款6 000万元，双方办理了产权过户手续，则乙企业计缴契税的计税依据是（　　）万元。

A. 6 000　　B. 7 000　　C. 10 000　　D. 3 000

11. 纳税人应自纳税义务发生之日起（　　）日内，向土地、房屋所在地的征收机关办理纳税申报，并在契税征收机关核定的期限内缴纳税款。

A. 3　　B. 5　　C. 10　　D. 15

12. 下列符合契税纳税地点的是（　　）。

A. 土地、房屋的所在地　　B. 纳税人的居住地

C. 单位的注册地　　D. 企业的登记地

13. 下列各项中，说法错误的是（　　）。

A. 在婚姻关系存续期间，房屋、土地权属原归夫妻一方所有，变更为夫妻双方共有或另方所有的，应按规定缴纳契税

B. 个体工商户的经营者将其个人名下的房屋、土地权属转移至个体工商户名下，免征契税

C. 非法定继承人根据遗嘱承受死者生前的土地、房屋权属，应征收契税

D. 城镇职工按规定第一次购买公有住房的，免征契税

14. 下列说法中，符合契税纳税义务发生时间规定的是（　　）。

A. 纳税人接收土地、房屋的当天

B. 纳税人支付土地、房屋款项的当天

C. 纳税人签订土地、房屋权属转移合同的当天

D. 纳税人办理土地、房屋权属证书的当天

15. 居民甲2020年购置了一套价值200万元的新住房，同时对原有两套住房的处理如下：将一套出售给居民乙，成交价格70万元；将另一套市场价格100万元的住房与居民丙的住房进行等价交换。假定当地省政府规定的契税税率为4%，金额均不含增值税，则居民甲2020年应缴纳的契税税额为（　　）万元。

A. 8　　B. 10.8　　C. 12　　D. 14.8

二、多项选择题

1. 下列行为中，应缴纳契税的有（　　）。

A. 以获奖方式取得的土地使用权　　B. 法定继承人继承土地、房屋权属
C. 以出让方式承受土地权属　　D. 以实物交换土地使用权

2. 关于契税计税依据的下列表述中，符合法律制度规定的有（　　）。
A. 以协议方式出让国有土地使用权的，以成交价格为计税依据
B. 受赠房屋的，由征收机关参照房屋买卖的市场价格规定计税依据
C. 交换土地使用权的，以交换土地使用权的价格差额为计税依据
D. 房屋买卖的，以成交价格为计税依据

3. 下列各项中，可以享受契税免税优惠的有（　　）。
A. 军事单位承受房屋用于军事设施　　B. 合并后企业承受各方土地房屋权属的
C. 个人购买属家庭唯一住房的普通住房　　D. 刘女士根据遗嘱继承其男朋友的房屋

4. 契税的计税依据包括（　　）。
A. 房地产的评估价格　　B. 房地产的成交价格
C. 房地产的市场价格　　D. 房地产交换时的价格差额

5. 契税纳税义务发生时间可以是（　　）。
A. 取得具有房地产权属转移合同性质凭证的当天
B. 签订房地产权属转移合同的当天
C. 办理房地产产权证的当天
D. 缴纳房地产预付款的当天

6. 下列关于契税计税依据的说法中正确的有（　　）。
A. 减免承受国有土地使用权应支付的土地出让金，契税计税依据相应减免
B. 采用分期付款方式购买房屋，契税计税依据为房屋总价款
C. 买卖装修的房屋，契税计税依据应包括装修费用
D. 纳税人因改变土地用途而签订变更协议，契税计税依据为补缴的土地收益金

7. 范某将自有的两栋住房中的一栋赠与其儿子，另一栋无偿赠与其最好的朋友张某，已向税务机关提交经审核并签字盖章的个人无偿赠与不动产登记表。下列关于缴纳契税的表述中，正确的有（　　）。
A. 范某的儿子应缴纳契税　　B. 范某应缴纳契税
C. 张某应缴纳契税　　D. 范某的儿子与张某均不需要缴纳契税

8. 下列行为中，不计征契税的有（　　）。
A. 以抵债方式取得土地使用权　　B. 转移农村集体土地承包经营权
C. 因不可抗力丧失住房而重新购买住房　　D. 学校承受房屋用于教学

9. 2020年孙先生购置家庭第一套住房，面积为85平方米，成交价格为60万元；2020年因工作调动，孙先生用家庭唯一住房换取王先生一套80平方米房屋，王先生支付孙先生12万元差价，当地契税税率为3%，金额均不含增值税。下列关于契税纳税义务的说法，正确的是（　　）。
A. 孙先生购买家庭第一套住房需缴纳契税为0.6万元，交换房屋无须缴纳契税
B. 王先生与孙先生交换房屋，王先生需要缴纳契税0.36万元
C. 王先生换取房屋行为契税纳税义务发生时间为签订房屋权属转移合同的当天

D. 孙先生购置第一套住房应在 85 平方米房屋所在地缴纳契税

10. 下列关于契税征管的说法，正确的有(　　)。

A. 自纳税义务发生之日起的 10 日内缴纳契税

B. 在土地、房屋所在地缴纳契税

C. 先办权属变更登记，再缴纳契税

D. 在办理房屋权属变更登记前退房的，可退还已纳契税

三、判断题

1. 高某以获奖方式取得房屋产权，则高某不需要缴纳契税。(　　)

2. 承受的房屋附属设施权属单独计价的，适用与房屋相同的税率征收契税。(　　)

3. 郑某依法继承其父母的土地、房屋权属，应以市场价格为计税依据缴纳契税。(　　)

4. 契税是以所有权发生转移的不动产为征税对象，向产权出让人征收的一种财产税。(　　)

5. 买卖装修的房屋，装修费用应包括在契税计税依据内。(　　)

6. 承受荒山土地使用权，用于建造房屋的，免征契税。(　　)

7. 契税应向土地、房屋的承受人居住地或单位注册地所在地缴纳。(　　)

8. 契税纳税义务发生时间是纳税人签订土地、房屋权属转移合同的当天，或纳税人取得其他具有土地、房屋权属转移合同性质凭证的当天。(　　)

9. 以自有房产作股投入本人经营企业，免纳契税。(　　)

10. 房屋赠与时，契税的计税依据是协议成交价格。(　　)

11. 自 2010 年 10 月 1 日起，对个人购买 90 平方米及以下且属家庭唯一住房的普通住房，减按 1%税率征收契税。(　　)

12. 土地、房屋被县级以上人民政府征用占用后，重新承受土地、房屋权属的，免征契税。(　　)

13. 外商投资企业在中华人民共和国境内承受房屋权属的，不缴纳契税。(　　)

14. 土地使用者将土地使用权及所附建筑物、构筑物等转让给他人的，应按转让的总价款计征契税。(　　)

15. 交换房屋价值相等的，免纳契税；价值不相等的，按超出部分由支付差价方缴纳契税。(　　)

四、业务题

1. 2020 年，段某获得公司奖励的房屋一套。段某得到该房屋后又将其与安某拥有的一套房屋进行交换。经房地产评估机构评估段某获奖房屋价值 60 万元，安某房屋价值 85 万元。两人协商后，段某实际向安某支付房屋交换价格差额 25 万元。税务机关核定奖励段某的房屋价值为 58 万元。已知当地规定的契税税率为 5%。

要求：请计算段某应缴纳的契税税额。

2. 2020 年，居民甲发生下列事项(当地确定的契税税率为 4%，金额均不含增值税)：

(1) 将一套市价为 60 万元的房产抵偿了乙某 60 万元的债务。
(2) 将一套市价为 40 万元的房产作股投入本人独资经营的企业。
(3) 将一套市价为 95 万元的房产与丙进行房屋交换,并收取丙支付的差价款 10 万元。
(4) 将一套房产赠送给其朋友丁,征收机关核定甲赠送给丁的房屋价值为 28 万元。
(5) 购买一套 120 平方米的住房,合同总价款 134.8 万元,其中含装修费用 14.8 万元。
要求:请逐一分析业务(1)至(5)的契税纳税义务人,并计算其应缴纳的契税税额。

第十三章 契税习题参考答案

一、单项选择题

1. 【答案】D

【解析】契税属于土地、房屋产权发生交易过程中的财产税,由承受人纳税,即买方纳税。

2. 【答案】C

【解析】契税的纳税人是房屋、土地权属的承受方。房屋、土地权属的转让方无须缴纳契税。

3. 【答案】B

【解析】选项 A,买房拆料或翻建新房,应照章征收契税;选项 C,交换房屋价值相等的,免纳契税;价值不相等的,按超出部分由支付差价方缴纳契税;选项 D,对承受与房屋相关的附属设施所有权或土地使用权的行为,按规定征收契税;对不涉及土地使用权和房屋所有权转移变动的,不征收契税。

4. 【答案】D

【解析】选项 A,在中华人民共和国境内转移土地、房屋权属,承受的单位和个人为契税的纳税义务人,因此"转让房屋的企业"不属于契税纳税义务人;选项 B、C,土地、房屋权属未发生转移的,不征收契税。土地使用权转让中的农村集体土地承包经营权的转移以及土地、房屋权属的典当、继承、出租或抵押等,均不属于契税的征税范围。

5. 【答案】B

【解析】契税实行幅度比例税率,税率幅度为 3%~5%。

6. 【答案】A

【解析】选项 A,全面"营改增"之后,契税的计税依据不含增值税;选项 B,房屋买卖的契税计税价格为房屋买卖合同的总价款,买卖装修的房屋,装修费用应包括在内;选项 C,不得因减免土地出让金而减免契税;选项 D,由征收机关参照市场价格核定。

7. 【答案】C

【解析】承受荒山、荒沟、荒丘、荒滩土地使用权,并用于农、林、牧、渔业生产的,免征契税。

8. 【答案】B

【解析】承受的房屋附属设施权属单独计价的,按照当地确定的适用税率征收契税;与房屋统一计价的,适用与房屋相同的契税税率。

9.【答案】B

【解析】选项A,以协议方式出让的,对于成交价格明显偏低的,征收机关可以依次按照评估价格、土地基准地价确定;选项C,先以划拨方式取得土地使用权,后经批准改为出让方式取得土地使用权的,应依法缴纳契税,其计税依据为应补缴的土地出让金和其他出让费用;选项D,已购公有住房经补缴土地出让金和其他出让费用成为完全产权住房的,免征土地权属转让的契税。

10.【答案】C

【解析】以房产抵偿债务,按照房屋的折价款作为计税依据缴纳契税,本题中的折价款为10 000万元。

11.【答案】C

【解析】纳税人应自纳税义务发生之日起10日内,向土地、房屋所在地的征收机关办理纳税申报,并在契税征收机关核定的期限内缴纳税款。

12.【答案】A

【解析】纳税人应自纳税义务发生之日起10日内,向土地、房屋所在地的征收机关办理纳税申报,并在契税征收机关核定的期限内缴纳税款。

13.【答案】A

【解析】在婚姻关系存续期间,房屋、土地权属原归夫妻一方所有,变更为夫妻双方共有或另方所有的,或房屋、土地权属原归夫妻双方共有,变更为其中一方所有的,或房屋、土地权属原归夫妻双方共有,双方约定、变更共有份额的,免征契税。

14.【答案】C

【解析】契税的纳税义务发生时间是纳税人签订土地、房屋权属转移合同的当天,或纳税人取得其他具有土地、房屋权属转移合同性质凭证的当天。

15.【答案】A

【解析】在中华人民共和国境内转移土地、房屋权属,承受的单位和个人为契税的纳税义务人,且交换房屋价值相等的,免纳契税。因此,居民甲购置价值200万元的新住房,需缴纳契税,应纳税额=200×4%=8(万元);将住房出售给居民乙,应由居民乙缴纳契税;与居民丙的住房进行等价交换的住房,免纳契税。

二、多项选择题

1.【答案】ACD

【解析】选项A,以获奖方式取得房屋产权的,其实质是接受赠与房产,应照章缴纳契税;选项B,对于《中华人民共和国继承法》规定的法定继承人(包括配偶、子女、父母、兄弟姐妹、祖父母、外祖父母)继承土地、房屋权属,不征契税;选项C,以出让方式承受土地权属应按规定缴纳契税;选项D,以房抵债和实物交换房屋,均视同房屋买卖,由产权承受人按房屋现值缴纳契税。

2.【答案】ABCD

【解析】选项A,出让国有土地使用权的,其计税依据为承受人为取得该土地使用权而支付的全部经济利益,其中,以协议方式出让的,其契税计税依据为成交价格;选项B,土地使用权赠与、房屋赠与,其计税依据由征收机关参照土地使用权出售、房屋买卖的市场价格核定;选项C,土地使用权交换、房屋交换,其计税依据是所交换的土地使用权、房屋的价格差额;选项D,土地使用权出售、房屋买卖,其计税依据为成交价格。

3.【答案】AB

【解析】选项C,2010年10月1日起个人购买属家庭唯一住房的普通住房,享受减半征收政策;选项D,法定继承人包括配偶、子女、父母、兄弟姐妹、祖父母、外祖父母,非法定继承人根据遗嘱承受死者生前的土地、房屋权属,属于赠与行为,应征收契税,刘女士属于非法定继承人,应缴纳契税。

4.【答案】ABCD

【解析】选项A,出让国有土地使用权没有成交价格或成交价格明显偏低的,征收机关可依次按评估价格、土地基准地价确定计税依据;选项B,土地使用权出售、房屋买卖,其计税依据为成交价格;选项C,土地使用权赠与、房屋赠与,其计税依据由征收机关参照土地使用权出售、房屋买卖的市场价格核定;选项D,土地使用权交换、房屋交换,其计税依据是所交换的土地使用权、房屋的价格差额。

5.【答案】AB

【解析】契税的纳税义务发生时间是纳税人签订土地、房屋权属转移合同的当天,或纳税人取得其他具有土地、房屋权属转移合同性质凭证的当天。

6.【答案】BC

【解析】选项A,对承受国有土地使用权应支付的土地出让金,要征收契税,不得因减免出让金而减免契税;选项D,纳税人因改变土地用途而签订土地使用权出让合同变更协议或重新签订土地使用权出让合同的,契税计税依据为应补缴的土地收益金及应补缴政府的其他费用。

7.【答案】AC

【解析】选项A,法定继承人继承土地、房屋权属不征契税,其中及继承是从被继承人死亡时开始,因此范某将房屋赠与其儿子属于赠与行为,不属于继承行为,应照章征收契税。选项B、C、D,房屋的受赠人需按规定缴纳契税,因此范某将房屋赠与张某,张某须按规定缴纳契税。

8.【答案】BD

【解析】选项A,经当地政府和有关部门批准,以房抵债视同房屋买卖,由产权承受人缴纳契税;选项C,因不可抗力丧失住房而重新购买住房的,酌情准予减征或免征契税。

9.【答案】ABCD

【解析】选项A、B,孙先生购置家庭第一套住房应交纳契税$=60\times1\%=0.6$(万元),交换房屋价值不相等的由支付差价方按超出部分缴纳契税,因此交换房屋应由王先生缴纳契税税额$=12\times3\%=0.36$(万元);选项C,契税的纳税义务发生时间是纳税人签订土地、房屋权属转移合同的当天,或纳税人取得其他具有土地、房屋权属转移合同性质凭证的当天;选项D,契税在土地、房屋所在地的征收机关缴纳。

10.【答案】BD

【解析】选项A,纳税人应自纳税义务发生之日起10日内,向土地、房屋所在地的征收机关办理纳税申报;选项C,先交纳契税,再办理房屋权属变更登记。

三、判断题

1.【答案】×

【解析】以获奖方式取得房屋产权的，其实质是接受赠与房产，应照章缴纳契税。

2.【答案】×

【解析】承受的房屋附属设施权属单独计价的，按当地确定的适用税率征收契税；与房屋统一计价的，适用与房屋相同的税率征收契税。

3.【答案】×

【解析】对于《中华人民共和国继承法》规定的法定继承人（包括配偶、子女、父母、兄弟姐妹、祖父母、外祖父母）继承土地、房屋权属，不征契税。

4.【答案】×

【解析】契税是以所有权发生转移的不动产为征税对象，向产权承受人征收的一种财产税。

5.【答案】√

6.【答案】×

【解析】承受荒山、荒沟、荒丘、荒滩土地使用权，用于农、林、牧、渔业生产的，免征契税。

7.【答案】×

【解析】契税在土地、房屋所在地的征收机关缴纳。

8.【答案】√

9.【答案】√

10.【答案】×

【解析】土地使用权赠与、房屋赠与，其计税依据由征收机关参照土地使用权出售、房屋买卖的市场价格核定。

11.【答案】√

12.【答案】×

【解析】土地、房屋被县级以上人民政府征用占用后，重新承受土地、房屋权属的，由省级人民政府确定是否减免。

13.【答案】×

【解析】在中华人民共和国境内转移土地、房屋权属，承受的单位和个人为契税的纳税义务人。包括：城镇、乡村居民个人；私营组织和个体工商户；国有经济单位；华侨、港澳台同胞；外商投资企业和外国企业；外国人。

14.【答案】√

15.【答案】√

四、业务题

1.【答案】

以获奖方式取得房屋权属的，应视同房屋赠与征收契税，计税依据为税务机关参照市场价格核定的价格，即 58 万元。房屋交换且价格不相等的，由多支付货币的一方缴纳契税，计税依据为所交换的房屋价格的差额，即 25 万元。因此，段某应缴纳的契税为：

(1) 段某获奖承受房屋权属应缴纳的契税税额 $=58\times5\%=2.9$（万元）

(2) 段某交换房屋行为应缴纳的契税税额＝25×5％＝1.25(万元)

(3) 段某实际应缴纳的契税税额＝2.9＋1.25＝4.15(万元)

2. **【答案】**

(1) 以房屋抵债的，应由产权承受方缴纳契税，因此业务(1)中契税纳税义务人为乙。

乙应缴纳契税税额＝60×4％＝2.4(万元)

(2) 以自有房产作股投入本人经营的企业，免征契税。

(3) 房屋交换且价格不相等的，由多支付货币的一方缴纳契税，计税依据为所交换的房屋价格的差额，因此在业务(3)中应由丙缴纳契税。

丙应缴纳契税税额＝10×4％＝0.4(万元)

(4) 房屋的受赠人需按规定缴纳契税，因此在业务(4)中应由丁缴纳契税。

丁应缴纳契税税额＝28×4％＝1.12(万元)

(5) 在中华人民共和国境内转移土地、房屋权属，承受的单位和个人为契税的纳税义务人，因此在业务(5)中应由甲缴纳契税。房屋买卖的契税计税依据为房屋买卖合同的总价款，买卖装修的房屋，装修费用应包括在内。

甲应缴纳契税税额＝134.8×4％＝5.392(万元)

第十四章　土地增值税

习　题

一、单项选择题

1. 个人之间互换自有居住用房地产，经当地税务机关核实，可以(　　)。

A. 免征土地增值税　　　　B. 不征收土地增值税

C. 减半征收土地增值税　　　　D. 按照正常计税规则征收土地增值税

2. 计算土地增值税时，纳税人如果不能按照转让房地产项目计算分摊利息支出的，其房地产开发费用按取得土地使用权所支付的金额和房地产开发成本之和的(　　)以内计算扣除。

A. 10%　　B. 12%　　C. 15%　　D. 30%

3. 税法规定，纳税人转让旧房的，应按房屋及建筑物的评估价格、取得土地使用权所支付的地价款和按国家统一规定缴纳的有关费用以及在转让环节缴纳的税金作为扣除项目金额计征土地增值税。评估价格须经(　　)确认。

A. 海关　　　　B. 财政机关

C. 当地税务机关　　　　D. 省、自治区、直辖市人民政府

4. 某商贸公司转让一幢已经使用过的办公楼，取得不含税收入500万元，办公楼原价为480万元，已提折旧300万元。经房地产评估机构评估，该办公楼重置成本价为800万元，成新度折扣率为五成，转让时缴纳相关税费6.85万元(不含增值税)。该公司转让该办公楼应缴纳土地增值税税额为(　　)万元。

A. 27.95　　B. 28.02　　C. 30　　D. 60

5. 下列有关土地增值税的表述中，不正确的是(　　)。

A. 对纳税人既建造普通标准住宅，又建造其他房地产的，应分别核算增值额；不分别核算增值额或不能准确核算增值额的，其建造的普通标准住宅不适用免税规定

B. 房地产企业销售存量房，在计算土地增值税扣除项目时，其缴纳的印花税准予作为与转让房地产有关的税金扣除

C. 出让国有土地使用权的行为属于土地增值税征收范围

D. 土地增值税的纳税义务人包括外国企业

6. 法人企业转让的房地产坐落地与其机构所在地或经营所在地不在一地的，应(　　)申报缴纳土地增值税。

A. 向销售方机构所在地的主管税务机关

B. 向购买方机构所在地的主管税务机关

C. 向房地产的坐落地的主管税务机关

D. 向合同签订地的主管税务机关

7. 根据土地增值税法的有关规定，下列说法中不正确的是(　　)。

A. 对于利息支出，凡不能按转让房地产项目计算分摊利息的，其允许扣除的房地产开发费用按照取得土地使用权所支付的金额和房地产开发成本之和的5%以内扣除

B. 房地产开发企业为取得土地使用权所支付的契税，计入“取得土地使用权所支付的金额”中扣除

C. 房地产开发企业逾期开发缴纳的土地闲置费不得扣除

D. 土地增值税清算时，已经计入房地产开发成本的利息支出，应调整至财务费用中计算扣除

8. 下列各项中，不属于土地增值税纳税人的是(　　)。

A. 与国有企业换房的外资企业　　B. 合作建房后出售房产的企业

C. 转让国有土地使用权的企业　　D. 将办公楼用于出租的企业

9. 下列行为中，应该缴纳土地增值税的是(　　)。

A. 某工业企业将闲置厂房对外出租

B. 双方合作建房，建成后转让

C. 经税务机关核实的个人之间互换自有居住用房地产

D. 房地产评估增值

10. 房地产开发企业将开发的部分房地产用于下列项目中的(　　)，不属于视同销售房地产，不用缴纳土地增值税。

A. 职工福利　　B. 与其他单位交换非货币性资产

C. 抵偿债务　　D. 办公自用

11. 根据土地增值税法的相关规定，下列行为中，需要缴纳土地增值税的是(　　)。

A. 国家依法征用收回的房地产

B. 某人将个人的房产无偿赠与自己的子女

C. 某房地产开发企业以建造的商品房作价入股进行对外投资

D. 某企业通过残疾人联合会将一套房产无偿赠与当地一家福利企业

12. 下列项目中，免征土地增值税的是(　　)。

A. 国有土地使用权的转让　　B. 合作建房建成后转让的房地产

C. 因国家建设被征用的房地产　　D. 转让居住满3年未满5年的原自用住房

13. 出售旧房及建筑物计算土地增值税的增值额时，其扣除项目金额中的旧房及建筑物的评估价格应按(　　)计算。

A. 账载余额　　B. 重置成本

C. 账载原值乘以成新度折扣率　　D. 重置成本乘以成新度折扣率

14. 按照土地增值税法的相关规定，纳税人提供扣除项目金额不实的，在计算土地增值税时，应按(　　)确定房产的扣除项目。

A. 税务部门核定的价格　　B. 税务部门与房地产主管部门协商的价格

C. 房地产评估价格　　D. 历史成本

15. 某房地产开发公司整体出售了新建的商品房，与商品房相关的土地使用权支付额和开发成本共计10 000万元。该公司没有按房地产项目计算分摊银行借款利息，该项目所

在省政府规定计征土地增值税时房地产开发费用扣除比例按国家规定允许的最高比例计算，与该项目转让有关的税金为200万元（不包括增值税）。计算确认该项目缴纳土地增值税时应扣除的“房地产开发费用”和“其他扣除项目”金额合计为（　　）万元。

A. 1 500　　B. 2 000　　C. 2 500　　D. 3 000

16. 某房地产开发公司销售一幢已经使用过的办公楼，取得收入500万元，办公楼原价480万元，已提折旧300万元。经房地产评估机构评估，该楼重置成本为800万元，成新度折扣率为五成，销售时缴纳相关税费30万元。该房地产开发公司销售办公楼应缴纳土地增值税税额为（　　）万元。

A. 21　　B. 30　　C. 51　　D. 60

二、多项选择题

1. 下列各种情形中，不征收土地增值税的有（　　）。

A. 继承房地产

B. 房地产的评估增值

C. 房地产开发企业将自建的商品房用于职工福利

D. 企业将自有房产等价交换其他企业土地使用权

2. 下列情形中，应当计算缴纳土地增值税的有（　　）。

A. 合作建房，建成后对外出售

B. 通过教育局将房屋赠与教育事业

C. 向其他企业转让国有土地使用权

D. 房地产开发企业收取的代建收入

3. 根据土地增值税法相关规定，土地增值税的征税范围包括（　　）。

A. 转让国有土地使用权

B. 出让国有土地使用权

C. 转让集体土地

D. 地上的建筑物及其附着物连同国有土地使用权一并转让

4. 下列业务中，应缴纳土地增值税的有（　　）。

A. 房地产的评估增值

B. 某商业企业以土地作价入股投资开办工厂

C. 将自有房产赠送给客户的

D. 出地、出资双方合作建房，建成后又转让的

5. 下列各项行为中，可以免征土地增值税的有（　　）。

A. 双方合作建房，建成后分房自用的

B. 私营企业的房地产评估增值

C. 因国家收回国有土地使用权而使房地产权属发生转变

D. 无力偿还借款，以房屋抵债

6. 下列关于取得土地使用权所支付的金额的表述中，正确的有（　　）。

A. 取得土地使用权所支付的金额是指纳税人取得土地使用权支付的地价款和按国家

统一规定缴纳的有关费用之和

B. 以行政划拨方式取得土地使用权的，为补缴的土地出让金

C. 以出让方式取得土地使用权的，为缴纳的相关费用

D. 以转让方式取得土地使用权的，为补缴的出让金和费用

7. 转让旧房，计算其土地增值税增值额时准予扣除的项目有(　　)。

A. 旧房的评估价格　　B. 支付评估机构的费用

C. 建造旧房的重置成本　　D. 转让环节缴纳的各种税费

8. 计算土地增值税扣除项目金额时，不得扣除的项目有(　　)。

A. 取得土地使用权所支付的金额　　B. 土地征用及拆迁补偿费

C. 超过国家的有关规定上浮的利息　　D. 超过贷款期限的利息部分

9. 下列各项中，属于土地增值税中房地产开发成本的有(　　)。

A. 土地出让金　　B. 公共配套设施费

C. 借款利息费用　　D. 土地征用及拆迁补偿费

10. 按照土地增值税法的相关规定，房地产开发的纳税人加计20%扣除项目的基数有(　　)。

A. 房地产开发成本　　B. 房地产开发费用

C. 取得土地使用权所支付的金额　　D. 转让房地产的税金

11. 下列项目中，属于房地产企业的开发成本的有(　　)。

A. 印花税　　B. 耕地占用税

C. 前期工程费　　D. 开发间接费用

12. 计算土地增值税时，下列项目中准予扣除的有(　　)。

A. 契税

B. 开发小区的排污费、绿化费

C. 安置动迁用房的支出

D. 按照有关规定计入房价向购买者收取的代收费用

三、判断题

1. 纳税人转让旧房及建筑物时，为确定房地产的评估价值而发生的评估费用，允许在计算土地增值税时予以扣除。(　　)

2. 土地增值税的纳税人为转让土地使用权、地上的建筑物及其附着物并取得收入的单位和个人。(　　)

3. 纳税人转让房地产取得的收入，包括转让房地产的全部价款及有关的经济收益，但不包括实物收入。(　　)

4. 对于代收费用未作为转让房地产的收入计税的，在计算增值税额时不允许扣除代收费用。(　　)

5. 对于个人购入房地产再转让按发票所载金额并从购买年度起至转让年度止每年加计5%计算的，对其在购入时已缴纳的契税，准予作为“转让房地产有关的税金”予以扣除。(　　)

6. 对于个人购入房地产再转让按旧房及建筑物的评估价计算扣除的，对其在购入时已缴纳的契税，不另作为“与转让房地产有关的税金”予以扣除。（　　）

7. 房地产开发企业将开发产品用于职工福利、奖励，应在房产移交使用时视同销售房地产。（　　）

8. 房地产开发企业开发建造的与清算项目配套的公共设施，建成后产权属于全体业主所有的，不计算收入，其成本、费用也不得扣除。（　　）

四、业务题

1. 某市房地产开发企业2019年转让一幢新建办公楼取得收入8 000万元，已知该单位为取得土地使用权支付的地价款和有关费用为1 000万元，投入的房地产建造成本为3 000万元，其利息支出不能提供金融机构贷款证明，转让办公楼准予扣除的相关税费为440万元，已知该企业所在地政府规定的房地产开发费用的计算扣除比例为10%。

要求：请计算该企业的转让行为应缴纳的土地增值税税额。

2. 某市一家房地产开发公司，2020年1月发生业务如下：

销售一栋旧办公楼，签订销售合同，注明含税销售收入2 000万元，该公司选择增值税简易计税方法；因无法取得评估价格，公司提供了购房发票，该办公楼购于2014年1月，购置价款为500万元，缴纳契税15万元，并能提供契税完税凭证。

通过竞拍取得一宗土地使用权，支付价款、税费合计3 000万元，本年度占用60%开发写字楼。开发期间发生开发成本4 200万元；发生管理费用1 200万元、销售费用1 500万元、利息费用500万元（能提供金融机构贷款证明且能按照转让房地产项目计算分摊）。该写字楼竣工验收后，房地产开发公司将写字楼总面积的40%直接销售，签订销售合同，取得不含税销售收入19 000万元，允许税前扣除的相关税费为1 045万元；剩余的60%对外出租，当年取得租金收入200万元。

其他相关资料：当地政府规定，房地产开发企业其他房地产开发费用准予扣除的比例为4%，地方教育附加的征收比率为2%。

要求：

（1）请计算该房地产开发公司计算转让旧办公楼土地增值税的增值额时，准予扣除项目金额。

（2）请计算该房地产开发公司转让旧办公楼，应缴纳土地增值税税额。

（3）请计算该房地产开发公司计算销售写字楼土地增值税的增值额时，准予扣除项目金额。

（4）请计算该房地产开发公司销售写字楼应缴纳土地增值税税额。

第十四章　土地增值税习题参考答案

一、单项选择题

1.【答案】A

【解析】个人之间互换自有居住用房地产，经当地税务机关核实，可以免征土地增值税。

2.【答案】A

【解析】计算土地增值税税额时，纳税人如果不能按照转让房地产项目计算分摊利息支出或不能提供金融机构证明的，其房地产开发费用按取得土地使用权所支付的金额和房地产开发成本之和的10%以内计算扣除。

3.【答案】C

【解析】旧房及建筑物的评估价格须经当地税务机关确认。

4.【答案】A

【解析】纳税人转让旧房的，应按房屋及建筑物的评估价格、取得土地使用权所支付的地价款和按国家统一规定缴纳的有关费用以及转让环节缴纳的增值税以外的税费作为扣除项目金额，增值额＝500－800×50%－6.85＝93.15(万元)，增值率＝93.15÷(800×50%＋6.85)×100%＝22.90%，增值额未超过扣除项目金额的50%，税率为30%，该公司转让办公楼应纳土地增值税税额＝93.15×30%＝27.95(万元)。

5.【答案】C

【解析】出让国有土地使用权的行为不属于土地增值税征收范围。

6.【答案】C

【解析】纳税人是法人的，当纳税人转让的房地产坐落地与其机构所在地或经营所在地不在一地，则应在房地产坐落地的主管税务机关申报纳税。

7.【答案】A

【解析】选项A，对于利息支出，凡不能按转让房地产项目计算分摊利息支出或不能提供金融机构证明的，其允许扣除的房地产开发费用按照取得土地使用权所支付的金额和房地产开发成本之和的10%以内扣除。

8.【答案】D

【解析】出租房产，产权并没有发生转移，不缴纳土地增值税。

9.【答案】B

【解析】将不动产出租不属于土地增值税的征税范围；双方合作建房，建成后转让的，应征收土地增值税；对个人之间互换自有居住用房地产的，免征土地增值税；房地产评估增值不属于土地增值税的征税范围。

10.【答案】D

【解析】房地产开发企业开发的部分房地产转为企业自用或用于出租等商业用途时，产权未发生转移，不征收土地增值税。

11.【答案】C

【解析】选项A，国家收回土地使用权、征用地上建筑物和附着物，不属于土地增值税的征税范围；选项B，房产所有人、土地使用权所有人将房屋产权、土地使用权赠与直系亲属或承担直接赡养义务人，免征土地增值税；选项D，通过社会团体捐赠房产给教育、民政和其他社会福利公益事业，免征土地增值税。

12.【答案】C

【解析】选项A，国有土地使用权的转让不属于土地增值税的征税范围；选项B，合作建房建成后转让的房地产，属于土地增值税的征税范围，应当缴纳土地增值税；选项D，转让居住满3年未满5年的原自用住房，减半征收土地增值税。

13.【答案】D

【解析】旧房及建筑物的评估价格是指在转让已使用的房屋及建筑物时，由政府批准的房地产评估机构评定的重置成本乘以成新度折扣率后的价格。

14.【答案】C

【解析】由评估机构按照房屋重置成本价乘以成新度折扣率计算的房屋成本价和取得土地使用权时的基准地价进行评估。

15.【答案】D

【解析】公司没有按房地产项目计算分摊银行借款利息，允许扣除的房地产开发费用按取得土地使用权支付金额和房地产开发成本之和的10%以内计算扣除；从事房地产开发的纳税人允许按取得土地使用权时所支付的金额和房地产开发成本之和，加计20%扣除。应扣除的“房地产开发费用”和“其他扣除项目”金额＝10 000×10%＋10 000×20%＝3 000(万元)。

16.【答案】A

【解析】可扣除项目＝800×50%＋30＝430(万元)；增值额＝500－430＝70(万元)；增值率＝70÷430×100%＝16.28%，适用税率为30%。应纳土地增值税税额＝70×30%＝21(万元)。

二、多项选择题

1.【答案】AB

【解析】选项C，将自建商品房用于职工福利是视同销售，要征收土地增值税；选项D，企业之间换房应征收土地增值税。

2.【答案】AC

【解析】选项B，通过境内非营利的社会团体、国家机关，赠与教育、民政和其他社会福利、公益事业，属于公益性捐赠，不征土地增值税；选项D，代建收入未发生产权转移，不属于土地增值税征税范围，不需要缴纳土地增值税。

3.【答案】AD

【解析】出让国有土地不征土地增值税；土地属于国有，土地的所有权不可以转让；转让集体土地，属违法行为，不征收土地增值税。

4.【答案】CD

【解析】房地产的评估增值，没有发生房地产权属的转让，不属于征收土地增值税的范围；非房地产企业以房地产作价入股进行投资或者联营的，暂免征收土地增值税；对于一方出地，一方出资金，双方合作建房，建成后按比例分房自用的，暂免征收土地增值税；建成后转让的，应征收土地增值税。

5.【答案】AC

【解析】房地产评估增值，没有发生房地产权属的转让，不属于土地增值税的征收范围；企业无力偿还借款，以房抵债，应征收土地增值税。

6.【答案】AB

【解析】取得土地使用权所支付的金额，是指纳税人为取得土地使用权支付的地价款和按国家统一规定缴纳的有关费用之和。“取得土地使用权所支付的金额”有三种形式：①以出让方式取得土地使用权的，为支付的土地出让金；②以行政划拨方式取得土地使用权的，为转让土地使用权时按规定补缴的出让金；③以转让方式取得土地使用权的，为支付的地价款。

7.【答案】ABD

【解析】重置成本要乘以成新率才是扣除成本，选项C错误。

8.【答案】CD

【解析】财政部、国家税务总局对扣除项目金额中利息支出的计算作了专门规定：利息的上浮幅度按国家有关规定执行，超过上浮幅度部分不允许扣除；对于超过贷款期限的利息部分不允许扣除。

9.【答案】BD

【解析】开发成本是指纳税人开发房地产项目实际发生的成本，包括土地的征用及拆迁补偿费、前期工程费、建筑安装工程费、基础设施费、公共配套设施费、开发间接费用等。土地出让金属于取得土地使用权支付的金额。借款利息费用属于房地产开发费用。

10.【答案】AC

【解析】对从事房地产开发的纳税人允许按取得土地使用权支付的金额和房地产开发成本之和，加计扣除20%。对于县级及县级以上人民政府要求房地产开发企业在售房时代收的各项费用，如果代收费用是计入房价中向购买方一并收取的，可作为转让房地产所取得的收入计税，在计算扣除项目金额时可以扣除，但不允许作为加计20%扣除的基数。

11.【答案】BCD

【解析】选项A，属于相关税费。

12.【答案】ABCD

【解析】开发小区的排污费、绿化费和安置动迁用房的支出作为房地产开发成本扣除；代收费用计入转让收入的可以扣除。

三、判断题

1.【答案】√

2.【答案】×

【解析】土地增值税的纳税人是指转让国有土地使用权、地上的建筑物及其附着物产权并取得收入的单位和个人。

3.【答案】×

【解析】转让房地产取得收入包括转让房地产的全部价款及有关的经济收益，包括：货币收入、实物收入或其他形式收入。

4.【答案】√

5.【答案】√

6.【答案】√

7.【答案】×

【解析】房地产开发企业将开发产品用于职工福利、奖励，发生所有权转移时应视同销售房地产，而不是房产移交使用时。

8.【答案】×

【解析】房地产开发企业开发建造的与清算项目配套的公共设施，建成后产权属于全体业主所有的，不计算收入，其成本、费用可以扣除。

四、业务题

1.【答案】

收入总额＝8 000(万元)

扣除项目金额＝1 000＋3 000＋440＋(1 000＋3 000)×10%＋(1 000＋3 000)×20%＝5 640(万元)

增值额＝8 000－5 640＝2 360(万元)

增值率＝$\frac{2\ 360}{5\ 640}$×100%＝41.84%，适用税率为30%

应纳土地增值税税额＝2 360×30%＝708(万元)

2.【答案】

(1) 转让旧办公楼应纳的增值税＝$\frac{2\ 000-500}{1+5\%}$×5%＝71.43(万元)

转让旧办公楼应缴纳的城建税及附加＝71.43×(7%＋3%＋2%)＝8.57(万元)

准予扣除项目金额共计＝500×(1＋6×5%)＋8.57＋2 000×0.5‰＋15＝674.57(万元)

(2) 增值额＝(2 000－71.43)－674.57＝1 254(万元)

增值率＝$\frac{1\ 254}{674.57}$×100%＝185.90%，适用税率50%，速算扣除系数15%

应纳土地增值税税额＝1 254×50%－674.57×15%＝525.81(万元)

(3) 允许扣除的取得土地使用权所支付的金额＝3 000×60%×40%＝720(万元)

允许扣除的房地产开发成本＝4 200×40%＝1 680(万元)

允许扣除的房地产开发费用＝500×40%＋(720＋1 680)×4%＝296(万元)

与转让房地产有关的税金＝1 045(万元)

加计扣除项目＝(720＋1 680)×20%＝480(万元)

准予扣除项目金额共计＝720＋1 680＋296＋1 045＋480＝4 221(万元)

(4) 增值额＝19 000－4 221＝14 779(万元)

增值率＝$\frac{14\ 779}{4\ 221}$×100%＝350.13%，适用税率60%，速算扣除系数35%

应纳土地增值税税额＝14 779×60%－4 221×35%＝7 390.05(万元)

第十五章　车辆购置税

习　题

一、单项选择题

1. 依据车辆购置税法的有关规定，下列说法中不正确的是（　　）。

A. 车辆购置税实行定额税率

B. 应当向车辆登记注册地的主管税务机关申报纳税

C. 购置不需要办理车辆登记注册手续的应税车辆，应当向纳税人所在地的主管税务机关申报纳税

D. 车辆购置税的征税环节为车辆的使用环节

2. 根据现行车辆购置税的有关规定，下列表述中不正确的是（　　）。

A. 车辆购置税价外征收，并最终转嫁税负

B. 车辆购置税实行一车一申报制度

C. 车辆购置税实行一次性征收

D. 购置已征车辆购置税的车辆，不再征收车辆购置税

3. 某汽车生产企业发生的下列行为中，需要计算缴纳车辆购置税的是（　　）。

A. 销售自产的小汽车

B. 将自产的小汽车赠送给股东王某

C. 从拍卖会上通过拍卖取得一辆小汽车自用

D. 进口小汽车用于抵偿债务

4. 以下关于车辆购置税的说法中，正确的是（　　）。

A. 进口自用应税小汽车的计税价格为关税完税价格

B. 进口自用应税小汽车的计税价格为组成计税价格，包括：关税完税价格、关税、消费税

C. 购买自用应税小汽车的计税价格包括增值税

D. 进口自用应税小汽车的计税价格不包括消费税

5. 下列关于车辆购置税的说法中，错误的是（　　）。

A. 车辆购置税属于直接税范畴

B. 车辆购置税实行比例税率

C. 外国公民在中国境内购置车辆免税

D. 受赠使用的新车需要缴纳车辆购置税

6. 2019 年 6 月，王某从某汽车 4S 店购置了一辆排气量为 1.8 升的乘用车，支付购车款（含增值税）226 000 元，并取得机动车销售统一发票，支付购买工具件价款（含增值税）1 000元，并取得汽车 4S 店开具的普通发票。王某应缴纳的车辆购置税税额为（　　）元。

A. 20 000　　B. 20 085.47　　C. 20 088.5　　D. 24 000

7. 2019 年 5 月，王某在某房产公司举办的有奖购房活动中中奖获得一辆小汽车，房产公司提供的机动车销售统一发票上注明价税合计金额为 80 000 元。国家税务总局核定该型车辆的车辆购置税最低计税价格为 73 000 元。王某应纳车辆购置税税额为(　　)元。

A. 6 239.32　　B. 7 079.65　　C. 7 300　　D. 8 000

8. 某汽车公司 2019 年 8 月接受关联方捐赠的排气量为 2.0 升的小汽车 8 辆自用。已知该小汽车的成本为 10 万元/辆，成本利润率为 8%，消费税税率为 9%；关联方购置小汽车时相关凭证载明的价格为 15 万元/辆(不含增值税)。则该汽车公司应缴纳车辆购置税税额为(　　)万元。

A. 8　　B. 9.49　　C. 0　　D. 12

9. 2019 年 8 月，甲企业从某拍卖公司通过拍卖取得一辆未上牌照的排气量为 2.0 升的新商务车并自用，不含税成交价 60 000 元，购置该商务车时相关凭证载明的价格为 120 000元(不含增值税，下同)；接受某工业企业用于抵偿 50 000 元货款的旧轿车一辆(已使用 5 年，能提供完税凭证)，购置该轿车时相关凭证载明的价格为 80 000 元。甲企业应缴纳车辆购置税税额为(　　)元。

A. 6 000　　B. 20 000　　C. 12 000　　D. 16 000

10. 某 4S 店 2019 年 5 月进口 9 辆商务车，海关核定的关税计税价格为 40 万元/辆，当月销售 4 辆，2 辆作为样车放置在展厅待售，1 辆公司自用。该 4S 店应纳车辆购置税税额为(　　)万元。(提示：商务车关税税率为 25%，消费税税率为 12%)

A. 5.48　　B. 5.60　　C. 5.68　　D. 17.04

11. 依据车辆购置税法的有关规定，下列说法中正确的是(　　)。

A. 纳税人购买自用的应税车辆，自购买之日起 90 日内申报纳税

B. 车辆购置税税款可以分期缴付

C. 车辆购置税选择单一环节，实行一次课征制度，购置已征车辆购置税的车辆，不再征收车辆购置税

D. 车辆购置税的征税环节为车辆的出厂环节

12. 自产、受赠、获奖和以其他方式取得并自用应税车辆的，应当自取得之日起(　　)内申报缴纳车辆购置税。

A. 15 日　　B. 60 日　　C. 30 日　　D. 10 日

二、多项选择题

1. 下列行为中，属于车辆购置税应税行为的有(　　)。

A. 销售应税车辆的行为　　B. 对外捐赠应税车辆的行为

C. 进口自用应税车辆的行为　　D. 自产自用应税车辆的行为

2. 下列车辆属于车辆购置税征税范围的有(　　)。

A. 汽车　　B. 有轨电车

C. 汽车挂车　　D. 排气量超过 150 毫升的摩托车

3. 车辆购置税属于(　　)。

A. 直接税　　B. 间接税　　C. 中央税　　D. 地方税

4. 按照现行政策规定，下列属于车辆购置税免税项目的有(　　)。

A. 外国驻华使馆、领事馆和国际组织驻华机构及其外交人员自用的车辆

B. 中国人民解放军和中国人民武装警察部队列入军队武器装备订货计划的车辆

C. 设有固定装置的非运输车辆

D. 自卸式垃圾车

5. 下列说法中，符合车辆购置税计税依据相关规定的有(　　)。

A. 进口自用的应税小汽车的计税价格包括关税完税价格和关税，不包括消费税

B. 纳税人自产自用应税车辆的计税价格，按照纳税人生产的同类应税车辆的销售价格确定，不包括增值税税款

C. 免税条件消失的车辆，计税价格以免税车辆初次办理纳税申报时确定的计税价格为基准，每满 1 年扣减 10%

D. 销售方代办保险等而向购买方收取的保险费，以及向购买方收取的代购买方缴纳的车辆购置税、车辆牌照费不并入计税价格

6. 某企业 2019 年 8 月在国内市场购置载货汽车 2 辆，支付全部价款为 75 万元(不含增值税)，另支付车辆购置税 7.5 万元，车辆牌照费 0.1 万元，代办保险费 2 万元；9 月受赠小汽车 1 辆。上述车辆全部为企业自用。下列关于该企业计缴车辆购置税依据的表述中，正确的有(　　)。

A. 国内购置载货汽车的计税依据为 84.5 万元

B. 受赠小汽车需缴纳车辆购置税，计税依据按照购置应税车辆时相关凭证载明的价格确定，不包括增值税税款

C. 受赠小汽车的计税依据为同类小汽车的市场价格加增值税

D. 国内购置载货汽车的计税依据为 75 万元

7. 根据车辆购置税的相关规定，下列说法正确的有(　　)。

A. 纳税人购买自用的应税车辆，自购买之日起 30 日内申报纳税

B. 车辆购置税是在应税车辆上牌登记注册前的使用环节征收

C. 免税车辆发生转让，但仍属于免税范围的，受让方应当自购买或取得车辆之日起 90 日内到主管税务机关重新申报免税

D. 需要办理车辆登记注册手续的纳税人，车辆购置税的纳税地点为应税车辆登记注册地

8. 下列关于车辆购置税办理纳税申报地点的表述中，正确的有(　　)。

A. 需要办理车辆登记注册手续的纳税人，向车辆登记注册地的主管税务机关办理纳税申报

B. 需要办理车辆登记注册手续的纳税人，向购买地的主管税务机关办理纳税申报

C. 不需要办理车辆登记注册手续的纳税人，向车辆上牌落籍地或落户地的主管税务机关办理纳税申报

D. 不需要办理车辆登记注册手续的纳税人，向纳税人所在地的主管税务机关办理纳税申报

三、判断题

1. 纳税人以受赠、获奖或者其他方式取得的自用应税车辆，计税价格按照购置应税车辆时相关凭证载明的价格确定，包括增值税税款。 （ ）

2. 车辆购置税以列举的车辆作为征税对象，未列举的车辆不纳税。其征税范围包括汽车、有轨电车、汽车挂车、排气量超过一百五十毫升的摩托车。 （ ）

3. 车辆购置税是我国各级地方政府的收入来源。 （ ）

4. 车辆购置税为定额税率。 （ ）

5. 进口自用的应税小汽车的计税价格包括关税完税价格和关税，不包括消费税。 （ ）

6. 购买汽车向销售方同时支付的车辆装饰费，不并入计税价格。 （ ）

7. 车辆购置税实行一车一申报制度。购置已征车辆购置税的车辆，不再征收车辆购置税。 （ ）

8. 车辆购置税是在应税车辆上牌登记注册前的使用环节征收。 （ ）

9. 纳税人应当自纳税义务发生之日起 90 日内申报缴纳车辆购置税。 （ ）

10. 纳税人购置需要办理车辆登记的应税车辆的，应当向车辆登记地的主管税务机关申报缴纳车辆购置税；购置不需要办理车辆登记的应税车辆的，不必向纳税人所在地的主管税务机关申报缴纳车辆购置税。 （ ）

四、业务题

1. 2019 年 10 月，宋某从某汽车有限公司购买一辆小汽车供自己使用，支付了含增值税税款在内的款项 226 000 元，支付工具件和零配件价款 3 390 元，车辆装饰费 1 130 元。已经收到相关票据。

要求：请计算宋某应纳车辆购置税税额。

2. 某公司 2019 年购置小轿车 3 辆，每辆含增值税的价款为 226 000 元，购置载货汽车 3 辆，每辆含增值税的价款为 67 800 元，进口摩托车 4 辆，每辆关税完税价格为 7 000 元。摩托车关税税率为 6%，消费税税率为 10%。

要求：请计算该公司应纳车辆购置税税额。

3. 某 4S 店 2019 年 7 月进口 10 辆小轿车，海关审定的关税完税价格为 30 万元/辆，当月销售 7 辆，取得含税销售收入 200 万元，2 辆企业自用，1 辆赠送给员工。小轿车关税税率为 28%，消费税税率为 9%。

要求：请计算该 4S 店应纳车辆购置税税额。

第十五章　车辆购置税习题参考答案

一、单项选择题

1. **【答案】**A

【解析】车辆购置税实行比例税率。

2.【答案】A

【解析】车辆购置税价外征收，不转嫁税负。

3.【答案】C

【解析】车辆购置税的应税行为是指在中华人民共和国境内购置应税车辆的行为。具体来讲这种应税行为包括：购买使用行为、进口使用行为、受赠使用行为、自产自用行为、获奖使用行为和其他使用行为。选项A、B、D都不是自用的，所以不需要计算缴纳车辆购置税。

4.【答案】B

【解析】选项A，进口自用应税小汽车的计税价格为组成计税价格，包括：关税完税价格、关税、消费税；选项C，纳税人购买自用的应税车辆，计税价格为纳税人购买应税车辆而支付给销售者的全部价款和价外费用，不包含增值税税款；选项D，进口自用应税小汽车的计税价格包括消费税。

5.【答案】C

【解析】车辆购置税是以在中国境内购置规定车辆为课税对象、在特定的环节向车辆购置者征收的一种税。外国公民在中国境内购置车辆要正常交税。

6.【答案】C

【解析】王某应缴纳的车辆购置税税额＝(226 000＋1 000)÷(1＋13%)×10%＝20 088.5(元)。

7.【答案】C

【解析】机动车销售统一发票注明不含税价格：80 000÷(1＋13%)＝70 796.46(元)。纳税人从各种奖励方式中取得并自用的应税车辆，其价格低于最低计税价格，应按国家税务总局确定的最低计税价格核定计税。王某应纳车辆购置税税额＝73 000×10%＝7 300(元)。

8.【答案】D

【解析】纳税人以受赠、获奖或者其他方式取得自用应税车辆的计税价格，按照购置应税车辆时相关凭证载明的价格确定，不包括增值税税款；该汽车公司应缴纳车辆购置税税额＝15×8×10%＝12(万元)。

9.【答案】C

【解析】甲企业应缴纳车辆购置税税额＝120 000×10%＝12 000(元)。

10.【答案】C

【解析】进口销售、待售的不缴纳车辆购置税，进口自用的需要征收车辆购置税。

该4S店应纳车辆购置税税额＝40×(1＋25%)÷(1－12%)×10%＝5.68(万元)。

11.【答案】C

【解析】选项A，纳税人购买自用应税车辆的，应自购买之日起60日内申报纳税；选项B，车辆购置税实行一次征收制度，车辆购置税税款应当一次缴清；选项D，车辆购置税应在应税车辆上牌登记注册前的使用环节征收。

12.【答案】B

【解析】自产、受赠、获奖和以其他方式取得并自用应税车辆的，应当自取得之日起60日内申报纳税。

二、多项选择题

1. 【答案】CD

【解析】车辆购置税应税行为是指在中华人民共和国境内购置应税车辆的行为。具体有购买自用行为、进口自用行为、受赠使用行为、自产自用行为、获奖自用行为及其他自用行为，选项A销售应税车辆的行为不属于车辆购置税的应税行为；选项B对外捐赠应税车辆，对于馈赠人而言，在发生财产所有权转移后，应税行为一同转移，不再是车辆购置税的纳税义务人。

2. 【答案】ABCD

【解析】车辆购置税的征税范围包括汽车、有轨电车、汽车挂车、排气量超过一百五十毫升的摩托车。

3. 【答案】AC

【解析】车辆购置税就其性质而言，属于直接税的范畴；就其特定目的而言，属于中央税。

4. 【答案】ABC

【解析】自卸式垃圾车不属于设有固定装置非运输车辆，不免征车辆购置税。

5. 【答案】BCD

【解析】选项A，进口自用的应税小汽车的计税价格包括关税完税价格、关税和消费税。选项B，纳税人自产自用的应税车辆，计税依据按照纳税人生产的同类应税车辆的销售价格确定，不包括增值税税款；没有同类应税车辆销售价格的，按照组成计税价格确定。选项B正确。选项C，免税、减税车辆因转让、改变用途等原因不再属于免税、减税范围的，纳税人应当在办理车辆转移登记或者变更登记前缴纳车辆购置税，应纳税额计算公式如下：

应纳税额＝初次办理纳税申报时确定的计税价格×(1－使用年限×10%)－已纳税额

选项C正确。选项D，销售方代办保险而向购买方收取的保险费，以及向购买方收取的代购买方缴纳的车辆购置税、车辆牌照费，不作为车辆购置税的计税依据。购买方随购买车辆支付的工具件、零部件价款以及车辆装饰费，都应计入计税依据，计征车辆购置税。选项D正确。

6. 【答案】BD

【解析】车辆购置税计税依据不包括代收的保险费、车辆牌照费和车辆购置税，所以计税依据是75万元；受赠小汽车需缴纳车辆购置税，计税依据按照购置应税车辆时相关凭证载明的价格确定，不包括增值税税款。

7. 【答案】BD

【解析】选项A纳税人购买自用应税车辆的，应当自购买之日起60日内申报纳税；选项C免税车辆发生转让，但仍属于免税范围的，受让方应当自购买或取得车辆之日起60日内到主管税务机关重新申报免税。车辆购置税是在应税车辆上牌登记注册前的使用环节征收。需要办理车辆登记注册手续的纳税人，车辆购置税的纳税地点为应税车辆登记注册地。选项B、D正确。

8. 【答案】AD

【解析】纳税人应到下列地点办理车辆购置税纳税申报：①需要办理车辆登记注册手续

的纳税人，向车辆登记注册地的主管税务机关办理纳税申报；②不需要办理车辆登记注册手续的纳税人，向纳税人所在地的主管税务机关办理纳税申报。

三、判断题

1.【答案】×

【解析】纳税人以受赠、获奖或者其他方式取得的自用应税车辆，计税价格按照购置应税车辆时相关凭证载明的价格确定，不包括增值税税款。

2.【答案】√

【解析】车辆购置税的征税范围：车辆购置税以列举的车辆作为征税对象，未列举的车辆不纳税。其征税范围包括汽车、有轨电车、汽车挂车、排气量超过一百五十毫升的摩托车。

3.【答案】×

【解析】车辆购置税为中央税，它取之于应税车辆，用之于交通建设，其征税具有专门用途，可作为中央财政的经常性预算科目，由中央财政根据国家交通建设投资计划，统筹安排。

4.【答案】×

【解析】车辆购置税实行统一比例税率，税率为10%。

5.【答案】×

【解析】进口自用的应税小汽车的计税价格包括关税完税价格和关税，也包括消费税，但不包括增值税。

6.【答案】×

【解析】购买汽车支付的车辆装饰费，应作为价外费用并入计税价格中。

7.【答案】√

【解析】车辆购置税由税务机关负责征收。车辆购置税实行一车一申报制度。购置已征车辆购置税的车辆，不再征收车辆购置税。

8.【答案】√

【解析】车辆购置税是对应税车辆的购置行为课征，选择单一环节，实行一次课征制度。征税环节选择在使用环节（即最终消费环节）。具体而言，纳税人应当在向公安机关交通管理部门办理车辆注册登记前缴纳车辆购置税。公安机关交通管理部门办理车辆注册登记，应当根据税务机关提供的应税车辆完税或者免税电子信息对纳税人申请登记的车辆信息进行核对，核对无误后依法办理车辆注册登记。

9.【答案】×

【解析】纳税人应当自纳税义务发生之日起60日内申报缴纳车辆购置税。

10.【答案】×

【解析】纳税人购置需要办理车辆登记的应税车辆的，应当向车辆登记地的主管税务机关申报缴纳车辆购置税；购置不需要办理车辆登记的应税车辆的，也应当向纳税人所在地的主管税务机关申报缴纳车辆购置税。

四、业务题

1.【答案】

计税依据＝(226 000＋3 390＋1 130)÷(1＋13%)＝204 000(元)

应纳车辆购置税税额＝204 000×10%＝20 400(元)

2.【答案】

(1) 购置小轿车应纳车辆购置税税额＝226 000÷(1＋13%)×10%×3＝60 000(元)

(2) 购置载货汽车应纳车辆购置税税额＝67 800÷(1＋13%)×10%×3＝18 000(元)

(3) 进口摩托车应纳关税税额＝7 000×6%×4＝1 680(元)

应纳车辆购置税税额＝(7 000×4＋1 680)÷(1－10%)×10%＝3 297.78(元)

该公司应缴纳的车辆购置税税额＝60 000＋18 000＋3 297.78＝81 297.78(元)

3.【答案】

虽然4S店进口小轿车10辆，但是只对其自用的2辆计车辆购置税。赠送的小轿车由取得并自用小轿车的一方纳税。因此，该4S店应缴纳的车辆购置税＝2×(30＋30×28%)÷(1－9%)×10%＝8.44(万元)。

第十六章　车船税和船舶吨税

习　题

一、单项选择题

1. 下列车辆中，应缴纳车船税的是(　　)。

A. 挂车　　B. 插电式混合动力汽车

C. 国际组织驻华代表机构使用的车辆　　D. 武装警察部队专用的车辆

2. 下列关于车船税的说法中，正确的是(　　)。

A. 拖拉机属于车船税的征收范围

B. 扣缴义务人代扣代缴车船税的，车辆登记地主管税务机关不再征收

C. 境内单位和个人将船舶出租到境外的，不征收车船税

D. 客货两用车依照乘用车的标准计征车船税

3. 下列关于车船税的说法中，正确的是(　　)。

A. 拖船按机动船舶税额的70%计算车船税

B. 挂车按照货车税额的50%计算车船税

C. 非机动驳船按照机动船舶税额60%计算车船税

D. 车辆整备质量尾数在0.5吨以下的不计算车船税

4. 某公司2019年有如下车辆：货车3辆，每辆整备质量15吨；7月份购入挂车4辆，每辆整备质量5吨，公司所在地政府规定货车年税额98元/吨。2019年该公司应缴纳的车船税税额为(　　)元。

A. 1 960　　B. 4 410　　C. 4 900　　D. 5 390

5. 下列车船，不属于免征车船税的是(　　)。

A. 警用车辆　　B. 纯电动商用车

C. 捕捞、养殖渔船　　D. 财政拨款事业单位的办公用车

6. 车船税采用的税率类型是(　　)。

A. 比例税率　　B. 超率累进税率

C. 定额幅度税率　　D. 超额累进税率

7. 下列关于车船税计税单位的说法中，不正确的是(　　)。

A. 摩托车以每辆为计税单位　　B. 客车以每辆计税单位

C. 机动船舶以净吨位每吨为计税单位　　D. 游艇以整备质量每吨计税单位

8. 某运输企业2019年初拥有小轿车5辆，2019年3月外购货车15辆(整备质量为10吨)并于当月办理登记手续。假设货车年税额为整备质量每吨60元，小轿车年税额为每辆550元，该企业2019年应缴纳车船税税额为(　　)元。

A. 2 750　　B. 9 000　　C. 10 250　　D. 11 750

9. 下列各项中,不属于专用作业车的是(　　)。

A. 救护车　　B. 洒水车　　C. 扫路车　　D. 高空作业车

10. 下列各项中,属于依法需要办理登记的车船的纳税地点的是(　　)。

A. 纳税人机构所在地　　B. 车船登记地

C. 纳税人经常居住地　　D. 车船的购买地

11. 车船税的扣缴义务人是(　　)。

A. 国家税务总局

B. 主管税务机关

C. 购买车船的消费者

D. 从事机动车第三者责任强制保险业务的保险机构

12. 根据车船税法的相关规定,下列表述不正确的是(　　)。

A. 扣缴义务人代收代缴后车辆登记地主管税务机关不再征收车船税

B. 已经缴纳车船税的车船,因质量原因,被退回生产企业的,纳税人不得享受申请退还已缴纳的税款

C. 拖船和非机动驳船分别按照机动船舶税额的50%计算车船税

D. 已缴纳车船税的车船在同一纳税年度内办理转让过户的,不另纳税,也不退税

13. (　　)是海关对自中华人民共和国境外港口进入境内港口的船舶所征收的一种税。

A. 关税　　B. 船舶吨税　　C. 车船税　　D. 进口增值税

14. 下列各项中,属于船舶吨税计税依据的是(　　)。

A. 船舶长度　　B. 船舶数量　　C. 整备质量　　D. 船舶净吨位

15. 下列属于船舶吨税中延期优惠的是(　　)。

A. 应纳税额在人民币50元以下的船舶

B. 吨税执照期满后24小时内不上下客货的船舶

C. 警用船舶

D. 军队、武装警察部队征用的船舶

16. 根据规定,船舶吨税纳税义务发生时间为(　　)。

A. 应税船舶进入港口的当天　　B. 应税船舶驶离港口的当天

C. 办妥《吨税执照》的当天　　D. 海关填发船舶吨税缴款凭证之日

17. 下列从境外进入我国港口,免征船舶吨税的船舶是(　　)。

A. 拖船　　B. 非机动驳船

C. 养殖渔船　　D. 执照期满24小时内上下客货的船舶

18. 根据《船舶吨税法》的规定,应税船舶到达港口前,经海关核准先行申报并办结出入境手续的,应税船舶负责人应当向海关提供与其依法履行吨税缴纳义务相适应的担保,下列财产、权利不可以用于担保的是(　　)。

A. 债券　　B. 存单

C. 支票　　D. 不可自由兑换的货币

二、多项选择题

1. 根据车船税税收优惠相关规定，下列说法中正确的有（　　）。

A. 省、自治区、直辖市人民政府可根据当地情况，对公共交通车船定期减征或免征车船税

B. 经批准临时入境的外国车船不征收车船税

C. 燃料电池商用车免征车船税

D. 机场、港口内部行驶或作业车船，自《车船税法》实施之日起 3 年内免征车船税

2. 以下车船中，免征车船税的有（　　）。

A. 纯电动商用车

B. 人民检察院领取警用牌照的车辆

C. 半挂牵引车

D. 捕捞渔船

3. 下列说法符合车船税法规定的有（　　）。

A. 境内单位或个人将船舶出租到境外的，应依法征收车船税

B. 境内单位或个人租入外国籍船舶的，应依法征收车船税

C. 经批准临时入境的外国车船，应依法征收车船税

D. 省、自治区、直辖市人民政府根据实际情况，可对公共交通车船定期减征或免征车船税

4. 下列关于车船税的税务处理方法，符合车船税法规定的有（　　）。

A. 纯电动乘用车和燃料电池乘用车不属于车船税征税范围，对其不征车船税。

B. 车辆整备质量尾数在 0.5 吨以下的不计算车船税

C. 客货两用车依照货车的计税单位和年基准税额计征车船税

D. 依法不需要办理登记的车船，车船税的纳税地点为车船的所有人或管理人所在地

5. 下列对车船税的相关规定，表述正确的有（　　）。

A. 车船税属于财产税

B. 车船税纳税义务发生时间为取得车船所有权或者管理权的当月

C. 车船税可以调节财富分配

D. 扣缴义务人代收代缴车船税的，纳税地点为扣缴义务人所在地

6. 下列关于车船税征收管理的说法，正确的有（　　）。

A. 依法需要办理登记的车船，车船税的纳税地点为纳税人经常居住地

B. 对于依法不需要购买机动车交强险的车辆，纳税人应当向主管税务机关申报纳税

C. 购买的船舶，纳税义务发生时间为购买发票或其他证明文件所载日期的当月

D. 车船税按年申报，分月缴纳，纳税年度为公历 1 月 1 日至 12 月 31 日

7. 下列关于车船税应纳税额计算的表述中，正确的有（　　）。

A. 购置的新车船，购置当年的应纳税额自纳税义务发生的当月起按月计算

B. 已办理退税的被盗抢车船，失而复得的，纳税人应当从公安机关出具相关证明的次月起计算缴纳车船税

C. 在一个纳税年度内，纳税人在非车辆登记地由保险机构代收代缴机动车车船税，且能够提供合法有效完税证明的，不再向车辆登记地的税务机关缴纳车辆车船税

D. 已缴纳车船税的车船在同一纳税年度内办理转让过户的，对新承受方征税，同时对

原纳税人应退税

8. 下列车船中,以“整备质量每吨”作为车船税计税单位的有(　　)。

A. 乘用汽车　　B. 挂车　　C. 半挂牵引车　　D. 游艇

9. 下列说法符合船舶吨税法规定的有(　　)。

A. 自中国境外港口进入境内港口的应税船舶应当缴纳船舶吨税

B. 吨税执照期满后 24 小时内不上下客货的船舶免税

C. 吨税税款、税款滞纳金、罚款以人民币计算

D. 应税船舶在吨税执照期满后尚未离开港口的,应当申领新的吨税执照,自上一次执照期满的次日起续缴船舶吨税

10. 根据船舶吨税法的规定,下列说法中,正确的有(　　)。

A. 应税船舶在吨税执照期限内,因修理导致净吨位变化的,吨税执照无效

B. 应税船舶应当自收到退税通知之日起 30 日内办理有关退还手续

C. 海关应当自受理退税申请之日起 30 日内查实并通知应税船舶办理退还手续

D. 吨税执照在期满前毁损或者遗失的,应当向原发照海关书面申请核发《吨税执照》副本,不再补税

11. 根据《船舶吨税法》的规定,吨税执照期限内,海关按照实际发生的天数批注延长吨税执照期限的有(　　)。

A. 修理、改造并不上下客货的船舶

B. 养殖渔船

C. 军队、武装警察部队征用的船舶

D. 自境外以受赠、购买方式取得船舶所有权的初次进口到港的空载船舶

12. 下列关于船舶吨税特点的表述中,正确的有(　　)。

A. 船舶吨税主要是对进出中国港口的国际航行船舶征收

B. 以船舶所载货物的价值为计税依据,实行从价定率征收

C. 对不同的船舶分别适用普通税率或优惠税率

D. 所征税款主要用于港口建设维护及海上干线公用航标的维护建设

三、判断题

1. 根据车船税法的相关规定,车辆的具体适用税额由省、自治区、直辖市税务机关依照规定的税额幅度和国务院的规定确定。(　　)

2. 商用货车按“每辆”为计税单位,机动船舶以“净吨位每吨”为计税单位。(　　)

3. 车船税的征税范围是在车船管理部门登记的车船以及依法不需要在车船管理部门登记,在单位内部场所行驶或者作业的机动车辆和船舶。(　　)

4. 在一个纳税年度内,已完税的车船被盗抢、报废、灭失的,纳税人可凭有关管理机关出具的证明和完税证明,向纳税所在地主管税务机关申请退还自被盗抢、报废、灭失次月起至该纳税年度终了期间的税款。(　　)

5. 纯电动乘用车不属于车船税征税范围,对其不征车船税。(　　)

6. 以车辆整备质量、净吨位、艇身长度等为计税单位,有尾数的一律按尾数进行四舍五

入后的计税单位计算应纳税额。（　）

7. 车船税按年申报，分月计算，一次性缴纳。纳税年度为公历1月1日至12月31日。具体申报纳税期限由省、自治区、直辖市人民政府规定。（　）

8. 军队使用的所有车船均免征车船税。（　）

9. 车船税征税范围中的"船舶"是指各类机动、非机动船舶以及其他水上移动装置，包括船舶上装备的救生艇筏和长度小于5米的艇筏。（　）

10. 农村居民拥有并主要在农村地区使用的三轮汽车免征车船税。（　）

11. 车船的管理人也可以是车船税的纳税人。（　）

12. 经批准临时入境的香港特别行政区、澳门特别行政区、台湾地区的车船，不征收车船税。（　）

13. 根据规定，中华人民共和国国籍的应税船舶，船籍国（地区）与中华人民共和国签订含有相互给予船舶税费最惠国待遇条款的条约或者协定的应税船舶，适用最惠国税率。

（　）

14. 自境外以购买、受赠、继承等方式取得船舶所有权的初次进口到港的空载船免征船舶吨税。（　）

15. 应税船舶在《吨税执照》期限内，因税目税率调整或船籍改变而导致适用税率变化的，《吨税执照》无效。（　）

16. 船舶吨税由主管税务机关负责征收。（　）

17. 未按期缴清税款的，自滞纳税款之日起至缴清税款之日止，按日加收滞纳税款0.5‰的滞纳金。（　）

18. 海关发现少征或漏征税款的，应自应税船舶应缴纳税款之日起1年内，补征税款；但因应税船舶违反规定造成少征或漏征税款的，海关可自应缴纳税款之日起5年内追征税款。

（　）

四、业务题

1. 2019年年初，某渔业公司拥有捕捞渔船6艘，每艘净吨位180吨，其他渔业船舶8艘，每艘净吨位500吨；2019年4月7日，购置小轿车1辆；2019年8月10日，购置游艇3艘，每艘长22米，购置养殖渔船2艘，每艘净吨位2 000吨。相关新购车辆、船舶均得到车船管理部门核发的登记证书。机动船舶车船税计税标准为净吨位200吨以下（含200吨）的，每吨3元；净吨位201吨至2 000吨的，每吨4元；艇身长度超过18米但不超过30米的游艇，每米1 300元；小轿车年税额为500元/辆。

要求：请计算该渔业公司2019年应缴纳的车船税税额。

2. 某运输公司2019年拥有净吨位4 000吨的机动船10艘，净吨位200吨的非机动驳船4艘，整备质量为5吨的载货汽车20辆，整备质量为4吨的挂车8辆。已知机动船舶车船税计税标准为净吨位200吨以下（含200吨）的，每吨3元；净吨位201吨至2 000吨的，每吨4元；净吨位2 001吨至10 000吨的，每吨5元；该公司所在地载货汽车车船税年税额为整备质量每吨20元。

要求：请计算该运输公司2019年应缴纳的车船税税额。

3. 英国籍某净吨位为3 000吨的非机动驳船，停靠在我国某港口装卸货物。驳船负责人已向我国海关领取了吨税执照，在港口停留期为90天，英国已与我国签订相互给予船舶税费最惠国待遇条款。已知2 000净吨至10 000净吨的船舶，90天期的普通税率为8.0元/净吨，优惠税率为5.8元/净吨。

要求：请计算其应缴纳的船舶吨税。

第十六章　车船税和船舶吨税习题参考答案

一、单项选择题

1.【答案】A

【解析】挂车按照货车税额的50%计算车船税；选项B、C、D免征车船税。

2.【答案】B

【解析】选项A，车船税法规定的征税范围是其所附《车船税税目税额表》所列的车辆、船舶，包括依法应当在车船登记管理部门登记的机动车辆和船舶，也包括依法不需要在车船登记管理部门登记的在单位内部场所行驶或者作业的机动车辆和船舶。上述机动车辆包括乘用车、商用车(包括客车、货车)、挂车、专用作业车、轮式专用机械车、摩托车。拖拉机不需要缴纳车船税。选项C，境内单位和个人将船舶出租到境外的，征收车船税。选项D，客货两用车依照货车的标准计征车船税。

3.【答案】B

【解析】选项A、C，拖船、非机动驳船按照机动船舶税额的50%计算车船税。选项D，《车船税法》及其实施条例涉及的整备质量、净吨位、艇身长度等计税单位，有尾数的一律按照含尾数的计税单位据实计算车船税应纳税额，计算得出的应纳税额小数点后超过两位的可四舍五入保留两位小数。

4.【答案】C

【解析】计算此题的关键是挂车车船税的税收优惠问题，即挂车按照货车税额的50%征收，题中已经给出货车年基准税额为每吨98元，另外车船税的纳税义务发生时间为取得车船管理权的当月。所以应纳车船税$=15\times98\times3+5\times98\div12\times6\times50\%\times4=$ 4 900(元)。

5.【答案】D

【解析】选项A、C，法定减免包括：①捕捞、养殖渔船；②军队、武装警察部队专用的车船；③警用车船；④依照法律规定应当予以免税的外国驻华使领馆、国际组织驻华代表机构及其有关人员的车船；⑤省、自治区、直辖市人民政府根据当地实际情况，可以对公共交通车船，农村居民拥有并主要在农村地区使用的摩托车、三轮汽车和低速载货汽车定期减征或者免征车船税。选项B，免征车船税的新能源汽车是指纯电动商用车、插电式(含增程序)混合动力汽车、燃料电池商用车，纯电动乘用车和燃料电池乘用车不属于车船税征税范围，对其不征车船税。

6.【答案】C

【解析】车船税采用定额幅度税率。

7.【答案】D

【解析】游艇以艇身长度每米为计税单位。

8.【答案】C

【解析】该企业2019年应纳车船税税额=5×550+10×60÷12×10×15=10 250(元)。

9.【答案】A

【解析】以载运人员或货物为主要目的的专用汽车,如救护车,不属于专用作业车。

10.【答案】B

【解析】车船税的纳税地点为车船的登记地或车船税扣缴义务人所在地;依法不需要办理登记的车船,车船税的纳税地点为车船的所有人或者管理人所在地。

11.【答案】D

【解析】从事机动车第三者责任强制保险业务的保险机构为机动车车船税的扣缴义务人,应当在收取保险费时依法代收车船税,并出具代收税款凭证。

12.【答案】B

【解析】选项B,已经缴纳车船税的车船,因质量原因,车船被退回生产企业或者经销商的,纳税人可以向纳税所在地的主管税务机关申请退还自退货月份起至该纳税年度终了期间的税款。

13.【答案】B

【解析】船舶吨税是海关对自中华人民共和国境外港口进入境内港口的船舶所征收的一种税。

14.【答案】D

【解析】船舶吨税的计税依据是船舶净吨位。

15.【答案】D

【解析】选项A、B、C属于直接优惠。

16.【答案】A

【解析】船舶吨税纳税义务发生时间为应税船舶进入港口的当日。

17.【答案】C

【解析】下列船舶免征船舶吨税:应纳税额在人民币50元以下的船舶;自境外以购买、受赠、继承等方式取得船舶所有权的初次进口到港的空载船;吨税执照期满后24小时内不上下客货的船舶;非机动船舶(不包括非机动驳船);捕捞、养殖渔船;避难、防疫隔离、修理、改造、终止运营或拆解,并不上下客货的船舶;军队、武装警察部队专用或征用的船舶;警用船舶等。

18.【答案】D

【解析】可用于担保的财产、权利包括:人民币、可自由兑换货币;汇票、本票、支票、债券、存单;银行、非银行金融机构的保函;海关依法认可的其他财产、权利。

二、多项选择题

1.【答案】ABC

【解析】选项D,机场、港口内部行驶或者作业的车船,自《车船税法》实施之日起5年内免征车船税。

2.【答案】ABD

【解析】选项A、B、D均属于免征车船税的范围，而选项C的半挂牵引车属于货车税目，应当征收车船税，没有免税的优惠。

3.【答案】AD

【解析】选项A，境内单位和个人将船舶出租到境外的，应依法征收车船税；选项B，境内单位和个人租入外国籍船舶的，不征收车船税；选项C，经批准临时入境的外国车船，不征收车船税；选项D，省、自治区、直辖市人民政府根据当地实际情况，可对公共交通车船，农村居民拥有并主要在农村地区使用的摩托车、三轮汽车和低速载货汽车定期减征或免征车船税。

4.【答案】ACD

【解析】选项B，没有此项优惠。

5.【答案】ABCD

6.【答案】BC

【解析】选项A，车船税的纳税地点为车船的登记地或车船税扣缴义务人所在地。依法不需要办理登记的车船，车船税的纳税地点为车船的所有人或管理人所在地；选项D，车船税按年申报，分月计算，一次性缴纳。纳税年度为公历1月1日至12月31日。

7.【答案】AC

【解析】选项B，已办理退税的被盗抢车船，失而复得的，纳税人应当从公安机关出具相关证明的当月起计算缴纳车船税；选项D，已缴纳车船税的车船在同一纳税年度内办理转让过户的，不另纳税，也不退税。

8.【答案】BC

【解析】选项A，以“每辆”为车船税的计税单位；选项D，以“艇身长度每米”为车船税的计税单位。

9.【答案】ABCD

10.【答案】BCD

【解析】选项A，应税船舶在吨税执照期限内，因修理导致净吨位变化的，吨税执照继续有效。

11.【答案】AC

【解析】选项B、D，养殖渔船、自境外以购买、受赠、继承等方式取得船舶所有权的初次进口到港的空载船舶免税，属于直接优惠。

12.【答案】ACD

【解析】选项B，船舶吨税以船舶的净吨位为计税依据，实行从量定额征收。

三、判断题

1.【答案】×

【解析】车辆的具体适用税额由省、自治区、直辖市人民政府依照《车船税税目税额表》规定的税额幅度和国务院的规定确定。

2.【答案】×

【解析】商用货车按照“整备质量每吨”为计税单位。

3.【答案】√

4.【答案】×

【解析】在一个纳税年度内，已完税的车船被盗抢、报废、灭失的，纳税人可凭有关管理机关出具的证明和完税证明，向纳税所在地主管税务机关申请退还自被盗抢、报废、灭失月份起至该纳税年度终了期间的税款。

5.【答案】√

【解析】免征车船税的新能源汽车是指纯电动商用车、插电式(含增程序)混合动力汽车、燃料电池商用车。纯电动乘用车和燃料电池乘用车不属于车船税征税范围，对其不征车船税。

6.【答案】×

【解析】以车辆整备质量、净吨位、艇身长度等为计税单位，有尾数的一律按含尾数的计税单位据实计算应纳税额，计算得出的应纳税额小数点后超过两位的可四舍五入保留两位小数。

7.【答案】√

8.【答案】×

【解析】军队、武装警察部队专用的车船免征车船税。军队、武装警察部队专用的车船是指按规定在军队、武装警察部队车船管理部门登记，并领取军队、武警牌照的车船。

9.【答案】×

【解析】船舶是指各类机动、非机动船舶以及其他水上移动装置，但船舶上装备的救生艇筏和长度小于5米的艇筏除外。

10.【答案】×

【解析】省、自治区、直辖市人民政府根据当地实际情况，可对公共交通车船，农村居民拥有并主要在农村地区使用的摩托车、三轮汽车和低速载货汽车定期减征或免征车船税。

11.【答案】√

【解析】车船税是对在中华人民共和国境内属于《车船税法》中《车船税税目税额表》所规定的车辆、船舶(以下简称车船)的所有人或管理人征收的一种税。

12.【答案】√

【解析】经批准临时入境的外国车船和香港特别行政区、澳门特别行政区、台湾地区的车船，不征收车船税。

13.【答案】×

【解析】中华人民共和国国籍的应税船舶，船籍国(地区)与中华人民共和国签订含有相互船舶税费最惠国待遇条款的条约或协定的应税船舶，适用优惠税率。

14.【答案】√

15.【答案】×

【解析】应税船舶在《吨税执照》期限内，因税目税率调整或船籍改变而导致适用税率变化的，《吨税执照》继续有效。

16.【答案】×

【解析】船舶吨税由海关负责征收。海关征收船舶吨税应当制发缴款凭证。

17.【答案】√

18.【答案】×

【解析】海关发现少征或漏征税款的，应自应税船舶应缴纳税款之日起 1 年内，补征税款。但因应税船舶违反规定造成少征或漏征税款的，海关可自应缴纳税款之日起 3 年内追征税款，并自应缴纳税款之日起按日加征少征或漏征税款 0.5‰的滞纳金。

四、业务题

1.【答案】

捕捞、养殖渔船免税；购置的新车船，购置当年的应纳税额自纳税义务发生的当月起计算。

该渔业公司 2019 年应纳车船税税额

=8×500×4+1×500÷12×9+3×22×1 300÷12×5=52 125(元)

2.【答案】

非机动驳船按照机动船舶税额的 50%计算车船税，挂车按货车税额的 50%计征车船税。

该公司 2019 年应纳车船税税额

=10×4 000×5+4×200×3×50%+20×5×20+8×4×20×50%=203 520(元)

3.【答案】

拖船和非机动驳船分别按相同净吨位船舶税率的 50%计征税款；中华人民共和国国籍的应税船舶，船籍国(地区)与中华人民共和国签订含有相互船舶税费最惠国待遇条款的条约或协定的应税船舶，适用优惠税率，该船舶适用 5.8 元/净吨的税率。

应纳船舶吨税税额=3 000×5.8×50%=8 700(元)

第十七章 印 花 税

习 题

一、单项选择题

1. 根据印花税法的有关规定，下列不属于印花税纳税义务人的是(　　)。

A. 财产转移书据的立据人　　B. 营业账簿的立账簿人

C. 凭证的担保人　　D. 权利、许可证照的领受人

2. 下列行为中，属于印花税列举应税合同范围的是(　　)。

A. 某银行向另一银行签订的拆借 50 000 万元人民币的合同

B. 企业与主管部门签订的租赁承包合同

C. 科技公司签订的技术服务合同

D. 某公司和会计师事务所签订的管理咨询合同

3. 下列关于印花税计税依据说法中错误的是(　　)。

A. 建筑安装工程承包合同，为承包金额

B. 货物运输合同为运输、保险、装卸等各项费用合计

C. 融资租赁合同为租赁费

D. 以物易物的购销合同所载的购销金额合计

4. 下列凭证中，不需要缴纳印花税的是(　　)。

A. 建筑工程分包合同　　B. 个人出租门店所签订的合同

C. 银行同业拆借所签订的合同　　D. 土地使用权出让合同

5. 下列选项中，印花税税率为 0.5‰的经济凭证是(　　)。

A. 财产保险合同　　B. 产权转移书据

C. 借款合同　　D. 技术合同

6. 下列单位或个人，属于印花税纳税人的是(　　)。

A. 商品购销合同的担保人

B. 与用户签订供用电合同的电网

C. 在国外接受专利证，在国内使用的单位

D. 发放土地证的土地管理局

7. 下列合同中，应按“购销合同”税目征收印花税的是(　　)。

A. 发电厂与电网之间签订的购售电合同

B. 电网与用户之间签订的供用电合同

C. 企业之间签订的土地使用权转让合同

D. 开发商与个人之间签订的商品房销售合同

8. 甲公司与乙公司分别签订了两份合同：一是以货换货合同，甲公司的货物价值150万元，乙公司的货物价值200万元；二是采购合同，甲公司购买乙公司50万元货物，但因故合同未能兑现。甲公司应缴纳印花税税额为(　　)元。

A. 150　　B. 600　　C. 1 050　　D. 1 200

9. 甲乙双方签订了一份仓储保管合同，合同上注明货物金额500万元，保管费用10万元。已知仓储保管合同印花税税率为1‰，则甲乙双方共应缴纳印花税税额为(　　)元。

A. 100　　B. 200　　C. 2 550　　D. 5 100

10. 2019年5月，甲服装厂办理综合财产保险一份，与保险公司签订合同，保额500 000元，合同约定保险费25 000元；同月甲服装厂将一项专利权转让，签订转让合同，合同约定转让金额为10 000元，双方约定次月收取款项。已知：财产保险合同印花税税率为1‰，技术合同印花税税率为0.3‰，产权转移书据印花税税率为0.5‰。则甲服装厂2019年5月应缴纳印花税税额为(　　)元。

A. 28　　B. 30　　C. 528　　D. 530

11. 2019年5月，甲公司成立，领取了工商营业执照、土地使用证和房屋产权证各一件。记载资金的账簿注明实收资本100万元、资本公积20万元。当月新启用其他营业账簿6本。已知记载资金的营业账簿的印花税税率为0.5‰。甲公司2019年5月应缴纳印花税税额为(　　)元。

A. 300　　B. 315　　C. 300　　D. 645

12. 某电厂与某水运公司签订一份运输保管合同，合同载明的费用为500 000元(运输费和保管费未分别记载)。货物运输合同的印花税税率为0.5‰，仓储保管合同的印花税税率为1‰，该项合同双方各应缴纳的印花税税额为(　　)元。

A. 0　　B. 250　　C. 500　　D. 750

13. 某公司签订甲、乙两份加工承揽合同，甲合同约定：由委托方提供主要材料600万元，受托方提供辅助材料40万元，并收取加工费50万元。乙合同约定：由受托方提供主要材料400万元并收取加工费20万元。上述加工承揽合同应缴纳印花税税额为(　　)元。

A. 1 550　　B. 1 650　　C. 1 750　　D. 2 550

二、多项选择题

1. 下列凭证中，不属于印花税征税范围的有(　　)。

A. 纳税人以电子形式签订的购销凭证

B. 发电厂与电网之间签订的购售电合同

C. 电网与用户之间签订的供用电合同

D. 订阅单位和个人之间订立的音像征订凭证

2. 下列各项中，适用印花税定额税率的有(　　)。

A. 专利证　　B. 土地使用证

C. 记载资金的营业账簿　　D. 工商营业执照

3. 下列关于印花税纳税义务人的表述中，正确的有(　　)。

A. 各类电子应税凭证的签订人为纳税人

B. 合同鉴定人为纳税义务人

C. 书立经济合同的以合同各方当事人为纳税人

D. 领取权利许可证照的以授予证照的当事人为纳税人

4. 根据税法的规定，下列关于印花税计税依据的表述中，正确的有（ ）。

A. 对于由委托方提供原材料、受托方提供辅助材料并收取加工费的加工合同，以辅助材料和加工费合计数，依照加工承揽合同计税，原材料按购销合同计税

B. 货物运输合同的计税依据为所运输货物的金额

C. 借款合同的计税依据为借款金额

D. 记载资金的营业账簿，计税依据为实收资本和资本公积之和

5. 下列各项中，应免予征收印花税的有（ ）。

A. 财产所有人将财产赠给商贸企业书立的书据

B. 对公租房经营管理单位购买住房作为公共租赁住房

C. 经批准的企业因改制签订的产权转移书据

D. 国家指定的收购部门与村民委员会书立的农业产品收购合同

三、判断题

1. 凡是由两方或两方以上当事人共同书立的应税凭证，其当事人各方都是印花税的纳税人，应各自就其所持凭证的计税金额全额完税。（ ）

2. 已缴纳印花税的凭证的副本或抄本免税。（ ）

3. 现行税法规定，财产所有人将财产赠送给政府、社会团体、学校、社会福利单位所立书据免征印花税。（ ）

4. 立合同人是指合同的当事人，即指对凭证有直接权利义务关系的单位和个人，但不包括合同的担保人、证人、鉴定人。（ ）

5. 甲公司受乙公司委托加工一批材料，双方签订一份加工合同，甲公司提供价值 30 万元的辅助材料并收取加工费 25 万元，乙公司提供价值 100 万元的原材料。甲公司应纳印花税税额为 275 元。（ ）

6. 对于由委托方提供原材料的加工承揽合同，凡是合同中分别记载加工费金额和原材料金额的，应分别按“加工承揽合同”和“购销合同”计税贴花；若合同中未分别记载，则应就全部金额依照“加工承揽合同”计税贴花。（ ）

7. 印花税的税率有两种形式，即比例税率和定额税率。加工承揽合同适用比例税率，税率为 0.5‰，营业账簿适用定额税率，税额为每件 5 元。（ ）

8. 同一应税凭证载有两项经济事项，并分别记载金额，可按两项金额合计和最低的适用税率，计税贴花。（ ）

9. 商品购销活动中，采用以货换货方式进行商品交易签订的合同，其本质上反映了购与销双重经济行为。这种合同应按合同所载的购、销合计金额计税贴花。（ ）

10. 应纳税额不足 1 角的，免纳印花税；1 角以上的，其尾数不满 5 分的不计、满 5 分的按 1 角计算贴花；对财产租赁合同的应纳税额超过 1 角但不足 1 元的，按 1 元贴花。（ ）

四、业务题

1. 甲企业为生产型外商投资企业，2019 年 6 月发生以下业务：

(1) 领取土地使用证、商标注册证、卫生许可证、银行开户许可证各一份。

(2) 销售自产产品，签订销售合同，合同注明销售额为 400 000 元。

(3) 签订受托加工合同，为乙企业加工工作服。根据合同规定，由乙企业提供面料和主要衬料 800 000 元，本企业代垫辅料 20 000 元并收取加工费 30 000 元，该合同本月签订但当月未执行。

(4) 转让一项专利申请权，签订转让合同，协议转让金额 10 000 元，在当月取得转让收入。

(5) 购买一项土地使用权，签订土地使用权转让合同，合同注明价款为 60 万元。

(6) 出租设备一台，签订财产租赁合同，合同约定年租金 18 万元，租赁期两年。

已知：购销合同印花税税率为 0.3‰，加工承揽合同印花税税率为 0.5‰，技术合同印花税税率为 0.3‰，产权转移书据印花税税率为 0.5‰，财产租赁合同印花税税率为 1‰。

要求：

(1) 请计算甲企业领取权利、许可证照应缴纳印花税税额。

(2) 请计算甲企业签订产品销售合同应缴纳印花税税额。

(3) 请计算甲企业签订受托加工合同应缴纳印花税税额。

(4) 请计算甲企业签订转让专利申请权合同应缴纳印花税税额。

(5) 请计算甲企业签订土地使用权转让合同应缴纳印花税税额。

(6) 请计算甲企业签订财产租赁合同应缴纳印花税税额。

2. 甲食品生产企业于 2019 年 6 月成立，领取了工商营业执照、卫生许可证、房屋产权证、银行开户许可证各一件，资金账簿记载实收资本 500 万元、资本公积 200 万元，新启用其他营业账簿 8 本。该企业当年发生经济业务如下：

(1) 6 月与乙企业签订以货易货合同，合同约定：甲企业以价值 30 万元的自产食品交换乙企业自产的服装，甲企业支付补差价 10 万元。

(2) 7 月将闲置仓库出租给某商业企业，双方签订的合同中注明租期三年，年租金 9 万元，当年收取租金 6 万元；当月还将生产机器出租给某企业并签订财产租赁合同，月租金 0.5 万元，租期未定。

(3) 8 月受托为丙企业加工一批月饼，合同注明：丙企业提供价值 2 万元的原材料，甲企业提供辅料 0.5 万元并收取加工费 0.5 万元；同月还受托为丁企业加工一批香肠，合同注明：甲企业提供价值 2 万元的原材料，并向丁企业收取加工费 0.5 万元。

已知：购销合同印花税税率为 0.3‰，加工承揽合同印花税税率为 0.5‰，技术合同印花税税率为 0.3‰，产权转移书据印花税税率为 0.5‰，财产租赁合同印花税税率为 1‰。

要求：

(1) 请计算甲企业当年权利、许可证照与营业账簿共应缴纳印花税税额。

(2) 请计算甲企业当年与乙企业签订的以货易货合同应缴纳印花税税额。

(3) 请计算甲企业针对业务(2)应缴纳印花税税额。

(4) 请计算甲企业针对业务(3)应缴纳印花税税额。

第十七章 印花税习题参考答案

一、单项选择题

1. 【答案】C

【解析】对于同一凭证，如果由两方或者两方以上当事人签订并各执一份，各方均为纳税人，应当由各方就所持凭证的各自金额贴花。当事人是指对凭证有直接权利义务关系的单位和个人，不包括担保人、证人、鉴定人。

2. 【答案】C

【解析】印花税相关法规明确规定：借款合同中的银行同业拆借所签的借款合同，企业与主管部门签订的租赁承包合同，技术服务合同中的会计、税务、法律咨询合同不属于印花税法规定的列举征税范围。

3. 【答案】B

【解析】货物运输合同的计税依据为运输费用，不包括其他费用。

4. 【答案】C

【解析】银行同业拆借所签订的合同不缴纳印花税。

5. 【答案】B

【解析】财产保险合同的印花税税率为1‰；产权转移书据的印花税税率为0.5‰；借款合同的印花税税率为0.05‰；技术合同的印花税税率为0.3‰。

6. 【答案】C

【解析】印花税的纳税人是指在我国境内书立、领受、使用印花税征税范围所列凭证的单位和个人，包括各类企业、事业、机关、团体、部队，以及中外合资企业、合作经营企业、外资企业、外国公司企业和其他经济组织及其在华机构等单位和个人，具体可分为立合同人、立账簿人、立据人、领受人和使用人。但担保人、证人、鉴定人不作为纳税人。电网与用户之间签订的供用电合同不征印花税；土地管理局不属于印花税的纳税人，领受土地证的单位和个人为纳税人。

7. 【答案】A

【解析】选项A，发电厂与电网之间签订的购售电合同应该按照"购销合同"缴纳印花税；选项B，电网与用户之间签订的供用电合同不征印花税；选项C，企业之间签订的土地使用权转让合同按照"产权转移书据"征收印花税。选项D，开发商与个人之间签订的商品房销售合同按照"产权转移书据"征收印花税。

8. 【答案】D

【解析】印花税税额＝(150＋200＋50)×0.3‰×10 000＝1 200(元)。

9. 【答案】B

【解析】仓储保管合同的计税依据为仓储保管的费用(保管收入)。甲乙双方共应缴纳印花税税额＝10×1‰×10 000×2＝200(元)。

10. 【答案】B

【解析】财产保险合同的印花税计税依据为支付(收取)的保险费,不包括所保财产的金额。专利权转让合同,应按产权转移书据贴花。甲服装厂 2019 年 5 月应缴纳印花税税额=25 000×1‰+10 000×0.5‰=25+5=30(元)。

11.【答案】B

【解析】工商营业执照、土地使用证和房屋产权证按件贴花;营业账簿税目中记载资金的账簿的计税依据为“实收资本”与“资本公积”两项的合计金额;其他营业账簿的计税依据为应税凭证件数。自 2018 年 5 月 1 日起,对按 0.5‰税率贴花的资金账簿减半征收印花税,对按件贴花 5 元的其他账簿免征印花税。甲公司 2019 年 5 月应缴纳印花税税额=5×3+(100+20)×10 000×0.5‰×50%=315(元)。

12.【答案】C

【解析】同一凭证因载有两个或两个以上经济事项而适用不同税率,分别载有金额的,应分别计算应纳税额,相加后按合计税额贴花;未分别记载金额的,按税率高的计税贴花。该项合同双方各自应缴纳印花税税额=500 000×1‰=500(元)。

13.【答案】C

【解析】对于由受托方提供原材料的加工定做合同,凡在合同中分别记载加工费和原材料金额的,应分别按“加工承揽合同”“购销合同”计税,两项税额相加数,即为合同应贴印花;若合同中未分别记载,则应就全部金额依照加工承揽合同计税贴花。对于由委托方提供主要材料或原料,受托方只提供辅助材料的加工合同,无论加工费和辅助材料是否分别记载,均以辅助材料和加工费的合计数,依照加工承揽合同计税贴花,对委托方提供的主要材料或原料金额不计税贴花。所以此题应缴纳印花税税额=(40+50)×0.5‰×10 000+400×0.3‰×10 000+20×0.5‰×10 000=1 750(元)。

二、多项选择题

1.【答案】CD

【解析】选项 C,电网与用户之间签订的供用电合同不征印花税;选项 D,订阅单位和个人之间订立的音像征订凭证不属于印花税的征税范围。

2.【答案】ABD

【解析】选项 C 适用比例税率。

3.【答案】ACD

【解析】印花税的纳税人是指在我国境内书立、领受、使用印花税征税范围所列凭证的单位和个人,具体可分为立合同人、立账簿人、立据人、领受人和使用人。但担保人、证人、鉴定人不作为纳税人。领取权利许可证照的以领受人为纳税人。选项 B,合同鉴定人不属于印花税纳税人。

4.【答案】CD

【解析】选项 A,对于由委托方提供主要原材料,受托方只提供辅助材料的加工合同,以辅助材料和加工费合计数,按加工承揽合同计税,对委托方提供的主要材料不计税;选项 B,货物运输合同的计税依据为取得的运费收入,不包括所运货物的金额、装卸费和保险费。

5.【答案】BCD

【解析】选项A,不免印花税。财产所有人将财产赠给政府、社会福利单位、学校所立的书据免纳印花税。

三、判断题

1.【答案】√

【解析】同一凭证由两方或两方以上当事人共同书立并各执一份的,各方都是印花税的纳税人,应各自就其所持凭证的计税金额全额贴花。

2.【答案】√

【解析】根据《印花税暂行条例》及其施行细则的规定,已缴纳印花税的凭证副本或抄本。但以副本或抄本作为正本使用的,应另行贴花。

3.【答案】×

【解析】财产所有人将财产赠给政府、社会福利单位、学校所立的书据免印花税,其中,社会福利单位是指扶养孤老伤残的社会福利单位。不包括社会团体。

4.【答案】√

【解析】立合同人是指书立各类经济合同的当事人。当事人在两方或两方以上的,各方均为纳税人。合同的担保人、证人、鉴定人不属于印花税的纳税人。

5.【答案】√

【解析】对于由委托方提供主要材料或原料,受托方只提供辅助材料的加工合同,无论加工费和辅助材料金额是否分别记载,均以辅助材料与加工费的合计数,依照加工承揽合同计税贴花。对委托方提供的主要材料或原料金额不计税贴花。应缴纳印花税税额=(30+25)×10 000×0.5‰=275(元)。

6.【答案】×

【解析】对于由受托方提供原材料的加工、定做合同,凡在合同中分别记载加工费金额和原材料金额的,应分别按“加工承揽合同”“购销合同”计税,两项税额相加数,即为合同应贴印花;若合同中未分别记载,则应就全部金额依照加工承揽合同计税贴花。

7.【答案】×

【解析】营业账簿税目中记载资金的账簿的计税依据为“实收资本”与“资本公积”两项的合计金额;其他营业账簿的计税依据为应税凭证件数。自2018年5月1日起,对按件贴花5元的其他账簿免征印花税。

8.【答案】×

【解析】同一凭证,载有两个或两个以上经济事项而适用不同税目税率,分别记载金额的,应分别计算应纳税额,相加后按合计税额贴花;未分别记载金额的,按税率高的计税贴花。

9.【答案】√

【解析】印花税应纳税额计算的特殊规定:商品购销活动中,采用以货换货方式进行商品交易签订的合同,其本质上反映了购与销双重经济行为。这种合同应按合同所载的购、销合计金额计税贴花。

10.【答案】√

【解析】印花税应纳税额计算的特殊规定:应纳税额不足1角的,免纳印花税;1角以上的，其尾数不满5分的不计、满5分的按1角计算贴花；对财产租赁合同的应纳税额超过1角但不足1元的，按1元贴花。

四、业务题

1.【答案】

(1) 房屋产权证、工商营业执照、商标注册证、专利证、土地使用证应当按件贴花，每件5元。卫生许可证、银行开户许可证均不缴纳印花税。甲企业领取权利、许可证照应缴纳印花税税额合计＝5×2＝10(元)。

(2) 甲企业签订产品销售合同应缴纳印花税税额＝400 000×0.3‰＝120(元)

(3) 甲企业签订受托加工合同应缴纳印花税税额＝(20 000＋30 000)×0.5‰＝25(元)

(4) 甲企业签订专利申请权转让合同应缴纳印花税税额＝10 000×0.3‰＝3(元)

(5) 甲企业签订土地使用权转让合同应缴纳印花税税额＝60×10 000×0.5‰＝300(元)

(6) 甲企业签订财产租赁合同应缴纳印花税税额＝18×2×10 000×1‰＝360(元)

2.【答案】

(1) 工商营业执照、房屋产权证应当按件贴花，每件5元。卫生许可证、银行开户许可证不用缴纳印花税。自2018年5月1日起，对按0.5‰税率贴花的资金账簿减半征收印花税，对按件贴花5元的其他账簿免征印花税。甲企业当年权利、许可证照与营业账簿应缴纳印花税税额＝2×5＋(500＋200)×10 000×0.5‰×50%＝1 760(元)。

(2) 本题是甲企业支付了补差价，所以可以推断出乙企业货物的价值是40万元，也就是甲企业销售了30万元的货物，然后购进了40万元的货物。所以甲企业当年与乙企业签订的以货易货合同应缴纳印花税税额＝(30＋40)×0.3‰×10 000＝210(元)。

(3) 有些合同在签订时无法确定印花税计税金额，对这类合同，可在签订时先按定额5元贴花，以后结算时再按实际金额计税，补贴印花。该企业当年签订的财产租赁合同共应缴纳印花税税额＝9×3×10 000×1‰＋5＝275(元)。

(4)

① 对于由委托方提供主要材料或原料，受托方只提供辅助材料的加工承揽合同，无论加工费和辅助材料金额是否分别记载，均以辅助材料与加工费的合计数，依照“加工承揽合同”计税贴花；对委托方提供的主要材料或原料金额不计税贴花。甲企业与丙企业签订的合同应纳印花税税额＝(0.5＋0.5)×0.5‰×10 000＝5(元)。

② 由受托方提供原材料或主要材料的加工承揽合同，凡在合同中分别记载加工费金额与原材料金额的，加工费按“加工承揽合同”计税、原材料金额按“购销合同”计税，两项税额相加数，即为合同应贴印花；合同中未分别列明加工费金额与原材料金额的，应按全部金额，依照“加工承揽合同”计税贴花。甲企业与丁企业签订的合同应纳印花税税额＝(2×0.3‰＋0.5×0.5‰)×10 000＝8.5(元)。

③ 综上，业务(3)应纳印花税税额＝5＋8.5＝13.5(元)。

第十八章　税收征收管理法

习　题

一、单项选择题

1. 领取"一照一码"营业执照的企业，其生产经营地、财务负责人、核算方式信息发生变化时，应当依法向税务机关办理（　　）。

A. 注销税务登记　　B. 变更税务登记

C. 开业税务登记　　D. 停业税务登记

2. 根据税收征收管理法律制度的相关规定，从事生产、经营的纳税人应当自领取营业执照或者发生纳税义务之日起（　　）日内，按照国家有关规定设置账簿。

A. 10　　B. 15　　C. 7　　D. 30

3. 扣缴义务人应当自税收法律、行政法规规定的扣缴义务发生之日起（　　）日内，按照所代扣、代收的税种，分别设置代扣代缴、代收代缴税款账簿。

A. 10　　B. 15　　C. 60　　D. 30

4. 根据税收征收管理法律制度的规定，下列关于纳税申报方式的说法中不正确的是（　　）。

A. 邮寄申报以税务机关收到的日期为实际申报日期

B. 数据电文申报方式的申报日期以税务机关计算机网络系统收到数据电文的时间为准

C. 实行定期定额缴纳税款的纳税人，可以实行简易申报、简并征期等方式申报纳税

D. 自行申报是指纳税人、扣缴义务人按照规定的期限自行直接到主管税务机关办理纳税申报手续

5. 发票的存放和保管应按税务机关的规定办理，不得丢失和擅自损毁。已经开具的发票存根联和发票等登记簿，应当保存（　　）年。

A. 1　　B. 3　　C. 5　　D. 10

6. 纳税人有特殊困难，不能按期缴纳税款的，经省、自治区、直辖市税务局批准，可以延期缴纳税款，但最长不得超过（　　）。

A. 1个月　　B. 3个月　　C. 半年　　D. 1年

7. 根据《税收征管法》的规定，纳税人未按规定的期限缴纳或者解缴税款的，税务机关除责令限期缴纳外，应当从滞纳税款之日起，按日加收滞纳税款（　　）的滞纳金。

A. 1‰　　B. 2‰　　C. 0.3‰　　D. 0.5‰

8. 对账簿、凭证、会计等核算制度比较健全的纳税人应采取的税款征收方式为（　　）。

A. 查账征收　　B. 查定征收　　C. 查验征收　　D. 委托代征税款

9. 对于因纳税人、扣缴义务人计算错误造成的未缴或者少缴税款，一般情况下，税务机关的追征期是(　　)年；特殊情况下，追征期是(　　)年。

A. 3、5　　B. 3、10　　C. 5、10　　D. 2、5

10. 下列各项中，不属于税务机关作出的税收保全措施的是(　　)。

A. 书面通知纳税人的开户银行冻结纳税人的相当于应纳税款的存款

B. 依法拍卖纳税人相当于应纳税款的商品

C. 查封纳税人的价值相当于应纳税款的商品

D. 扣押纳税人的价值相当于应纳税款的货物

11. 根据《税收征管法》的规定，税收保全措施的适用范围是(　　)。

A. 从事生产经营的纳税人　　B. 非从事生产经营的纳税人

C. 扣缴义务人　　D. 纳税担保人

12. 2020 年 1 月，鑫诚公司因财务人员调动，对账目清理时发现有两笔收入用错了税率，多缴了税款，一笔系 2015 年 1 月的，另一笔系 2018 年 10 月的，于是马上向税务机关申请退税。这两笔多缴税款的退税流程为(　　)。

A. 税务机关查实后应马上退还两笔多缴税款，并加算同期银行利息

B. 只有 2018 年 10 月的多缴税款可以退还，但不能加算同期银行利息

C. 只有 2018 年 10 月的多缴税款可以退还，并加算同期银行利息

D. 这两笔税款都不能退还

13. 税务机关依法采取税收保全措施时，(　　)不在保全措施的范围之内。

A. 豪华住宅　　B. 机动车辆

C. 古玩字画　　D. 单价 5 000 元以下的其他生活用品

14. 根据税收征管法对税款追征制度的规定，下列表述正确的是(　　)。

A. 对于因税务机关的责任造成的未缴或者少缴税款，税务机关可以在 5 年内要求纳税人、扣缴义务人补缴税款

B. 因纳税人计算错误而造成少缴税款的，一般情况下，税务机关的追征期是 3 年，同时追征滞纳金

C. 对于偷税、抗税、骗税的，税务机关可以在 15 年内追征税款和滞纳金

D. 因纳税人原因造成少缴税款的，存在特殊情况的，税务机关可以在 10 年内追征税款和滞纳金

15. 根据税收征收管理法律制度相关规定，纳税人同税务机关在纳税上发生争议而未缴清税款，需要申请行政复议的，税务机关可以采取的措施是(　　)。

A. 责令提供纳税担保

B. 查封纳税人价值相当于应纳税款的商品

C. 书面通知其开户银行或其他金融机构从其存款中扣缴税款

D. 依法拍卖或变卖其价值相当于应纳税款的商品

16. 税务机关派出人员在进行税务检查时，应当向纳税人或扣缴义务人出示(　　)。

A. 介绍信和工作证　　B. 介绍信和税务检查证

C. 税务检查证和税务检查通知书　　D. 工作证和税务检查通知书

17. 根据税收征收管理法律制度相关规定，税务机关在进行税务检查时，不可以采取的行为是(　　)。

A. 检查纳税人的账簿、记账凭证、报表和有关资料

B. 到纳税人的生活场所进行检查

C. 到车站、码头、机场、邮政企业及其分支机构检查纳税人托运、邮寄应纳税商品、货物或者其他财产的有关单据、凭证或有关资料

D. 询问纳税人、扣缴义务人与纳税或者代扣代缴、代收代缴税款有关的问题和情况

18. 根据《税收征管法》的规定，纳税人采取(　　)行为是偷税。

A. 伪造销毁账簿　　B. 假报出口骗取出口退税

C. 以暴力手段拒不缴纳应缴税款　　D. 超过期限未缴纳税款

19. 出租车司机张某打电话给税务所所长：如不答应减免应缴未缴的3万元税款，就伺机将其撞死。张某的这种行为属(　　)。

A. 骗税行为　　B. 抗税行为　　C. 偷税行为　　D. 逃税行为

20. 纳税人未按照规定设置、保管账簿或者保管记账凭证和有关资料的，税务机关(　　)。

A. 应责令限期改正，可以处2 000元以下罚款

B. 应责令限期改正，并处2 000元以下罚款

C. 应责令限期改正，并处2 000元以上10 000元以下的罚款

D. 应责令限期改正，处2 000元以上10 000元以下的罚款

二、多项选择题

1. 下列有关发票管理的说法中，正确的有(　　)。

A. 禁止私自印制、伪造、变造发票

B. 开具发票时，可以按照付款方要求变更品名和金额

C. 已经开具的发票存根联保存期满，开具单位可以自行销毁

D. 收购单位向个人支付收购款项时，由付款方向收款方开具发票

2. 纳税申报方式主要有(　　)。

A. 直接申报　　B. 邮寄申报　　C. 电子申报　　D. 简易申报

3. 下列关于纳税申报的表述中，正确的有(　　)。

A. 纳税人享受减税、免税待遇的，在减税、免税期间可以不办理纳税申报

B. 纳税人享受减税、免税待遇的，在减税、免税期间应按规定办理纳税申报

C. 一切负有纳税义务以及扣缴义务的单位和个人，都是办理纳税申报的对象

D. 纳税人在纳税期内没有应纳税款的，也应当按照规定办理纳税申报

4. 根据税收征收管理法律制度相关规定，纳税人存在下列情形中的(　　)，税务机关有权核定其应纳税额。

A. 依照法律、行政法规的规定可以不设置账簿的

B. 依照法律、行政法规的规定应当设置账簿但未设置的

C. 擅自销毁账簿或拒不提供纳税资料的

D. 申报的计税依据明显偏低，又无正当理由的

5. 目前,我国税款征收的方式主要有(　　)。

A. 查账征收　　B. 查定征收　　C. 查验征收　　D. 定期定额征收

6. 税收强制执行措施的条件有(　　)。

A. 超过纳税期限　　B. 告诫在先

C. 超过告诫期　　D. 转移、隐匿商品、货物或者其他财产

7. 根据税收征收管理法相关规定,下列各项中,属于税收保全措施的有(　　)。

A. 书面通知纳税人开户银行从其存款中直接扣缴税款

B. 依法拍卖纳税人的价值相当于应纳税款的商品、货物或者其他财产

C. 书面通知纳税人开户银行冻结纳税人的金额相当于应纳税款的存款

D. 扣押、查封纳税人的价值相当于应纳税款的商品、货物或者其他财产

8. 税务检查权是税务机关在检查活动中依法享受的权利,税收征管法规定税务机关有权(　　)。

A. 检查纳税人的账簿、记账凭证、报表和有关资料

B. 责成纳税人提供与纳税有关的文件、评审材料和有关资料

C. 到纳税人的生产、经营场所和货物存放地检查纳税人应纳税的商品、货物或者其他财产

D. 对纳税人的住宅及其他生活场所进行检查

9. 纳税人下列(　　)行为,由税务机关责令限期改正,可以处 2 000 元以下的罚款;情节严重的,处 2 000 元以上 10 000 元以下罚款。

A. 纳税人以假报出口或者其他欺骗手段,骗取国家出口退税款的

B. 未按照规定设置、保管账簿

C. 未按照规定的期限办理纳税申报

D. 未按照规定将财务、会计制度或者财务、会计处理办法和会计核算软件报送税务机关备查的

10. 下列行为中属于抗税的有(　　)。

A. 采取威胁手段,拒绝缴纳税款　　B. 用暴力手段,拒绝缴纳税款

C. 提供虚假的纳税资料少缴税款　　D. 税务机关通知申报后仍拒不申报纳税

三、判断题

1. 纳税人到外县(市)临时从事生产经营活动的,应当在外出生产经营以前,向主管税务机关申请开具《外出经营活动税收管理证明》。(　　)

2. 依据《税收征管法》规定,税务机关是发票主管机关,负责发票的印刷、领购、开具、取得、保管、缴销的管理和监督。(　　)

3. 对已开具的发票存根和发票登记簿要妥善保管,保存期为 10 年,保存期满需要经税务机关查验后销毁。(　　)

4. 从事生产、经营的纳税人、扣缴义务人必须按照国务院财政、税务主管部门规定的保管期限保管账簿、记账凭证、完税凭证及其他有关资料。(　　)

5. 从事生产、经营的纳税人的财务、会计制度或者财务会计处理办法和会计核算软件,

应当报送税务机关备案。（　）

6. 纳税人在纳税申报期内若有收入，应按规定的期限办理纳税申报；若申报期内无收入或在减免税期间，可以不办理纳税申报。（　）

7. 纳税人因有特殊困难，不能按期缴纳税款的，经县级税务局批准，可以延期纳税 3 个月；延期纳税 3 个月以上者，需经市（地）级税务局批准。（　）

8. 纳税人未按规定纳税期限缴纳税款的，税务机关除责令限期缴纳外，从滞纳税款之日起，按日加收滞纳税款 0.5‰的滞纳金。（　）

9. 对有逃避纳税义务的从事生产、经营的纳税人适用税收保全措施的程序为：纳税担保在先，税收保全居中，责令限期缴纳断后。（　）

10. 由海关负责征收的关税以及海关代征的进口环节的增值税、消费税，适用《税收征管法》。（　）

第十八章　税收征收管理法习题参考答案

一、单项选择题

1. **【答案】** B

【解析】 纳税人在办理税务登记后因登记内容发生变化需要对原登记内容进行变更时，需要向税务机关申报办理变更税务登记。

2. **【答案】** B

【解析】 从事生产、经营的纳税人应当自领取营业执照或者发生纳税义务之日起 15 日内，按照国家有关规定设置账簿。

3. **【答案】** A

【解析】 扣缴义务人应当自税收法律、行政法规规定的扣缴义务发生之日起 10 日内，按照所代扣、代收的税种，分别设置代扣代缴、代收代缴税款账簿。

4. **【答案】** A

【解析】 邮寄申报以寄出的邮戳日期为实际申报日期。

5. **【答案】** C

【解析】 开具发票的单位和个人应当按照税务机关的规定存放和保管发票，不得擅自损毁。已经开具的发票存根联和发票登记簿，应当保存 5 年，保存期满，报经税务机关查验后销毁。

6. **【答案】** B

【解析】 所有纳税人都应按照税法的规定如期缴纳税款。纳税人有特殊困难，不能按期缴纳税款的，经省、自治区、直辖市税务局批准，可以延期缴纳税款，但最长不得超过 3 个月，同一笔税款不得滚动审批。特殊困难主要指两种情况：一是因不可抗力，导致纳税人发生较大损失，正常生产经营受到较大影响的；二是当期货币资金在扣除应付职工工资、社会保险费后，不足以缴纳税款的。

7. **【答案】** D

【解析】纳税人未按规定期限缴纳税款的，税务机关除责令限期缴纳外，从滞纳税款之日起，按日加收滞纳税款0.5‰的滞纳金。

8. 【答案】A

【解析】选项B，查定征收适用于生产规模小，账册不健全，但能够控制原材料或进销货的纳税人；选项C，查验征收适用于经营品种比较单一，经营地点、时间和商品来源不固定的纳税单位；选项D，委托代征税款一般适用于小额、零散税源的征收。

9. 【答案】A

【解析】对于因纳税人、扣缴义务人计算错误等失误造成的未缴或者少缴税款，一般情况下，税务机关地追征期是3年；特殊情况下，追征期是5年。

10. 【答案】B

【解析】选项B属于税务机关做出的税收强制执行措施。

11. 【答案】A

【解析】可以采取税收保全措施的纳税人仅限于从事生产、经营的纳税人，不包括非从事生产、经营的纳税人，也不包括扣缴义务人和纳税担保人。

12. 【答案】C

【解析】纳税人超过应纳税额缴纳的税款，纳税人自结算缴纳税款之日起3年内发现的，可以向税务机关要求退还多缴的税款，并加算银行同期存款利息。2015年1月多缴的税款已超过3年期限，不能退还；2018年10月多缴的税款在3年规定期限之内，税务机关应当退还，并加算银行同期存款利息。

13. 【答案】D

【解析】个人及其所扶养家属维持生活必需的住房和用品，不在税收保全的范围之内。生活必需的住房和用品不包括机动车辆、金银首饰、古玩字画、豪华住宅或者一处以外的住房。税务机关对单位价值在5 000元以下的其他生活用品，不采取税收保全措施。

14. 【答案】B

【解析】选项A，对于因税务机关的责任造成的未缴或者少缴税款，税务机关可以在3年内要求纳税人、扣缴义务人补缴税款，但是不得加收滞纳金；选项C，对于偷税、抗税、骗税的，税务机关可以无期限地追征偷税、抗税的税款、滞纳金和纳税人、扣缴义务人所骗取的税款；选项D，对于因纳税人、扣缴义务人计算错误等失误造成的未缴或者少缴税款，在一般情况下，税务机关地追征期是3年；在特殊情况下，追征期是5年。对于这种原因造成未缴或者少缴税款，同时还要追征滞纳金。

15. 【答案】A

【解析】选项B属于税收保全措施；选项C、D属于税收强制执行措施。

16. 【答案】C

【解析】税务机关派出人员在进行税务检查时，应当向纳税人或扣缴义务人出示税务检查证和税务检查通知书；对未出示税务检查证和税务检查通知书的，纳税人或扣缴义务人有权拒绝检查。

17. 【答案】B

【解析】税务机关不能达到纳税人的生活场所进行检查。

18.【答案】A

【解析】选项B属于骗税行为;选项C属于抗税行为;选项D属于欠缴税款,未按正常期限缴纳税款。

19.【答案】B

【解析】纳税人、扣缴义务人以暴力、威胁方法拒不缴纳税款的行为属于抗税行为。

20.【答案】A

【解析】纳税人未按照规定设置、保管账簿或者保管记账凭证和有关资料的,由税务机关责令限期改正,可处2 000元以下的罚款;情节严重的,处2 000元以上1万元以下的罚款。

二、多项选择题

1.【答案】AD

【解析】选项B,开具发票时,不可以按照付款方要求变更品名和金额;选项C,已经开具的发票存根联,保存期满,报经税务机关查验后销毁。

2.【答案】ABCD

【解析】纳税申报主要有直接申报、邮寄申报、电子申报,简易申报及简并征期几种方式。

3.【答案】BCD

【解析】选项A,纳税人享受减税、免税待遇的,在减税、免税期间应按规定办理纳税申报。

4.【答案】ABCD

【解析】纳税人有下列情形之一的,税务机关有权核定其应纳税额:①依照法律、行政法规的规定可以不设置账簿的;②依照法律、行政法规的规定应当设置账簿但未设置的;③擅自销毁账簿或拒不提供纳税资料的;④虽设置账簿,但账目混乱或成本资料、收入凭证、费用凭证残缺不全,难以查账的;⑤发生纳税义务,未按照规定的期限办理纳税申报,经税务机关责令限期申报,逾期仍不申报的;⑥纳税人申报的计税依据明显偏低,又无正当理由的。

5.【答案】ABCD

【解析】税款征收方式是指税务机关根据各税种的不同特点和纳税人的具体情况而确定的计算、征收税款的形式和方法。目前,我国税款征收的方式主要有查账征收、查定征收、查验征收、定期定额征收、委托代征税款、邮寄纳税以及其他方式。

6.【答案】ABC

【解析】强制执行措施的条件有:①超过纳税期限;②告诫在先;③超过告诫期。选项D是税收保全措施的条件。

7.【答案】CD

【解析】选项A、B属于税收强制执行措施。

8.【答案】ABC

【解析】税务机关不能对纳税人的住宅及其他生活场所进行检查。

9.【答案】BCD

【解析】选项A,纳税人以假报出口或者其他欺骗手段,骗取国家出口退税款的,属于骗税行为。纳税人有骗税行为的,由税务机关追缴其骗取的退税款,并处骗取税款1倍以上5倍以下的罚款;构成犯罪的,依法追究刑事责任。

10.【答案】AB

【解析】抗税,是指纳税人、扣缴义务人以暴力、威胁方法拒不缴纳税款的行为。选项C、D属于偷税行为。

三、判断题

1.【答案】√

2.【答案】√

3.【答案】×

【解析】开具发票的单位和个人应当按照税务机关的规定存放和保管发票,不得擅自损毁。已经开具的发票存根联和发票登记簿,应当保存5年,保存期满,报经税务机关查验后销毁。

4.【答案】√

5.【答案】√

6.【答案】×

【解析】纳税人在申报期内无收入或在减免税期间,也应当按规定办理纳税申报。

7.【答案】×

【解析】所有纳税人都应按照税法的规定如期缴纳税款。纳税人有特殊困难,不能按期缴纳税款的,经省、自治区、直辖市税务局批准,可以延期缴纳税款,但最长不得超过3个月,同一笔税款不得滚动审批。

8.【答案】√

9.【答案】×

【解析】税务机关有根据认为从事生产、经营的纳税人有逃避纳税义务行为的,可以在规定的纳税期限之前,责令限期缴纳税款;在限期内发现纳税人有明显的转移、隐匿其应纳税商品、货物以及其他财产或应纳税收入迹象的,税务机关应责令其提供纳税担保。如果纳税人不能提供纳税担保,经县以上税务局(分局)局长批准,税务机关可以采取税收保全措施。

10.【答案】×

【解析】凡依法由税务机关征收的各种税收的征收管理,均适用《税收征管法》。由海关负责征收的关税以及海关代征的进口环节的增值税、消费税,适用其他法律、行政法规的有关规定。